아들의 **등** 뒤에서

두부의 유산(간증)

(참고) 두부: 작가의 블라인드 앱상에서의 별명

권동복
2025-05-28

머리말

31년 직장 생활의 일단락이 완료된 시점에서 1년의 안식년을 가지게 되었다. 이날이 오면 아들에게 남길 책을 쓰겠다고 막연한 계획을 했고 그 계획을 실행하고자 한다. 책의 콘텐츠(목차 정도)는 퇴직 전에 미리 준비해 두었던 상황이었다.

책을 쓰는 목적은 명확하다.

첫째, 삶의 지혜를 아들에게 전하고 싶다. 보통의 경우 대화를 통해서 삶의 지혜를 전달할 수도 있지만, 아들에게 대화로 전달하는 것은 불가능함을 깨닫게 되었다. 우선 만날 기회가 많지 않고, 만나더라도 지혜를 전할 기회를 잡기 힘들고, 아주 운이 좋아서 그런 기회를 잡았다고 하더라도 아들이 내가 하는 말에 집중하게 만들 자신이 없기 때문이다. 둘째, 우리 가족의 삶과 추억을 정리해 보고 싶었다. 너무 행복한 순간들이 기억되지 않는다는 것은 너무 슬픈 일이다. 그리고 그 내용에 우리 부부가 얼마나 아들을 사랑하였는지 담고 싶었다. 사진으로만 추억을 남기는 것은 충분하지 않은 면도 있었고, 또 이런저런 사유로 사진들을 잘 보관하지 못한 이유도 있다. 셋째, 1년이라는 안식년 시간에 집중할 수 있는 일이 필요했다. 나이가 들면서 글 쓰는 일이 즐거워진 것도 있고, 딱히 할 일이 그렇게 많지 않다는 것을 알게 된 것도 있다. 지인들에게 연락해서 스케줄 채우는 것을 자랑삼아 동분서주할 수도 있지만, 그런 일로 시간을 보내기 싫었다. 책을 쓰면서 시간을 보낸다는 것이 또 다른 즐거움을 느끼게 할 수도 있을 것이다. 넷째, 자손들에게 무엇이라도 남기고 싶었다. 재물은 남겨 줄 만큼 모으지 못했고, 나의 이름도 남길 만한 처지가 못 된다. 하지만 나의 믿음은 넘겨

줘야 할 충분한 이유가 있고, 최소한 이 책이 아들에게까지는 전해질 것이고 조금 더 운이 좋다면 우리 집안의 가풍으로도 남지 않을까 하는 바람이다.

이런 글은 전자 파일로 만들어서 아들에게 남겨 줄 수도 있지만, 그렇게 했을 경우 이 글이 오래 살아남지 못할 것이다. 책을 만들면 최소한 백 권 이상은 만들어야 할 테니 글이 살아남는 기간을 더 연장해 줄 것이라는 희망이 있다. 물론 책을 남기더라도 당장은 아무도 읽어 보지 않을 것이다. 아들은 거들떠보지도 않을 것이다. 그렇지만, 아들이 내 나이(50대 중년)가 되었을 때 백여 권의 책 중에 살아남는 놈이 하나 정도는 발견될 것이고, 그때에 아들의 호기심을 자극할 것이며 중년의 아들에게 공감 가는 부분이 분명히 있을 것이다. 그 이전에 아들이 살아가면서 진짜 힘들 때가 분명히 있을 건데, 그때 아들이 읽어 볼 수 있는 기회가 된다면 분명히 위로와 회복하는 데 도움이 될 것이다.

아들에게 전하고 싶은 것들은 다음과 같다.
- ✓ 우리 부부가 얼마나 행복했는지
- ✓ 우리 부부가 얼마나 아들을 사랑했는지
- ✓ 우리 가족이 얼마나 축복된 삶을 살았는지
- ✓ 우리 인생의 중요한 순간마다 하나님이 얼마나 축복을 주셨는지
- ✓ 삶의 지혜는 하나님을 전적으로 의지하는 것이라는 것

살다 보면 행복이라는 것이 절대적인 기준이 있는 것이 아니라 내가 어떻게 정의하고 가치를 부여하느냐가 더 중요한 것이라는 것을 알 수 있다. 내 삶은 남들이 보면 지극히 평범한 삶이었지만, 나는 굉장히 특별했고 행복했고 성공한 삶이라고 정의할 수 있었다. 물론 힘들지 않았다고 말하고 싶지는 않다. 오히려 힘들었기 때문에 더욱 행복했음을 확신할 수 있었다.

《안나 카레니나》 책의 첫 부분에 나오는 행복론 "All happy families are like one another, each unhappy family is unhappy in its own way."라는 말의 의미가 무엇일까 고민하고 낸 나의 결론은 이렇다. "행복한 사람은 어떤 상황과는 상관없이 행복하다고 정의를 내리는 사람들이기 때문에 그 모습이 다 비슷하고, 불행한 사람은 불행하게 만든 온갖 핑곗거리를 찾기 때문에 그 모습이 각양각색인 것이다."

지금 나는 아들이 선물해 준 Hajime Namiki의 판화 작품 두 점 〈Hill&potato〉, 〈Tree Scene 129〉가 멋있게 걸려 있는 서재에서 타임머신을 탄 듯한 느낌으로 미래의 아들에게 말을 하고 있다.

"아들아, 사랑해!"라고~

책이 어느 정도 마무리가 되어 갈 즈음에 우리 가족만의 이야기로 끝날 것이 아니라 다른 사람들과 공유해도 괜찮겠다는 생각이 들었다. 우리의 이야기가 특별한 내용은 없지만 평범한 초보 아버지가 겪어야 하는 것들을 공유하는 것 자체가 다른 초보 아버지들에게 위로를 줄 수도 있고, 평범하게 종교 생활을 하면서 고민하게 되는 것들을 구역 예배에서 나눔하듯이 공유함으로써 느끼는 해방감을 내가 느낄 수 있기 때문이다.

2025. 05. 28.
권동복

추천의 글 (격려의 글)

　이 책은 사랑하는 아들을 향한 아버지의 숨결과 그리움으로 첫 장부터 마지막 장까지 가득합니다. 인생의 길 위에서 부딪히며 배운 아빠의 이야기들은, 아들의 삶에 작은 디딤돌이 되기를 소망하며 조심스레 건네집니다.

　아빠의 이야기 속에는 감사의 마음, 그리운 눈물, 끊임없는 기도, 멈추지 않는 사랑이 고스란히 담겨 있습니다. 이제 이 모든 마음을 한 권의 책으로 엮어, 아들이 그리울 때마다 언제든 꺼내 볼 수 있도록 하였습니다. 바라기는 이 책이 금세 읽고 잊히는 글이 아니라, 아들의 평생을 곁에서 위로하고 용기를 북돋는 응원의 책이 되기를 바랍니다.

　인생이 지치고 흔들릴 때면 이 책은 아버지의 목소리로 조용히 속삭일 것입니다.

　"괜찮아, 아들아! 나는 언제나 너를 사랑한단다."

박주환 목사 | 새중앙교회 교구 담당

추천의 글(격려의 글)

'가족'은 사회를 이루는 작지만 위대한 사랑의 공동체입니다. 그 공동체 안에 존재하는 부모와 자식과의 관계는 다양한 형태로 나타납니다. 특히 인간을 향한 하나님의 아가페적인 사랑은 우리의 허물까지 용서하시고 자신의 목숨까지 대속해 주신 위대한 사랑의 아버지가 되셨습니다.

그러한 믿음과 사랑으로 살아온 아버지가 이 책을 통해 자신의 인생에 대한 삶의 지혜를 하나밖에 없는 아들을 위해 믿음의 유산을 남기고 있습니다. 그래서 또 다른 아버지라는 이름으로 아름다운 인생을 살아갈 그 아들의 삶이 기대되는 이유가 바로 여기에 있습니다.

이윤휘 장로 | 새중앙교회, 글로벌순례길선교회 대표

- 목차 -

머리말   5
추천의 글(격려의 글)   8

PART 1
영남대학병원에서의 기적 ·········· 15

보경사   16
자전거 사고   18
1995년 크리스마스이브   21
파타야   24
공중전화 부스   30

PART 2
울산에서의 풍요함 ·········· 35

서부 패밀리아파트   36
청도 과수원   44
우방타워   48
양정동 사택   52
평창 리비에르아파트   57

PART 3
앨라배마에서 미래를 위한 경험들 ·········· 63

Deer Creek   64

믿던 도끼의 반란   70

아문센 프로젝트   73

스키와 해수욕   75

PART 4
평촌에서 마른 뼈의 기적 ·················· 81

새중앙교회   82

EAP   91

엄마 책 사 줘   96

아내의 사생활 1   103

카투사   108

어바인   115

벧엘교회   121

밴프(로키산맥)   129

캘리포니아 해변들   135

금문교   140

헬리오시티   146

무사시노   153

PART 5

코를 찌르는 아픔 속의 은혜들 159

코로나19(COVID-19)   160

엘센트로   165

세 번의 일본 여행   171

약할 때 강함 주시는 하나님   180

아내의 사생활 2   186

분홍색 샤넬 백   193

아내는 고속도로   199

참돔 9짜리   204

PART 6

하나님의 부르심 213

골프로 배우는 인생   214

아들의 비자   220

31년의 회사 생활   226

췌장암   232

웨이드와 샤니   238

아무것도 보이지 않습니다   245

모락산   250

대왕암의 변신   256

하나님의 부르심   262

부록   269

⋮

이 책을 다 읽을 시간이 없으신 분은
부록 '이 책의 활용 가이드'를 참고하셔서 읽으시면 좋습니다.

PART 1

영남대학병원에서의 기적

보경사

산행 중간쯤에 휴식을 하게 되었는데, 산길 옆 돌무덤에 엉덩이를 깔고 앉았을 때 칠부바지 형태로 접어 올린 청바지 밖으로 보이는 매끈한 종아리가 너무 예뻐 보였다. 그때 처음으로 이 여자랑 사귀어야겠다고 결심을 한 것 같다.

대학 졸업 후 울산에서 첫 직장 생활을 시작했고, 주말에 친하지 않았던 대학교 동기들과 OB 모임에 우연히 초대되어 갔었다. 피부가 하얗고 립스틱을 유난히 빨갛게 칠한 캠퍼스에서 한 번 정도는 본 듯한 후배가 눈에 들어왔는데, 그 후배의 눈빛이 유난히 신경이 쓰였다. 그 눈빛이 싫지는 않았고, 그 눈빛 때문이었는지는 정확히 알 수 없지만 그 OB 모임에 계속 참석하게 되었다. 한번은 포항 내연산에 위치한 보경사에 가게 되었는데, 아마도 봄이었던 것 같다. 둘레길을 걸으면서 자연스럽게 짝지어 걷게 되었는데, 아내와 짝이 되었다. 서로 호감이 있었기에 안 보이는 힘이 작용했을 것이다. 산행 중간쯤에 휴식을 하게 되었는데, 산길 옆 돌무덤에 엉덩이를 깔고 앉았을 때 칠부바지 형태로 접어 올린 청바지 밖으로 보이는 매끈한 종아리가 너무 예뻐 보였다. 그때 처음으로 이 여자랑 사귀어야겠다고 결심을 한 것 같다.

보경사에서 헤어지기 전 울산에 방문하기를 청했고, 아내는 흔쾌히 수락을 했는데, 마치 연극 대본에 미리 짜인 대본을 따라 연기하는 듯 자연스럽게 진행이 되었다. 울산에서의 첫 데이트 때 아내는 천사의 모습을 하고 나타났다. 도대체 어떤 마법을 부린 건지 알 수가 없었다. 그때의 모습을 사진으로 남기지는 못했지만 내 마음속에 선명하게 아직도 남아 있다. 만나

자마자 손을 꼭 잡고 다녔는데, 땀이 넘칠 정도로 잡고 다녔었던 것 같다. 순진했던 나에게 어디서 그런 용기가 났는지 그때는 망설임이 없었던 것 같다. 아마도 보이지 않는 힘이 또 작용했을 것이다. 데이트 장소로 미리 정한 가까운 위치에 있는 경주 보문 단지로 이동을 했다.

놀이 기구를 타면서 아내의 옷자락 안으로 가슴 위쪽에 수박씨 같은 것이 보였다 말았다 했는데 훔쳐보기만 하고 선뜻 물어보지는 못했다. 나중에나 그것이 점이었다는 것을 알았다. 그때는 수박씨 같아 보였는데, 유심히 몰래 살펴본 관찰력의 결과, 매끈하지 않았고 작은 둥근 무늬가 있는 표면으로 보아 행여나 바랬던 수박씨가 아님을 알게 되었다. 결혼 후 한참 지나서야 나의 적극적인 지원으로 그 수박씨는 영원히 사라지게 되었다. 아내에게는 몸의 점들이 본인의 큰 콤플렉스였던 것 같다. 저녁이 다 되도록 보문 단지 여기저기를 다녔는데, 어슴푸레 어둠이 깔리기 시작하고 가로등이 켜질 무렵 한적한 잔디밭 외로운 불빛 아래에서 첫 키스로 우리의 사랑을 확정했다.

잠언 16:9 "사람이 마음으로 자기의 길을 계획할지라도 그의 걸음을 인도하시는 이는 여호와시니라"

자전거 사고

내가 힘들고 외로울 때 의지할 수 있는 사람이 있다는 것이 얼마나 큰 힘이 되는지 엄마의 사망 이후로 처음 경험했다. 그때 어떤 고난이 와도 이 여자랑 함께하면 행복할 수 있겠다는 확신을 했던 것 같다.

창원과 울산 사이에서 주말 데이트가 시작되었다. 주로 내가 창원으로 가는 경우가 많았는데, 형님한테 인수받은 회색 아반떼 차량이 나의 손발이 되어 주었다. 그 당시는 내 나이(20대 후반)에 아반떼 차량을 자가로 운전하는 것이 꽤 괜찮은 하차감을 느낄 만한 시대였다. 어느 토요일 정오쯤이었다. 그때는 토요일에 오전 근무를 하던 때였는데, 오전 근무를 마치면 저마다 오후를 즐기기 위해 사무실에서 레이스하듯 각자의 목적지를 향해 달려가는 것이 일반적이었다. 나도 창원에 가기 위해 자전거를 타고 기숙사를 향해 미친 듯이 달려가고 있었는데, 생산기술본부에서 구정문으로 가는 길의 중간쯤인 1공장을 지나면서 마주 오는 오토바이와 정면으로 충돌하는 사고가 나고야 말았다. 상대방은 현장에서 근무하는 직원으로 보였는데, 두 명이 타고 있었고, 나는 홀로 공중 부양을 2m 정도 하고 머리부터 아스팔트 도로에 부딪히는 사고였다. 불행 중 다행히도 사고의 잘못 여부와 상관없이 내가 부상을 당했고, 상대방은 멀쩡했으므로 당연히 내가 피해자였던 것이다. 두 명의 가해자로부터 도움을 받아서 울산대학병원 응급실로 후송이 되었고, 응급실에서 치료를 받고 나서 혼자 외로이 기숙사 방으로 돌아왔는데, 장밋빛 토요일 오후가 이때까지 경험하지 못한 쓸쓸한 오후가 되어 있었다.

정신을 차리고 나서야 아내에게 연락을 해야 한다는 생각을 했고, 전화 통화의 첫마디로 "왜 이렇게 연락이 안 돼?"라며 짜증을 크게 내었다. 지금까지도 이해 안 되는 것이 있는데, 여자들이 해도 되지만 남자들이 하면 안 되는 것들이 있는 것 같다. 우리의 예를 들면, 남들 앞에서 내 흉을 보는 것은 되지만, 아내의 흉을 남들 앞에서 보면 안 된다. 아내가 연락을 잘 안 받는 것은 되지만, 내가 연락을 안 받으면 안 된다. 아내가 화를 내도 쉽게 이해를 해야 하지만, 내가 화를 내면 쉽게 수습이 잘 안된다. 물론 아내의 입장에서 반대의 사례를 말해 보라고 하면 몇 배의 것들을 쏟아 낼 것이 분명할 것이다. 어쨌건, 자초지종을 설명했고 고맙게도 바로 울산으로 간호하러 오겠다며 눈물을 글썽였다. 무고한 서민 피해자가 피해 보상의 희망이 없을 때 시민 단체의 의로운 사람들에게서 생각지도 못한 큰 도움을 받는 듯한 보상을 받는 느낌으로 날아갈 듯이 기뻤다.

돼지우리 같은 기숙사 다동 1층이 내 숙소였고, 한 방에서 동기인 황○경이랑 같이 생활을 했다. 내 침대는 2층이었고 그날 친구는 으레 그랬듯이 산행 또는 행글라이더 동호회 활동을 열심히 했던 시기라 외박을 할 계획이었다. 홀로 기숙사 방을 독차지하는 혜택을 누리고 싶은 마음도 있었고, 돈을 아끼고 싶은 마음도 있었고, 남자들만 사는 금녀의 장소에서 아내랑 은밀히 지내고 싶은 마음도 있었고 더욱이 내가 아픈 상황에서는 어떤 잘못을 해도 모든 것이 용서될 것 같은 마음이 가장 컸기 때문에 아내랑 기숙사에서 밤을 같이 보내기로 했다. 머리에 붕대를 칭칭 두른 모습을 하고 2층 침대에서 아내랑 같이 자고 있는데, 잠결에 기숙사 복도 멀리서 발걸음 소리가 뚜벅뚜벅 점점 크게 들리고 있었다. 여러 가지 상황으로 인해 피곤하여서 곤히 잠들었는데, 잠결에 발걸음 소리는 엄청 크게 들렸다. 그 발걸음 소리가 마침내 내 방 앞에서 멈추자마자 직감적으로 상황이 인지되었고, 내 몸은 자동적으로 2층 침대에서 튀어 올라 방문 쪽으로 쏜살같이 날아가서 막 열릴 문고리를 잡고 머리를 내민 친구와 마주했다. 친구도 당황한 모습이 역력했고(2층 침대에 있는 아내의 모습을 보았을 것이고, 내 머리의 붕대도 보았을 것이다) 다른 곳에서 자라고 하는 내 부탁을 엉겁결에 받아들일 수밖에 없었다. 나중에야 안 것이지만 친구는 그날 잠자리를 구하러 여러 곳을 다니는 수고를 했다고 한다.

내가 힘들고 외로울 때 의지할 수 있는 사람이 있다는 것이 얼마나 큰 힘이 되는지 엄마의 사망 이후로 처음 경험했다. 그때 어떤 고난이 와도 이 여자랑 함께하면 행복할 수 있겠다는 확신을 했던 것 같다. 일요일엔 경주 보문 단지로 다시 데이트를 갔는데 아래위로 빙글빙글 둥글게 도는 놀이기구를 타면서 붕대로 감은 머리에 피가 쏠리는 유쾌하지 않은 경험을 했고, 그러면서도 머리에 흉하게 붕대를 칭칭 감고 마냥 기뻐하면서 특유의 환하게 웃는 얼굴을 한 내 모습이 마치 바보 같았을 것이다. 그렇게 운명은 우리에게 유리한 방향으로 흘러가고 있었다. 그런 즐거운 기분 때문이었는지 나중에 사고 가해자들이 어떤 보상 문제를 말했을 때 나는 치료비 외에는 어떤 보상도 필요하지 않다고 선의를 베풀었고, 그분들은 아마도 나를 또 다른 바보로 생각했을 것이다. **조금 손해 보는 것은 그리 기분 나쁜 것이 아니었고, 되돌아보면 증명할 순 없지만, 그 손해들이 어떤 방식으로든 나중에 더 많은 이익을 주었던 것 같다.**

마태복음 19:6 "그런즉 이제 둘이 아니요 한 몸이니 그러므로 하나님이 짝지어 주신 것을 사람이 나누지 못할지니라 하시니"

1995년 크리스마스이브

결혼 날짜를 정하고 나서 첫 크리스마스를 울산에서 편안한 마음으로 같이 보내게 되었다. 그때 아내는 감기에 걸려서 콧물을 흘렸는데, 입 모양을 작게 앞으로 내밀며 코 밑 인중이 있는 부분을 두툼하게 하면서 콧물을 삼키는 모습이 너무 예쁘게 보였다.

연애를 일 년 이상 하면서 청혼이라는 것은 생각하지도 않고 서로가 당연히 결혼해야 한다고 생각했던 것 같다. 지금은 상상도 못 할 얘기지만 그때는 청혼 없이도 결혼할 수 있는 분위기였다. 아내도 그런 절차에 대해서 나와 비슷하게 괜히 부담스러웠던 것 같은데, 그 이유는 잘 모르겠다. 아마도 우리 둘 다 그런 것들에 대해서는 부끄러움이 있는 것 같다. 어쨌건 행복의 조건에는 그런 절차들은 필수 조건은 아닌 것이 분명하다.

우리 둘 다 아버지들의 주사로 어린 시절 적지 않은 상처를 경험했던 것이 공통점이었고, 우리 둘을 더 끈끈하게 연결해 주는 마법 같은 힘이 있었던 것 같다. 마치 빨리 배우자를 찾아서 도망치듯 독립하는 것이 유일한 탈출구라고 생각하지는 않았을까? 우리 둘에게는 서로가 탈출구였을지도 모른다. 그렇기에 이런저런 절차들은 자유를 위한 탈출에 오히려 번거로움이 되었을 것이다. 물론 그 당시 우리 둘 다 아버지와 같이 살고 있지는 않았는데, 그렇게 자유를 갈망한 이유는 몸은 따로 살았지만 마음 한쪽에는 보이지 않는 선으로 아버지들과 연결되어 있어 간접적으로 여전히 그 주사의 영향을 받고 있었던 것이다.

"○○○ 아버지는 술만 안 마시면 참 좋은 사람인데~" 나는 이 말들 듣는 것이 제일 싫었다. 가정법과 조건절이 나오는 문장을 제일 싫어한다. 누군가와 말을 할 때도 가정법과 조건절을 잘 사용하지 않으려고 한다. 좋은 사람이라는 것인지 안 좋은 사람이라는 것인지 참 애매하다. 그런 표현 때문에 그 말을 듣는 사람이 개선하려고 하는 반성의 마음이 덜 생긴다고 생각한다. 나 또한 아버지에 대해 그런 말을 들었을 때는 나에게 유리하도록 해석하곤 했다. 아버지는 그래도 좋은 사람이라고. 물론 대부분은 좋은 사람이었다. 그렇지만 가끔 그렇지 못할 때는 너무나 싫었다. 두 명의 완전히 다른 아버지를 둔 것 같은 삶이었다. 밖에서 집으로 돌아가는 동안에 가장 큰 관심사는 아버지가 술을 드셨는지 여부였는데, 집으로 가는 동안 마음속으로 제발 술에 취하지 않았기를 누구일지도 모를 신에게 기도했다. 나중에 내가 아버지의 나이가 되고 나서야 어느 정도 이해가 되었다. 가장의 무게가 얼마나 무거웠는지. 그리고 그 스트레스를 풀 만한 곳이 지금과는 다르게 술 말고는 다른 옵션이 거의 없었다는 것을. 지금 아버지가 계셨다면 깊은 포옹으로 위로해 주었을 것이다. 아내도 지금은 장인어른에 대해서 이야기할 때 얼마나 고생을 하셨는지와 또 개척자로서의 영웅담을 자랑스럽게 늘어놓는 것을 보면 나와 비슷하게 아버지를 이해하고 있는 게 분명하다. 그렇게 우리의 아버지들은 우리의 어머니와 마찬가지로 열심히 사셨고 훌륭한 분들이셨다.

어쨌건 아이러니하게도 우리 아버지들이 우리 사랑의 가장 중요한 중매쟁이 역할을 했고, 마치 운명처럼 모든 것이 순조롭게만 진행되었다. 양가 부모님 상견례를 대구 수성못 근처에 있는 한식집에서 얼떨결에 하게 되고 결혼 날짜도 정하게 되었다. 지금 생각해 보면 상견례를 생략하자고 했어도 되었을 정도로 우리의 자유로의 행진은 거칠 것이 없었던 것 같다. 그분들에게 가장 감사하고 싶은 것은 결혼식 날짜를 입춘인 2월 4일에 잡아 주셨다는 것이다. 거의 30년 동안 결혼기념일을 한 번도 까먹지 않았는데, 긴 겨울을 지나 봄을 갈망하는 염원으로 누구나 입춘인 것을 공유해 주었던 것이다.

결혼 날짜를 정하고 나서 첫 크리스마스를 울산에서 편안한 마음으로 같이 보내게 되었다. 그때 아내는 감기에 걸려서 콧물을 흘렸는데, 입 모양을 작게 앞으로 내밀며 코 밑 인중이 있는 부분을 두툼하게 하면서 콧물을 삼키는 모습이 너무 예쁘게 보였다. 나이가 들면서 그런 모습이 사라졌는데 그 모습이 그리울 때가 있다. 그런 모습을 볼 때마다 여리고 순수하고 연약한 모습이 연상되어 지키고 싶은 보호 본능이 막 솟구쳐 나오는 그런 마음이었다. 그해 함께 보낸 크리스마스이브 저녁은 인생 최고의 아름다운 밤이었고 편안한 밤이었다.

결혼하기 전 1개월의 시간들은 행복 그 자체였다. 신혼집을 보러 다니고, 여러 가지 살림살이를 사러 다니고, 신혼여행에서 입을 옷들과 신발들을 사러 다녔는데 가장 넉넉하게 돈을 썼던 것 같다. **행복이라는 것이 결혼이라는 목적 그 자체에서 오는 것이 아니라 그 과정상에서 오는 것임을 그때 어렴풋이 느꼈던 것 같다.** 그때 우리가 함께 샀던 것들은 하나도 남아 있는 것이 없고, 또 사진으로도 남은 것이 없지만 그 느낌만큼은 하나도 퇴색되지 않고 온전히 내 마음 구석에 자리 잡고 있어서 필요할 때면 언제나 호출되어 내 마음을 따뜻하고 강하게 만든다. 가장 기억에 남는 것이 커플룩이었는데, 신혼여행 때 입을 색깔을 달리한 운동화와 민소매 조끼였다. 색깔은 붉은색, 푸른색 계통으로 파스텔 느낌이 나는 세련된 색깔이었는데 신혼여행 이후에도 한참을 입었을 정도로 멋있었고 잘 어울렸다.

전도서 4:9 "두 사람이 한 사람보다 나음은 그들이 수고함으로 좋은 상을 얻을 것임이라"

파타야

갑자기 수상 제트스키가 뒤집어지는 것이 아닌가? 우리 둘 다 수영을 못 했는데, 구명조끼를 착용한 것도 모른 채 허우적거리며 각자 살겠다고 외치고 있었다.
"Help Me! Help Me!"
그 짧은 순간에 내 과거 삶들이 파노라마처럼 지나갔는데 그 와중에도 아내의 허우적거림이 마치 거울에 비친 나의 모습을 보는 듯했다. 그 순간 희미하게 들린 목소리가 있었다.
"Stand Up!"

    우리 둘 다 원했던 아주 평범한 결혼식을 했고, 아주 평범한 피로연을 치렀다. 뱃속에 새 생명이 2개월의 시간 동안 우리와 함께했는데 누구에게도 알리지 않은 우리 둘만의 비밀이었다. 그 당시에는 우리가 너무 철이 없었고, 우리의 비밀이 알려질까 하는 부끄러운 마음도 있었고 신혼여행을 가지 못할 것이라는 염려도 있었던 것 같다. 물론 그 염려를 말하는 것 자체가 금기를 깨는 것 같은 생각으로 서로 모른 척했다. 그만큼 우리가 철이 없었던 것이다. 임신 2개월이 얼마나 중요한 시기인지도 몰랐던 것이다. 그냥 수컷의 본능 비슷한 것이 작용을 해서, 아내에게 무리가 갈 만한 행동이나 상황으로부터 필사적으로 보호하는 행동들을 했던 것 같다. 이런 철없는 우리의 행동을 글로써 남기는 것 자체를 아내는 싫어할 것이 뻔한데, 그럼에도 불구하고 회개하는 마음으로 솔직히 여기에 글로써 남기기로 했다. 우리와 같은 실수를 내 후손들은 절대로 하지 말라는 바람이다.

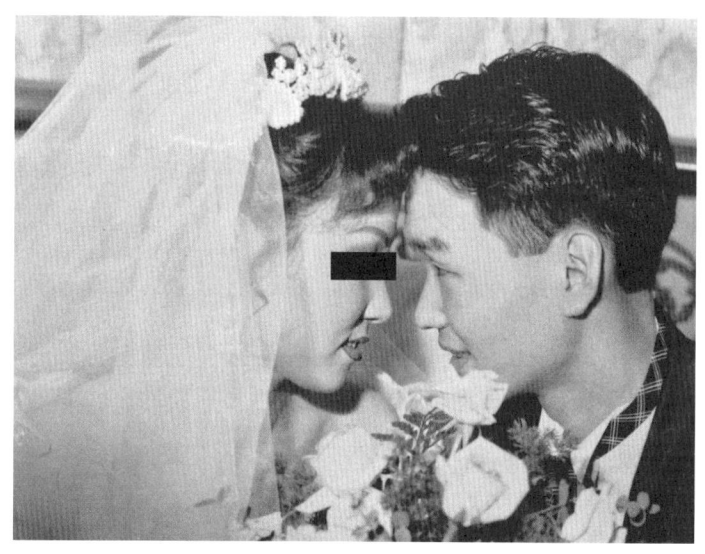

결혼식 사진

　신혼여행 장소로 태국을 선택했는데, 태국에 가고 싶어서 선정한 것보다는 그 당시 해외여행이 막 대중화하기 시작할 즈음이었고 그중 가장 무난한 곳을 선정한 것이다. 해외로 신혼여행지를 선정한 것 자체가 중요했고 의미가 있는 상황이었다. 태국으로 가는 비행기 안에서 참 재미있었던 에피소드가 있었는데, 지금도 그때를 생각하면서 나 혼자 넋 없이 웃곤 한다. 타이 항공이었는데, 비행기에 탑승한 승객의 90퍼센트 이상이 신혼부부였다. 아마도 그 당시에는 해외여행이 신혼여행 외에는 많이 대중화가 되지 않았기 때문이었을 것이다. 신혼부부가 당연히 쌍쌍이 앉았는데, 어찌 된 일인지 한 부부가 떨어져 앉게 된 상황이 발생한 것이다. 국적기였다면 아마도 승무원들이 슬기롭게 해결을 했거나, 그 부부가 떼를 쓰는 상황이 발생했을 것이다. 그러나 해당 비행기는 태국 국적기였고, 지금은 흔한 한국말을 하는 승무원이 없었다. 그 불행한 부부 중 당연히 남편 되는 사람이 용기를 내어 태국 승무원을 호출했고, 큰 소리로 말을 했다.

"Excuse me! Can you speak Korean?"

그러자 그 태국 스튜어디스는 당황스러운 듯 답변을 했다.

"No! Can you speak English?"

당황한 남편의 답변은 간략했다.

"No~"

몇 초간의 정적 이후에는 주위의 모든 승객이 웃음바다가 되었고, 그 두 불행한 부부는 얼굴이 홍당무가 되었다. 당황한 스튜어디스는 아마도 정확한 이유는 알지 못했지만 감각으로 상황을 눈치챘을 것인데 별다른 조치를 하지는 못했다. 상상해 보라. 신혼부부가 가득 찬 기내에서 각각의 신혼부부들이 저마다 지인들로부터 받은 과일 바구니(그때는 왜 과일 바구니를 모두 가지고 있었는지 정확하게 생각이 나지는 않는다)를 하나씩 풀어 가며 서로의 입에 넣어 주는 사랑을 나누고 있는데, 오직 한 부부만 열이 다른 복도 측 자리에 떨어져 앉아서 남들의 사랑놀이를 지켜만 보고 있는 장면을. 영어 공부를 열심히 못 한 것을 후회하며 이러지도 저러지도 못하며 분을 삭이고 있는 남편과 평생의 바가지 소재 발굴에 남편에 대한 원망에도 불구하고 태연한 척 속을 삭이고 있는 아내의 모습을 내 평생에 잊지 못할 유머의 한 장면으로 간직하게 되었다. 약속이나 한 것처럼 그 부부는 거의 동시에 눈을 감고 자는 척했는데, 아마도 상당한 비행시간 내내 한숨도 자지 못했을 것이다.

파타야 여행지에서의 한국인 가이드는 아주 멋있게 생긴 남자였는데, 긴 머리에 선글라스를 멋들어지게 뒷머리에 걸치고 있는 모습이 영화배우를 보는 듯했다. 그 모습에 비하면 같은 여행 조로 편성된 새신랑들은 마치 왕자님 곁에서 시중을 드는 종들의 모습 같아 보였다. 아마도 가나안 땅을 정탐하러 갔던 이스라엘 정탐꾼이 가나안 족속들과 비교해 그들을 메뚜기로 비유했듯이 우리들은 메뚜기에 불과한 느낌이었다. 왜 신혼여행 가이드를 그런 사람으로 배치했는지 알 수 없었고, 신혼여행 기간 내내 기분이 좋지 않았다. 물론 속으로만 생각했고 겉으로는 안 그런 척했는데, 겉으로 표현이 되면 더 비참해졌을 것이다.

　호텔에서 파타야로 가는 길은 작은 보트로 이동했는데, 파도로 인해 보트에 부딪히는 충격으로 보트는 하늘로 솟구쳤다가 떨어지기를 수없이 반복했다. 그로 인해 아내의 몸이 걱정되었지만 내가 반복적으로 괜찮은지 물어보는 것 말고는 해 줄 것이 없었다. 그런 고난 끝에 도착한 파타야 해변은 옥빛의 색깔로 신비로움을 자랑하고 있었고, 그간의 걱정 근심을 한순간에 날려 보내기에 충분했다. 여행 패키지에 딸린 기본 프로그램으로 수상 제트스키를 탔는데, 현지인이 운전을 했고 그 뒤에 우리 부부가 탔다. 까무잡잡하게 탄 피부에 자그마한 체구를 한 그 현지인은 다양한 기술로 수상 제트스키를 자유자재로 운전을 한 후 한적한 곳으로 갔는데, 그다음에 올 재앙을 우리는 알지 못했다. 갑자기 수상 제트스키가 뒤집어지는 것이 아닌가? 우리 둘 다 수영을 못 했는데, 구명조끼를 착용한 것도 모른 채 허우적거리며 각자 살겠다고 외치고 있었다.

"Help Me! Help Me!"

　그 짧은 순간에 내 과거 삶들이 파노라마처럼 지나갔는데 그 와중에도 아내의 허우적거림이 마치 거울에 비친 나의 모습을 보는 듯했다. 그 순간 희미하게 들린 목소리가 있었다.

"Stand Up!"

　현지인이 멀찌감치 떨어져서 우리에게 외치는 소리였고, 나는 먼저 정신을 차리고 다리에 힘을 주었더니 땅이 밟혔다. 그 이후 영화의 주인공이 위기에서 행운의 여신의 도움으로 위기를 극복한 후 바로 여주인공을 멋있게 구출하듯 아내를 구출하였는데, 그 이후로 내 모습이 참 한심스러웠고 현지인 보기에 한없이 부끄러웠다. 나중에 생각한 것이지만, **우리의 정신이 얼마나 우리의 물질세계를 다르게 느끼게 하는지 생각하게 되었고, 또 내가 곤란한 상황이 있을 때 그냥 Stand Up 하면 의외로 쉽게 문제를 해결할 수 있겠다는 생각을 하게 되었다.**

옵션 프로그램도 있었는데 그중 하나가 패러세일링이었다. 아내의 몸 상태를 감안하면 이미 많은 무리를 했던 터라 옵션 프로그램은 고려하지 않고 남들이 즐기는 것을 보고만 있었다. 하지만 패러세일링의 유혹은 생각보다 강했고 그 유혹을 이기기에는 너무나 젊었고 철이 없었다. 생각했던 것보다는 위험하지도 않으면서 하늘을 나는 즐거움을 느낄 수 있었다. 아마도 이때까지 타 본 어떤 것보다도 재미있었던 것 같다. 파타야 해변에서 실컷 놀고는 저녁이 되어서 아내의 눈에 이상한 현상이 나타났다. 동공이 확대되어서 밝은 곳에서도 수축이 되지 않는 것이다. 심각한 상황은 아니었지만 혹시나 몰라 현지 병원에 가려고 가이드에게 부탁을 했다. 다음 날 가이드는 한방병원에 우리를 데려다주었고, 임신 2개월인 점과 동공의 이상한 증상을 사기꾼같이 생긴 의사에게 설명한 후 우리는 한 아름의 한약을 처방받고 말았다. 나중에나 안 것인데, 동공 확대의 증상은 뱃멀미 때문에 '키미테'라는 멀미약을 귀 밑에 붙였는데 그 부작용이었고, 한의사가 처방해 준 약은 일반 보약으로 순진한 관광객을 가이드와 현지 한의사가 연합해서 마음껏 등쳐 먹은 것이었다. 그래도 아내의 건강에는 큰 이슈가 아니었다는 것을 알고는 그리 배신감은 들지 않았고 남편이자 아기의 아빠로서 할 수 있는 최선을 다했다는 마음에 오히려 위안이 되었다.

저녁에는 기본 프로그램의 일부로 무슨 유명한 쇼에 데리고 갔었는데, 서커스 쇼에 나올 법한 늘씬한 미녀들이 야한 무대 의상을 차려입고 화려한 공연을 하는 프로그램이었다. 공연장도 매우 컸고 화려했으며 많은 관람객이 공연장을 가득 메우고 있었다. 솔직히 나는 별로 재미가 없었는데, 나의 상상력 이상의 어떤 이벤트도 없이 밋밋하게 진행되었기 때문이다. 지루한 공연이 마무리되고 미녀 출연자들과 관람객들이 경쟁적으로 기념사진을 촬영하고 있었다. 우리도 그중에서 가장 예쁜 듯한 미녀에게 줄을 섰고 근사하게 사진까지 촬영하게 되었다. 그 미녀들이 여장 남자(게이)였다는 것을 나중에 알고 나서는 온몸에 소름이 돋았고, 왜 여행 상품으로 포함이 되었는지 이해가 되었다. 미리 알았었더라면 그 공연을 더 즐길 수 있었을 것인데 지루하게 보낸 것이 못내 아쉬웠다. 상상도 못 한 일이 눈앞에서 실제로 일어난 것이고, 문화적인 충격에 한동안 멍하게 있었다. **우리는 아는 만큼 보인다는 것을 체험한 것이다.** 몇 년 후 대구 Camp Henry 앞 한 술집에서 하리수(성전환 연예인)를 만나서 받은 충격이 다소나마 덜했던 것은 그 경험 때문이었을 것이다.

전도서 11:4 "풍세를 살펴보는 자는 파종하지 못할 것이요 구름만 바라보는 자는 거두지 못하리라"

공중전화 부스

"하나님, 우리 아들 살려 주세요. 살려 주시면 믿음의 자녀로 키우겠습니다."
어쩌면 당연한 것인데, 아들 목숨의 대가로 제안하는 것이 그때 당시에는 엄청 큰 희생이라고 생각했던 이유는 무엇이었을까? 마치 어린아이가 엄마에게 이 닦으면 선물을 사 달라고 조르는 것 같은 유치한 것인데, 내 기도에 응답해 주실 것을 기대하고 있었던 나는 그 이유를 알 수 없다.

신혼여행 다녀온 첫날은 처가에서 보냈고 우리 집에 가기 전에 큰 처형 집에 들렀던 것 같다. 장인, 장모와 처형 두 분이 근사하게 한복을 차려입고 우리 집을 향해 출발하려는 순간 처형 두 분의 심기가 이상함을 느꼈다. 두 분이 은밀한 대화를 하는 것으로 보아 심상치 않은 일이 일어났음을 직감적으로 알 수 있었다. 두 분 중 누구인지는 모르겠지만 나에게 다가와 아내가 하혈을 했고 병원에 급하게 가야 한다고 통보하면서, 우리의 철없음을 꾸짖는 말을 길게는 하지 않았지만 나를 부끄럽게 만들기에 충분하게 했다. 다행히 처형 집 근처에 산부인과 병원이 있었고 한복을 입은 채로 아내를 데리고 모두가 달려갔다. 우리의 긴장함과 당황함과는 대조적으로 병원 원장은 조금은 귀찮은 듯한, 어쩌면 우리의 어리석음을 비꼬는 듯한 표정을 했고, 진찰 결과를 직설적으로 퉁명스럽게 말했다.

"유산입니다."

그 말은 누구도 거부할 수 없는, 부연 설명조차도 요구할 수 없는 확정적인 뉘앙스의 말투였고, 우리 중 누구도 추가적인 말이나 질문을 하지 못했다. 잠시 적막이 흐른 뒤, 또 누구였는지는 모르겠지만 처형 중 한 분이 더 큰 병원으로 가 보자고 제안을 했고, 제복을 차려입고 행사에 늦지 않게 도착하려고 서두르는 군인들처럼 우리는 일사불란하게 한복을 멋들어지게 차려입고 대구에서 가장 큰 영남대학교 병원으로 이동하기로 했다.

너무나 큰 충격이 우리 모두에게 왔지만, 집에서 하염없이 기다리고 계실 아버지에게 상황을 설명해야 한다는 생각을 한 것을 보면 그래도 어느 정도 정신은 차리고 있었던 것일까? 아니면 처형 중 한 분이 우리 집에 연락하라고 조언을 했던 것일까? 아마도 후자일 가능성이 높을 것이다. 병원 밖에서 공중전화를 찾았고, 아버지에게 전화를 했다. 전화를 받으신 아버지는 대뜸 왜 아직 안 오냐며 짜증 난 목소리로 다그쳤고, 나의 떨리는 목소리로 상황을 전달받은 아버지는 조용한 목소리로 "알았다."라는 짧은 답변을 했다. 전화를 끊은 후 공중전화 부스 안에서 문을 닫은 상태로 나도 모르게 기도를 했다. 나도 모르게 눈물이 하염없이 흘러내렸고, 기도를 하는 내 목소리는 누가 들었으면 기도인지 울음소리인지 모를 정도였지만 정말 간절한 마음으로 기도를 드렸다.

"하나님, 우리 아들 살려 주세요. 살려 주시면 믿음의 자녀로 키우겠습니다."

어쩌면 당연한 것인데, 아들 목숨의 대가로 제안하는 것이 그때 당시에는 엄청 큰 희생이라고 생각했던 이유는 무엇이었을까? 마치 어린아이가 엄마에게 이 닦으면 선물을 사 달라고 조르는 것 같은 유치한 것인데, 내 기도에 응답해 주실 것을 기대하고 있었던 나는 그 이유를 알 수 없다.

영남대학병원으로 이동하고 도착한 후에 여러 과정을 거쳤을 것인데, 그 과정들은 전혀 기억이 나지 않는다. 기억나는 것은 진찰 결과를 듣기 위해 의사 선생님 앞에 앉아 있는 장면 이후다. 내 마음의 상태는 어떻게 된 일인지 평안한 상태였고, 기도의 응답이 있을 것이라는 마음이 이미 있었던 것 같다. 의사 선생님의 답변은 아직 태아는 살아 있는데 아주 위험한 상태이므로 바로 산모를 입원시키라는 것이었다. 사진기라도 있었으면 그때 나의 표정을 담아 놓았으면 좋았을 것이다. 기적을 체험한 내 모습은 어떤 모습일까?

아내는 바로 행복한 입원을 했고, 친절한 간호사는 산모가 꼼짝도 하면 안 되고 대소변도 보호자가 받아 줘야 한다고 했지만, 나는 마냥 즐거울 따름이었다. 다행히도 병원에는 고등학교 동창이 의사로 있었고, 초등학교 동창도 수간호사로 있었다. 그들의 도움을 많이 받았는데 특히 간호사 친구는 많은 도움을 주었다. 그녀가 알려 준 사실은 한복 입은 많은 사람이 병원에서 만든 볼거리에 대한 것과 그 주인공이 자기의 동창생이었다는 것을 알고 놀랐다는 것이었다. 부끄러움이 많았던 나는 부끄러울 터였지만 전혀 부끄럽지 않았는데 가장의 무게 때문이었는지 아니면 기적을 체험한 사람의 특권이었는지는 알지 못한다. 어쨌건 두 동창생의 도움으로 병원 생활은 아주 순조롭고 편안하게 진행되었다. 그렇게 일주일간의 가장 행복한 입원 생활이 시작되었다.

신혼여행 휴가 이후에 바로 출근을 해야 하는 상황이라 일주일간의 병간호를 위해서는 휴가를 내야 했다. 회사 사무실로 전화를 했고 전화를 받은 선배에게 아내가 병원에 일주일간 입원해야 해서 휴가를 사용하는 상황을 알렸다. 나중에 안 것이지만 사무실은 웃음바다가 되었다고 한다. "신혼여행에서 남자가 새색시를 얼마나 괴롭혔으면 입원까지 해야 했을까?"라며 내가 참 대단한 남자라며 박장대소를 했다고 한다. 그 얘기를 듣고도 기분이 나쁘지는 않았는데, 어떤 말이나 행동으로도 나의 행복을 깰 수는 없었을 것이다.

그런 기적의 체험 가운데서도 인간의 연약함이 여실히 드러났는데, 의사 선생님이 굳이 이상한 형태의 초음파 기기를 사용해야 했는지에 대한 의문과 초보 인턴인 듯한 젊고 잘생긴 의사가 채혈을 팔에서 하지 않고 왜 허벅지 다리 부분에서 했는지에 대한 의문은 생각보다 오랫동안 내 머리에서 맴돌았다. 어쨌건 일주일간 병원 침대에 누워 자신의 작은 움직임이라도 태아에게 위험을 줄지 모른다는 생각으로 꼼짝도 하지 않고 나의 간호를 받는 아내의 모습은 너무나 이쁘고 아름다운 모습 그 자체였다.

사무엘상 1:27 "이 아이를 위하여 내가 기도하였더니 내가 구하여 기도한 바를 여호와께서 내게 허락하신지라"

PART 2

울산에서의 풍요함

서부 패밀리아파트

집에서 한잠에 들었던 것 같다. 몇 시간이 더 지나서 어머님으로부터 연락이 왔고 빨리 병원으로 오라는 말씀이었다. 부리나케 달려서 병원에 도착했는데 아기는 이미 세상 밖으로 나온 상태였고 나는 출산의 중요한 시점에서 자리를 비운 못난 아빠가 되어 있었다. 마치 예수님이 십자가 죽음을 앞두고 겟세마네 동산에서 기도하고 돌아왔을 때 잠들지 말라고 신신당부했음에도 불구하고 곤히 잠든 제자들을 꾸짖는 장면이 연상되었다.

울산에서 신혼 생활이 본격적으로 시작되었다. 신혼집은 동구 서부 패밀리아파트인데, 20평형의 10층에 위치한 집으로 현대중공업 야드 위로 동해가 조금 보이는 아주 평범한 신혼집이었다. 아파트가 현대중공업과 가까운 위치에 있어서 그런지 입주민들 중 현대중공업에 근무하시는 분들이 많았는데, 우리 옆집들도 아저씨가 현대중공업에 다니고 계셨다. 그분들은 50대 초중반의 나이셨던 것 같다.

전셋집은 2천만 원이었는지 3천만 원이었는지 아내와는 상호 기억의 차이가 있는 것 같다. 아마도 우리가 가진 돈 천만 원에 2천만 원을 아버지께 지원을 받은 것 같기도 하다. 그렇게 소박하게 시작한 신혼집은 가구와 살림살이를 하나씩 보태어 가는 재미가 쏠쏠했다. 울산의 특수성으로 인해 모든 것이 풍요로웠다. 주로 소통하는 사람들이 대부분 대기업 월급쟁이였고 H 사 신입 사원 월급이 상대적으로 좋은 편이었으므로 상대적인 풍요함을 느낄 수 있었던 것 같다. 아마 서울에서 신혼 생활을 했다면 그런 풍요함은 누리지 못했을 것이다. **풍요로움은 절대적인 것이 아니라 상대적인**

것 같다.

아내의 배는 하루가 다르게 부풀어 올랐다. 아내는 배 마사지를 잘 해야 나중에 살이 트지 않는다고 내게 몇 번이나 당부했었다. 피곤한 가운데에서도 내 나름대로는 아내 배 마사지에 열심이었다. 그러나 불행히도 출산 이후에 참담한 결과가 나왔는데, 나의 열심에 아랑곳하지 않고 아내의 배 양옆으로 튼 자국이 여실히 남았고, 그건 나의 마음을 계속 불편하게 괴롭혔다. 좀 더 열심히 하지 못한 것을 후회했지만 이미 때는 늦은 상황이었다. 성과는 과정보다 결과가 중요함을 깊게 깨닫게 되었다. 그러나 고맙게도 아내는 한 번도 그 원망을 내게 돌리지는 않았는데, 왜 그런지는 알지 못한다. 물어보고는 싶었지만 괜히 물어보면 아내가 기억을 되살려 뒤탈이 날까 두려웠기 때문이다.

처음 태동을 느꼈던 때가 기억이 난다. 태동이 있어야 할 즈음이었는데도 태동이 있지 않아 매일 걱정이 태산이었다. 혹시나 잘못되지는 않았을까? 우리가 뭘 잘못한 건 아닐까? 태동의 기다림은 간절했지만 쉽사리 주어지지는 않았다. 간절하다고 쉽게 주어지지는 않는 것 같았다. 하염없이 기다리던 어느 날 아내는 나에게 배에 손을 대 보라고 했고 아내의 배에 손을 대 보았다. 어떤 느낌이라고 표현을 해야 할까? 가벼운 두드림이라고 해야 할까? 가죽 표면에 두드리는 한 번의 노크라고 해야 할까? 부풀어 오른 풍선에 손을 대고 있는 상태에서 반대편에서 손가락을 튕길 때 느끼는 그런 느낌이라고 해야 할까? 아무튼 이때까지 느껴 본 나의 피부로 느낄 수 있는 느낌 중에 가장 감격스러운 느낌이었고, 부드러운 느낌이었다. 우리의 얼굴은 환희로 가득했고 아마 눈물도 글썽였을 것이다. 그 이후에는 정말로 새로운 생명이 있음을 직접 느낄 수 있었고, 이전의 기적이 현실로 내게 다가와 있었다.

출산이 가까이 다가왔을 때 출산 매뉴얼에 나와 있는 진통 과정을 몇 번이고 리마인드하였다. 처음 진통이 왔을 때 산부인과에 결연한 각오로 갔었고, 이미 와서 기다리던 다른 산모들도 있었는데 간호사로부터 합격 또는 불합격 통보를 순서대로 받고 있었다. 대부분 불합격 통보를 받았는데, 아마도 대부분 초보 부모였기 때문이었을 것이다. 우리 차례가 되어서 간호사가 진통의 주기를 물었고 우리도 당연히 분만실에 들어가는 합격을 하지 못하고 퇴짜를 맞았다. 집에 되돌아가서 진통 주기가 5분 간격 되었을 때 다시 오라는 냉담한 답변이었다. 하는 수 없이 집으로 되돌아왔고, 스톱워치를 이용해 세계 선수권 기록을 갈망하며 사용하듯 수도 없이 진통 주기를 재고 또 재었다. 드디어 5분 간격으로 기록이 들어왔을 때 다시 한번 합격의 기대를 가지고 병원에 갔고 무난히 합격을 했다. 간호사가 무통 분만을 원하는지 물었고, 무엇인지도 정확히 모른 채 당연히 수락을 했다. 그리고 이런저런 절차를 거친 후 아내 혼자 분만실로 들어갔다.

장모님이 와 계셨으면 좋았을 것인데, 연세가 연로한 관계로 오시지는 못했고 대신 우리 어머님(계모)이 출산 소식을 듣고 대구에서 울산에 있는 병원으로 오셨다. 경험이 많으셨던 어머님은 아기가 나오려면 한참을 기다려야 한다며, 집에 가서 좀 쉬었다 오라고 하셨다. 하지만 드라마를 통해서 출산 때 아내 곁을 지키지 못한 사례를 많이 보았던 터라 병원을 지키고 있겠다고 단호하게 말씀드렸다. 기다림의 시간이 4시간째 지나고 있을 때 나의 결연한 의지는 점점 약해지고 있었는데, 그때 어머님이 다시 집에 가 있기를 권하면서 아기가 나올 때쯤 전화를 할 테니 그때 오면 된다고 유혹을 하셨다. '그래, 집이 10분 거리밖에 되지 않으니까 잠깐 가 있다가 연락 오면 바로 올 수 있어!'라는 근거 없는 자신감으로 나는 결국 집에 가 있기로 했다. 아마도 경험이 많은 어머님에게 의지하는 마음이 컸기 때문에 그 유혹을 물리치지 못했던 것 같다. 집에서 한잠에 들었던 것 같다. 몇 시간이 더 지나서 어머님으로부터 연락이 왔고 빨리 병원으로 오라는 말씀이었다. 부리나케 달려서 병원에 도착했는데 아기는 이미 세상 밖으로 나온 상태였고 나는 출산의 중요한 시점에서 자리를 비운 못난 아빠가 되어 있었다. 마치 예수님이 십자가 죽음을 앞두고 겟세마네 동산에서 기도하고 돌아왔을 때 잠들지 말라고 신신당부했음에도 불구하고 곤히 잠든 제자들을 꾸짖는 장면이 연상되었다. 예수님의 제자들이 연약했듯이 우리 아빠들은 연약하기 그지없었던 것이다.

얼마 있지 않아 간호사의 호출을 받았고, 손에 아기를 보자기로 돌돌 말아서 아빠와의 첫 대면을 하게 해 주었다. 아기를 보여 주기 전에 설명을 해 주었는데, 아기가 태변을 먹었다며 이런저런 얘기를 했는데 태변을 먹었다는 사실 말고는 무슨 말을 간호사가 했는지 귀에 전혀 들어오지 않았다. 무지하고 철이 없었던 초보 아빠로서 굉장히 심각한 일이 또 벌어졌다고 생각했고 장애 아기를 가진 것과 같이 마음속으로 큰마음을 먹었던 것 같다. 간호사가 처음 보여 주는 아기는 생각했던 것과는 완전히 다르게 생겼는데, 보통 아기가 피부가 하얗고 매끈하면서 뽀송할 것이라는 상상과는 다르게 피부 색깔이 푸르스름했고 주름이 많이 있었다. 아마도 태변을 먹어서 그렇다고 생각했던 것 같다. 다행히 진통의 시간은 많이 걸렸지만 자연 분만이었고 산모도 건강하다고 했다. 아내를 처음 본 모습은 일반 산모의 모습 그대로였는데 참 아름답다는 생각을 했다. 혼자 자연 분만의 고군분투를 했을 것을 상상해 보면 미안한 마음까지 들었다. 어머님이 태변을 먹는 것은 흔히 일어나는 일이고, 주름이 있고 푸르스름한 피부는 조금만 있으면 괜찮아진다고 하셔서 큰 위안이 되었다.

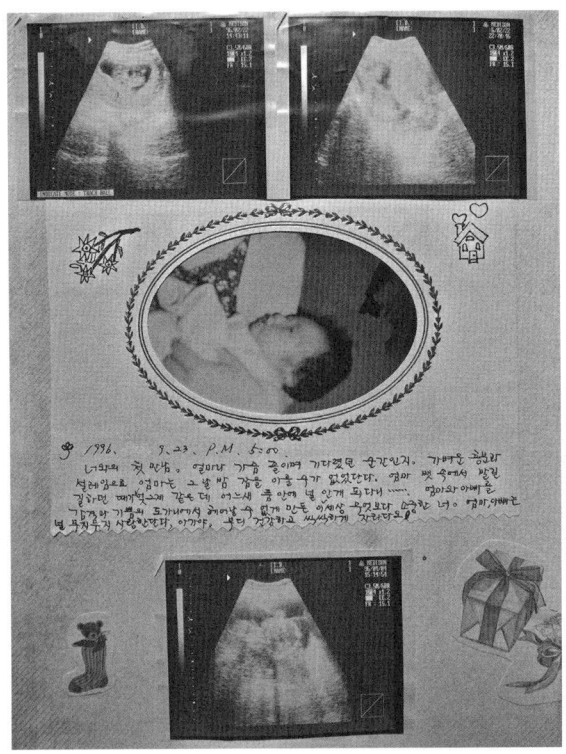

아내가 남긴 출생 앨범

    어머님의 말씀대로 아기는 금방 내가 원했던 그런 모습의 아기가 되어 갔고 태변에 따른 다른 부작용도 없었다. 아들의 이름 중 한글은 우리 부부가 지었고 아버지께서 한자를 지었다. 중간 이름에 돌림자를 사용해야 했는데 '혁' 자 돌림에 맞게 사용할 옵션이 그리 많지 않았다. 병원에서 퇴원하고는 나는 각방을 썼는데, 어머님이 산후조리를 도와주셨기 때문에 자연스럽게 그렇게 된 것도 있고, 아내의 큰 배려심이 있었던 것 같다. 어쨌건 산후조리 기간은 어머님의 희생과 아내의 배려로 나는 편안하게 보낼 수 있었다. 나에게 가장 힘든 일은 아들에게 젖병을 물리는 것이었는데, 아들의 뱃구레가 작아서 젖병 한 병을 단번에 먹지 못하고 중간에 잠들기 일쑤였고 젖병을 들고 있는 나로서는 팔에 쥐가 날 정도로 힘든 일이었다. 아이디어는 간절함에서 나오듯이 나에게 기발한 아이디어가 떠올랐고, 젖병을 들고 있지 않아도 되는 젖병 삼발이를 만들게 되었다. 그 효과는 참 대단하였는데 나 스스로 자부심도 있었고, 나중에 상품화하는 생각도 했다. 나중에 큰 처형이 그것을 보고 아기에게 그런 것을 사용한다고 꾸지람을 듣고서는 바로 폐기하고 말았는데, 십 년이 지난 후에 다른 사람이 상품화한 것을 보고 좀 아쉬운 마음이 있었으나, 큰 처형과 같이 생각하는 사람이 많았던지 그 상품은 시장에 오래 머무르지 못했다.

 아들은 무럭무럭 자랐고, 너무나 예쁜(누구보다도 예쁜) 모습을 했다. 아마도 아내를 닮아서 그런 것 같다. 아들을 데리고 가족 나들이를 할 때면 많은 사람이 예쁘다는 소리를 너도나도 했고, 내가 노력한 것으로 받은 결과가 아니면서도 우쭐한 마음이 솟구쳤다. 돌잔치는 집에서 했는데, 옆집 아주머니들의 도움을 받아서 상을 차렸고 친가와 처 식구들을 모셨다. 돌잡이를 했는데 실, 돈, 연필 중에서 아들은 연필을 선택했고 나는 그것이 마냥 좋았다. 돌잔치에 장인어른과 아버지가 한자리에 모여서 식사를 했는데, 두 분 다 기분이 좋으셨는지 술에 거나하게 취하셨고 주사가 있던 두 분인지라 우리 부부와 두 분 어머님의 우려 속에 긴장감이 도는 순간들을 슬기롭게 보냈다.

 아들이 아파트 내에 있는 어린이집에 다니기 시작했을 때였는데, 근무하고 있는 나에게 오전에 아내로부터 예상치 못한 전화가 왔다. 울먹이는 목소리로 아들을 잃어버렸다는 것이다. 하던 일을 멈추고 바로 아파트로 달려갔는데, 다행히도 그사이에 아들을 찾아서 옆집 아주머니들과 아내는 아들과 함께 가슴을 쓸어내리고 있었다. 우리 집이 10층이었고, 그때는 복도식 아파트의 문을 다 오픈하고 있었는데 그런 상태로 아내는 집안일을 하고 있었다고 한다. 한참 일을 하다가 보니 아들이 사라진 상태였고, 10층 복도에 있는 집들과 아파트 주위를 찾아보아도 아들이 보이지 않았던 것이다. 그런 상황에서 나에게 전화를 했고 경찰에 신고까지 했다고 한다. 그 이후 혹시나 싶어 몇 개 동이나 떨어져 있었던 어린이집에 가 보았는데 거기에 아들이 있었다고 한다. 즉, 아들 혼자서 10층 아파트에서 엘리베이터를 타고 내려왔고, 어린이집으로 가기 위해 아파트 내의 횡단보도도 건너고 골목 턴을 몇 번이나 했다는 것이다. 아내의 어렴풋한 기억에 아들이 사라지기 전에 아들이 엄마에게 무슨 말을 했고 아내는 반사적으로 "응."이라고 대답했다고 하는데, 아마도 아들은 "어린이집에 갈게."라고 했을 것 같다고 했다. 걸음을 겨우 뗐고 말도 기본적인 말을 겨우 할 수 있는 나이에 혼자만의 그런 대담한 여행을 한 것이 대견했고, 나중에 어린 나이에 혼자 일본 여행을 하는 등 대담한 행동들의 전조였다고 생각한다.

어린 아들을 데리고 우리의 첫 데이트 장소였던 경주 보문 단지에 주말이면 자주 갔었던 것 같다. 나는 어린 아들을 앞에 태우고 자전거를 탔고, 아내는 인라인스케이트를 타고 같이 보문호수 한 바퀴를 돌곤 했다. 지금 생각해 보면 어떻게 그런 용기가 났었는지 모르겠다. 보문호수 둘레가 꽤 길었고 오르막, 내리막도 많았는데 초보 인라인스케이터였던 아내가 완주를 하려고 했던 것 자체가 무모한 도전이었는데 생각보다 쉽게 완주를 했던 것 같다. 지금 하라고 하면 부끄러워서 안 했을 것인데, 그때는 어린 아들과 함께라면 무슨 일이라도 할 수 있을 것 같은 용기가 생겼기 때문에 무모했지만 도전을 할 수 있었던 것 같다.

아들이 좀 더 커서 아내는 맞벌이를 하겠다는 생각을 했고, 아들을 창원에 있는 둘째 처남 집에 주말마다 맡기기 시작했다. 매주 아들을 처남 집에 데려다주고 헤어지는 그런 생활을 반복적으로 했는데, 헤어질 때 울부짖는 아들을 보는 내 마음이 너무나 아팠다. 그런 생활을 길게 하지는 않았는데, **우리 가족이 아무리 어렵더라도 헤어져 살지는 말자고 아내와 다짐을 했고, 아내는 맞벌이보다도 아들 육아에 전념하는 것으로 했고, 내 인생에서 가장 잘한 의사 결정 중 하나였다고 생각한다.** 일 년 정도 어린 아들을 돌보아 주신 둘째 처남 부부의 헌신에 너무나 감사했고 가족의 소중함을 절실히 느낄 수 있는 좋은 경험이었다. 아마도 평생에 잊지 못할 은혜를 입었고 언젠가는 보답을 해야 한다고 생각한다.

경주 보문 단지에서 즐거운 시간

마태복음 26:40-41 "제자들에게 오사 그 자는 것을 보시고 베드로에게 말씀하시되 너희가 나와 함께 한 시간도 이렇게 깨어 있을 수 없더냐 시험에 들지 않게 깨어 기도하라 마음에는 원이로되 육신이 약하도다 하시고"

청도 과수원

아내가 자신의 어린 시절을 얘기할 때는 사과나무 과수원이다. 처가는 나에게는 복숭아 과수원이다. 아들이 청도를 기억할 만한 나이 때부터는 감나무 과수원이다. 우리에게 청도의 모습은 세 가지의 모습으로, 그때 과수원에 있었던 나무들과 중첩되어 기억되어 있다. 장인어른의 모습도 그 나무들과 같이 세 가지의 모습인데, 장모님의 모습은 한 가지 모습밖에 없다.

   청도 처가의 과수원은 우리에겐 참 묘한 곳이다. 아내가 자신의 어린 시절을 얘기할 때는 사과나무 과수원이다. 그리고 외로운 곳이다. 3남 3녀의 늦둥이 막내딸로 태어난 아내는 처남과 처형들이 커서 따로 나가 살아서 외로이 노부부와 지냈다. 동네와는 동떨어져 있는 곳이기도 했고, 사과나무에 둘러싸여 그 외로움과 적막함이 더 강조가 되었다. 정확한 주소는 '청도 각남면 녹갈리'인데, 처가가 강남(각남을 소리 내어 읽으면 강남으로 들림)이라고 농담 삼아 얘기하곤 했지만 화려한 강남과는 완전히 반대의 적막함이 있었고 아내의 밝은 얼굴 이미지에는 전혀 어울리지 않았다. 어린 시절 아내가 혼자 집을 볼 때 소를 잃어버린 일을 가끔 이야기하곤 한다. 캄캄한 집에 어린 아내가 홀로 있을 때 어떤 사람이 찾아와서 집에 어른이 있냐고 물었고, 어린 아내는 상냥하게 아무도 없다고 대답을 했는데 키우던 소가 없어진 것을 그다음 날에 알게 된 것이다. 아내는 그때의 소 잃어버린 얘기를 할 때면 소가 아니라 자기가 유괴되었을지도 모른다는 말을 빼먹지 않고 항상 한다.
   아내 이름에 대한 재미있는 에피소드가 있다. 처남과 처형들이 아내의 이름을 아주 예쁜 이름으로 지어서 장인어른에게 알려 주었는데, 장인어른이 출생 신고를 하는 날에 술을 거하게 마셨다고 한다. 당연히 취할 만큼 마셨고 장인어른은 전달받은 이름이 기억이 나지 않아 생각나는 대로 지금의 이름으로 출생 신고를 해 버렸다는 것이다. 아내는 그 이름이 너무나 싫었던 것 같다. 나중에 미국 주재원으로 갔을 때 '앤지(Angie)'라는 영어 이름을 썼는데 자기가 평생 갖고 싶었던 예쁜 이름이었을 것이다. 그런데, 아들이 커서 유학을 갔을 때쯤 아내가 나에게 자기 이름이 너무나 멋지다고 말을 했는데, 한자로 풀이하면 '거문고의 맑은 소리'라는 것이다. 아내의 목소리에 어울리는 아주 아름다운 이름이 아닐 수 없었다. 장인어른이 술에 취해서 아무 이름이나 등록한 것이 아니라, 장인어른 마음속에 깊이 생각해 놓으셨던 이름일 수도 있겠다는 생각을 했다. 그런 이름은 우연으로 나올 수 없는 것이다. 그 후로 아내는 그 이름을 너무나 좋아했던 것 같다. 교회 찬양대 연습할 때 대표 기도를 돌아가면서 하는데, 아내의 순서가 오면 맑은 거문고를 타는 듯한 기도 목소리에 나는 마법에 걸리곤 한다. **우리는 세상을 한쪽만 보고 그 모습에만 집착할 수 있는데, 다른 모습도 분명히 있다는 것을 깨닫게 되었다.**

처가는 나에게는 복숭아 과수원이다. 처음 인사를 드리러 방문했을 때 이미 사과나무는 한 그루도 없었고 복숭아나무로 바뀌어 있었다. 장인, 장모께서 연세가 드심에 따라 힘든 사과나무 대신에 덜 힘든 복숭아나무로 교체하신 것이다. 봄이면 복숭아꽃이 예쁘게 피었는데 복숭아꽃만큼이나 예쁘고 따뜻한 곳이다. 그러나 그런 면만 있는 것은 아니다. 처가를 방문할 때면 농사일이 그렇듯이 장인, 장모께서는 항상 과수원 일로 바쁘셨고 내가 도울 수 있는 일이 별로 없었다. 오히려 내가 돕는답시고 움직이면 방해가 되었는데, 그것을 알면서도 돕는 시늉을 한다고 나는 힘들었고 두 분은 참는다고 더 힘들었을 것이다. 결혼 연차가 올라가면서는 골방에서 홀로 낮잠을 즐기게 되었고, 두 분도 그러는 내가 더 편하신 듯했다. 복숭아는 실컷 먹었던 것 같다, 아들이 커서 단단한 복숭아를 유난히 좋아하는 것도 다 그때의 추억 때문일 것이다.

아들이 청도를 기억할 만한 나이 때부터는 감나무 과수원이다. 80 넘은 연세에 복숭아나무도 힘든 농사였고 감나무만 감당할 수 있었던 것 같다. 감나무는 따로 보살핌이 없어도 잘 자라는 나무여서 감나무에 대한 추억은 별로 없다. 그렇지만 아들이 기억하는 청도는 감나무 과수원일지도 모르겠다. 한번은 앞마당 큰 감나무 아래에서 파티를 했던 것이 기억에 남는다. 감사원에 다니는 둘째 동서가 주축이 되어서 삼겹살도 사고 돌로 된 판을 마당에 깔고 불을 피우고 술 파티를 했는데, 그때만큼은 온 식구가 즐거워했던 것 같다. 고기 파티가 끝나고 이차로는 노래방에 가서 놀았는데, 점잖은 처남, 처형, 동서, 처남댁들의 편한 모습, 나사 풀린 모습이 너무나 좋았다. 아마도 아들이 기억하는 청도의 모습은 그런 모습일 것이다.

우리에게 청도의 모습은 세 가지의 모습으로, 그때 과수원에 있었던 나무들과 중첩되어 기억되어 있다. 장인어른의 모습도 그 나무들과 같이 세 가지의 모습인데, 장모님의 모습은 한 가지 모습밖에 없다. 단아하고 아담한 모습에 항상 예의 바른 것을 강조하시며 아기보다도 더 예쁘시고 여린 모습이다. 가끔씩 천진난만하게 환하게 웃는 모습을 볼 때면 너무나 순수하고 예뻐서 깨물어 주고 싶을 지경이다. 아내가 장모님께 드릴 옷을 가장 작은 사이즈로 하나 샀는데, 막상 입혀 보니 커서 당황한 모습을 보였던 게 기억난다. 그런 여린 장모님이 어떻게 육 남매를 키우셨고, 장골 같으셨던 장인어른의 주사를 어떻게 감당하셨을까? 역시 여자는 연약한 듯 보이지만 어떤 남자보다도 강한 것이 사실이고 그런 장모님의 피를 아내는 물려받았을 것이다.

장인어른과 깊은 교감을 나눈 경험은 없지만 대단한 분이라는 것은 알고 있다. 아내가 항상 장인어른의 주사를 너무 강조한 나머지 장인어른의 진면모를 제대로 인식하지 못하고 있었던 것이 사실이다. 해방 전 만주에서의 이름 모를 전투 생활과 고향에 돌아와서 홀로 개척해서 사과나무를 심었고 그걸 계기로 그 마을 전체가 사과나무 농사를 하게 된 것을 보면 개척자였던 것이다. 그 사과나무 농사로 육 남매 공부를 원하는 만큼 시켜 주셨고, 그에 안주하지 않고 끊임없이 변화를 시도했던 모습을 보면 그것이 얼마나 힘든 일인지를 지금의 나는 누구보다도 잘 안다. **모든 사람이 공과 오가 있는데, 어떤 면이 조명되는가에 따라 완전히 다른 사람이 되고 만다.** 청도를 방문했다가 떠날 때 집 현관에서 두 분이 쓸쓸한 모습으로 우리를 배웅했던 모습이 아직 눈에 선하다.

> 전도서 3:1-8 "범사에 기한이 있고 천하 만사가 다 때가 있나니 날 때가 있고 죽을 때가 있으며 심을 때가 있고 심은 것을 뽑을 때가 있으며 (생략)"

우방타워

그럴 때면 형님(아들의 큰아버지)이 나섰다. 인자한 모습으로 아들을 달래는 모습을 보면 어릴 때 나를 그렇게 때렸던 것을 보상이라도 하려는 것은 아니겠지만 자꾸 그런 것과 연결되어 보였다. 하여간 형님은 아들에게 최고의 큰아버지였고, 아들은 친할아버지의 역할로도 어느 정도 느꼈을 것이다. 그런 형님이 너무 좋았고 존경스러운 부분이다.

  아들을 데리고 대구 본가에도 자주 갔었는데, 그때는 아버지의 경제 상황이 어려울 때인 것도 있었고 어머니가 돌아가셔서(1987년) 계모가 자리 잡고 있어서 그런지 기억나는 것이 그리 많지 않다. 아버지는 부동산을 꽤 가지고 계셨지만 금융 자산이 거의 없었고 그때는 은퇴를 한 상태여서 수입도 없었던 때이다. 계모는 아버지의 도움으로 커피숍(그 당시에는 다방이라고 불렀음)도 운영하셨는데 사업이 좋지 않아 그만두셨었던 것 같다. 당연히 현금이 부족한 어려운 시기였을 것인데 나에게 도움을 요청하진 않으셨는데, 아마도 부동산이 꽤 계셔서 그것을 어떻게 처분할지 고민하고 계셨을 것이다. 나중에 아버지가 갑자기 돌아가신 후에 부동산이 8억(1998년 당시 가치) 정도의 가치가 있었다는 것을 법원에서 알 수 있었다. 그 정도의 금액으로는 노후 생활을 하기엔 부족하지 않았을 것인데 유동성이 떨어지는 부동산의 특징으로 인해 현금화를 어떻게 할지에 대한 고민을 많이 하셨을 것이다. 그때 우리(아버지, 형님, 나)가 아버지와 좀 더 소통하고 의논했더라면 아버지의 어려웠던 상황들을 좀 더 쉽게 극복하고 우리의 관계도 훨씬 좋아지지 않았을까? 하여간 부동산에 대한 나의 이미지는 부정적인 면이 극대화되어서 금융 자산에 더 투자하는 경향을 갖게 되었다. 다만 아내는 평범한 한국 아내와 비슷하게 부동산을 더 선호하는 방법을 썼는데, 계속 실패하다가 마지막에야 한 건 성공하는 행운을 잡으면서 무거운 짐을 벗어 버리게 되었다.

마음이 여리셨던 아버지와 모진 풍파를 다 겪으신 계모의 관계는 점점 안 좋아졌던 것 같다. 그럴수록 아버지 나름대로 돌아가신 어머니와 비교하셨을 것이고 그럴수록 술에 취하는 경우가 많으셨던 것 같다. 그런 아버지의 주사에 대한 두려움으로 인해 대구를 방문하더라도 아버지 집에 가는 것이 꺼려진 것 같다. 대구를 방문하더라도 형식적으로 아버지 집에 갔다가 형님 집에 가서 같이 시간을 보냈는데, 형님의 딸(송○)이 한 살 터울이어서 자연스럽게 그렇게 어울리게 된 것 같다. 직장 생활을 하면서 모범적인 가장의 모습이 '술 안 마시고 주사 안 하고 직장 꿋꿋하게 다니는 것'이라는 생각을 무의식적으로 한 것 같은데, 그것이 내가 31년 동안 한 직장에서 임원까지 달았고 술을 마셨지만 취하는 것이 즐겁지만 않았고, 술에 취하면 조용히 잠드는 습관을 가진 원동력이라고 생각한다. 그런 면에서 아버지는 나에게 좋은 쪽으로 큰 영향을 주셨고 감사하게 생각한다. 한번은 아버지가 술에 취하셨을 때, 돌이 되지 않은 아들이 혼자 놀다가 방문 모서리에 크게 부딪히는 사고가 있었다. 그때 아버지는 취하신 모습으로 크게 울고 있는 아들을 놀리셨는데, 나는 그만 화가 나서 아버지에게 큰 소리로 고함을 질렀던 일이 생각난다. 가끔씩 아버지 생각이 날 때면 그때 나의 행동이 미안했고 죄송했다는 말을 하지 못한 게 지금까지도 내 마음 한구석에 썩지 않는 응어리로 남아 있다. 아니 내가 나이가 들수록, 아버지의 나이에 가까워질수록 그 응어리가 더 커지는 것 같다.

형님은 아버지의 배려로 좋은 위치의 새 아파트에 살고 있었는데, 언제나 형님 집에 가는 것이 즐거웠다. 어릴 때는 그렇게 싫었던 형님이 중학교 이후로는 오히려 교류가 적어지면서 더 관계가 좋아지는 아이러니 현상이 일어나게 된 것이다. 물론 형님과의 관계에 위기가 없었던 것은 아니다. 거의 모든 집안에서 부모가 돌아가실 때 재산 분할 문제가 가장 큰 불화의 원인으로 작동하는데, 우리에게도 아버지가 돌아가신 시점에 그런 위기가 왔다. 하지만 재산 분할에 대해 형수님의 제안에 토를 달지 않고 우리 부부는 그대로 수락을 했고, 그 이후 더 친밀해지는 관계가 되었던 것 같다. 돌아가신 어머니가 우리가 싸움을 할 때면 항상 하셨던 말씀이 형제간에 우애 있게 지내야 한다는 것이었다. 그런 면에서 우리 형제는 그 말씀을 잘 따랐고 어머니는 천국에서도 대견하게 생각하실 것이다. 그래서 재산 분할에 대해 내 의견에 잘 따라 준 아내에게 항상 감사했고 그렇기 때문에 더욱 사랑스러웠다. **우리는 의사 결정을 할 때 손에 쥔 것을 놓을 때 나중에 다른 큰 것을 쥘 수 있음을 체험한 것이다.** 지금 가지고 있는 차에 디지털 액자 기능이 있는데, 10장의 사진 중 형님 가족사진 한 장 있다. 그것을 본 지인이 신기하듯 말하는 모습에 나 스스로 대견하게 생각했다.

    형님 가족과 같이 시간을 보낼 때면 자주 우방랜드에 갔었는데, 취학 전 어린아이들이 있는 부모들이 갈 수 있는 최고의 장소였다. 어린 아들은 질투심이 유난히 심했던 것 같다. 누구에게 지는 것을 엄청 싫어했는데, 한 살 나이가 많은 누나에게 힘으로 이기기는 불가능할 시기였다. 약이 오른 아들이 주로 사용한 방법은 누나의 등을 물어뜯는 것이었는데, 어떻게 그것이 가능하였는지 불가사의한 것도 있지만 여자아이의 등에 흉터를 내는 것이 아닌가 하는 걱정이 되었다. 송○도 아들의 공격에 방어력을 키웠는데, 턱을 삐쭉 내밀면서 공격하는 아들과 그것을 방어하는 송○의 필사적인 모습이 아직도 선하고 그 모습을 사진으로 남기지 못한 것이 못내 아쉬웠다. 송○가 어른이 되어 혹시 등에 흉터가 있는지 물어봤는데, 다행히 없다는 말에 큰 안심이 되었다.

    키가 아직 1m가 되지 않았던 아들은 놀이 기구 중 물길을 따라 슬라이딩해서 내려오는 통나무 같은 기구를 혼자 타지 못한 일이 있었는데, 억울해서 혼자 울고불고 난리가 난 아들의 얼굴이 아직도 선하다. 그럴 때면 형님(아들의 큰아버지)이 나섰다. 인자한 모습으로 아들을 달래는 모습을 보면 어릴 때 나를 그렇게 때렸던 것을 보상이라도 하려는 것은 아니겠지만 자꾸 그런 것과 연결되어 보였다. 하여간 형님은 아들에게 최고의 큰아버지였고, 아들은 친할아버지의 역할로도 어느 정도 느꼈을 것이다. 그런 형님이 너무 좋았고 존경스러운 부분이다. 형님이랑 같이 보내는 시간은 언제나 즐거웠고 심심하지 않았다. 형님은 나에게는 일찍 돌아가신 부모님들의 아바타 이자 나의 든든한 후원자이자 나의 마음의 고향이다. 아들이 일본에서 유학 생활을 할 때 우리는 설 명절에 만나 대구의 한 대게 식당에서 저녁을 먹었다. 그때 아들과 영상 통화를 하게 됐다. 형님이 혼자 있을 아들에게 힘을 주자며 "○○ 파이팅!"을 선창하며 크게 손동작을 했고 우리는 따라서 했는데, 그런 것이 우리 형님이고, 그런 형님이 너무 자랑스러웠다. 실제로 엄청난 에너지가 현해탄을 넘어 아들에게로 넘어가는 듯했고, 아마 아들도 그 에너지의 힘을 받았을 것이고 가족의 소중함을 어느 정도 느꼈을 것이다.

| **로마서 12:10** "형제를 사랑하여 서로 우애하고 존경하기를 서로 먼저 하며"

양정동 사택

성인병 인자 7가지 중 5가지 이상 해당하는 사람은 손을 들라고 했고, "이분들은 50세에 남자구실 할 생각하지 마세요."라며 다소 황당한 말을 했다. 그다음 6가지 이상 해당하는 사람은 다시 손을 들라고 했고, "이분들은 60세를 일어서서 맞이할 생각 하지 마세요."라는 선언에 충격을 금치 못했다. 나도 그 교육을 마치고 교육장을 나오자마자 주머니에 있던 담배와 라이터를 후배 사원에게 주고 바로 금연을 했고 지금까지 유지하고 있다.

서부동에서 4년을 보냈고 양정동 사택으로 이사를 했다. 솔직히 사택으로 이사하는 것이 내키지는 않았는데, 결혼 전에 기숙사 생활을 했던 환경이 그리 좋지 않았고, 그 기숙사와 사택이 가깝게 위치하여 비슷한 환경하에 있었기 때문이다. 다만 이점이 있다면 전세금을 다른 데 투자할 수 있는 것인데, 그 이점을 최대한 활용하여 새 아파트 입주를 준비하고 있었다.

대학교 졸업을 앞두고 취업을 고민할 때였던 것 같다. H 사에서 우리 학교 출신 선배들이 학교로 취업 설명회를 왔었는데, 여러 가지 설명을 했지만 별로 기억나는 것이 없었고 독신자 숙소가 잘 되어 있다는 말에 호기심이 발동했다. 기숙사라고 설명하지 않고 '독신자 숙소'라는 용어를 사용했는데, 그때 그 말을 처음 들었고 뭔가 세련된 느낌마저 들었던 것이다. 그 당시 삼성전자와 H 사 두 군데만 원서를 넣었었는데 운이 좋게도 둘 다 합격을 했고, 어느 곳을 정할지 고민하다가 H 사로 결정을 하게 되었다. 그 결정을 내린 이유가 두 가지 있었는데, 첫째는 선배들이 많은 삼성전자에는 가고 싶은 마음이 적었기 때문이고, 둘째는 '독신자 숙소'라는 곳에 살고 싶다는 막연한 생각 때문이었다. 나중에 입사를 하고 나서 '독신자 숙소'는 그냥 기숙사를 다르게 부르는 말이었고, 돼지우리와 유사하다는 것을 알고는 적지 않은 실망을 했었다.

　예상대로 사택의 상태는 엉망 그 자체였다. 하루빨리 사택에서 탈출하는 것이 유일한 희망이었고, 회사도 사택이 너무 좋으면 직원들이 눌러앉는 것을 우려해 엉망인 채로 두는 것이 아닐까 의심할 정도였다. 순○네도 그 당시 사택 생활을 했는데, 전날 밤에 응급실에 다녀왔다는 얘기를 했다. 자다가 바퀴벌레가 귀에 들어갔는데 응급실에 가야 할 만큼 아팠다고 했다. 그 이야기를 듣고 나서는 한동안 잠을 자지 못했는데, 잠이 들 때면 바퀴벌레들이 돌아다니는 소리와 또 가끔은 내 얼굴 위로 지나가는 것을 느꼈기 때문이다. 다행히 회사 현장에 갈 때 사용하는 귀마개가 있어서 잠을 잘 때 항상 착용하고 잠을 자곤 했었다.

　대리 일 년 차 때였던 것 같다. 그때까지 흡연을 하고 있었는데 회사의 어떤 금연 교육에도 꿋꿋하게 피우고 있었다. 한번은 울산에 있는 동강병원 의사가 금연 교육을 진행했다. 강당 같은 곳에 우리 본부 사람들 전체가 모였고 의사 선생님은 차분하게 교육을 진행했다. 그전의 금연 교육과는 완전히 다른 교육이었다. 우선 성인병 인자 7가지에 대해서 설명을 했다. 고혈압, 당뇨, 고지혈, 비만, 흡연, 음주, 지방간이었던 것 같다. 7가지 중 5가지 이상 해당하는 사람은 손을 들라고 했고, 꽤 많은 사람이 손을 들었다. 나도 그 당시 비만, 흡연, 음주, 지방간 4가지에 해당이 되었다. 손을 든 사람은 손을 내리라고 하고는 "이분들은 50세에 남자구실 할 생각하지 마세요."라며 다소 황당한 말을 했다. 많은 사람이 웅성거렸고 뜻밖의 선언에 당황하는 기색이 역력했다. 그다음 6가지 이상 해당하는 사람은 다시 손을 들라고 했고, 방금 전에 손을 든 사람의 사분의 일이 손을 다시 들었다. "이분들은 60세를 일어서서 맞이할 생각 하지 마세요."라는 선언에 충격을 금치 못했다. 그전까지는 폐암에 걸린 사진을 보면서 역겨움이 있었지만 폐암에 걸리면 남들보다 좀 더 일찍 죽으면 되겠거니 생각했는데, 죽지도 못하고 누워서 병시중을 받아야 한다는 것이다. 이것은 완전히 다른 문제로 가족들에게까지 민폐를 끼친다는 최악의 경우인 것이다. 거의 모든 사람이 충격을 받았고 그 교육을 계기로 금연을 시작했던 사람이 많았다. 나도 그 교육을 마치고 교육장을 나오자마자 주머니에 있던 담배와 라이터를 후배 사원에게 주고 바로 금연을 했고 지금까지 유지하고 있다. 아내도 나의 자발적인 금연을 엄청 좋아했는데, 내가 한 의사 결정 중 가장 잘한 몇 개 안 되는 것 중 하나이다. 대구 형님에게 동일한 내용으로 재교육을 했고, 형님도 그날 이후로 금연을 해서 지금까지 유지하고 있음에 자부심이 크다. <u>오래된 습관을 버린다는 것은 참 힘들고 중독성이 있는 금연을 하는 것은 더 힘든 일이지만, 마음을 어떻게 먹는가에 따라 생각보다 어렵지 않고 지속 가능하다는 것을 경험한 좋은 사례였다.</u>

아들이랑 친한 친구는 지○와 순○였는데, 지○는 축구를 좋아해서 항상 축구공을 끼고 놀았던 것 같다. 순○는 살이 통통하게 쪘었는데, 어릴 때부터 체중 관리를 한다고 순○ 엄마가 신경을 많이 썼던 것 같다. 한번은 같이 식사를 할 때였는데, 순○ 엄마가 그만 먹으라며 달랬고, 순○는 더 먹고 싶어서 안달이 난 모습이 눈에 선하다. 양정동은 취학 전 사내아이들이 자라기엔 좋은 환경이었던 것 같다. 집 앞에 운동장도 큰 것이 있었고, 사택 뒤로는 산과 개울 같은 것이 있어서 가재도 잡고 개구리 사냥을 하며 산으로 마음껏 뛰어놀 수 있는 환경이었다. 다만, 예비군 사격 훈련장이 있어서 혹시나 사고를 당하지 않을까 염려는 있었지만 그런 사고는 한 번도 일어나지 않았다. 우리 가족은 화초며 애완동물을 키우는 데는 똥손이었던 것 같다. 아들을 위해 자주 가는 마트에서 애완용 토끼 한 마리를 꽤 비싼 돈을 주고 샀다. 토끼가 너무 귀여워 귀한 먹이를 주고 싶은 마음이 있어서, 청도 처가에 갈 때 토끼풀을 한 포대기를 정성스럽게 뜯어 와서 먹였다. 토끼는 사료 먹이만 먹다가 맛있는 자연산 토끼풀을 너무 맛있게 먹었고 우리는 토끼풀을 힘들게 뜯어 온 노고에 뿌듯한 마음이었다. 다음 날 아침에 일어나 보니 토끼가 길게 앞다리와 뒷다리를 최대한 뻗고 있었는데, 나중에 찾아보고 안 사실은 토끼는 물기가 있는 음식을 먹이면 안 되는데 우리가 뜯어 온 토끼풀이 물기를 어느 정도 머금고 있었고 재앙의 결과를 가져오고 말았다.

집에서 차로 15분 거리에는 정자 해변이 있었는데, 여름이면 자갈돌 해변에서 고기를 구워 먹는 재미가 쏠쏠했다. 그때만 하더라도 다른 해변에서 불을 피우는 것이 금지되었지만, 정자 해변에서는 가능했는데 아마도 모래가 아닌 자갈 해변이어서 가능하였었던 것 같다. 정자 해변의 바비큐 파티는 우리 가족만 갈 때도 있었지만 순○네 가족이랑도 많이 갔었는데, 그런 야외 이벤트에는 순○ 아빠가 능숙했고 순○네 가족과 함께하는 것에 항상 즐거움이 있었다. 우리 가족에게 순○네는 항상 즐거움을 주는 가족이었는데, 마치 우리 형님 가족같이 마음 편하게 같이할 수 있는 그런 존재였다.

그때 아내는 캐나다 연수 기회가 있는 직장을 선택해서 직장 생활을 시작했다. 학습지를 파는 유명한 회사였는데 평상시 영어 교육에 관심이 많았던 아내는 캐나다 어학연수라는 좋은 조건을 놓치지 않았고, 추운 겨울 3주간의 출장을 가게 되었다. 그때 아내가 직장 생활을 하는 것이 별로 내키지는 않았는데, 3주간 떨어져 있어야 한다는 것이 싫었고 퇴근해서 가끔씩이더라도 아내가 없는 빈집에 들어가는 것이 싫었기 때문이었던 것 같다. 아들은 창원 둘째 처남에게 맡겼고, 우리 가족은 짧은 이산가족이 되었다. 3주의 기간이 끝나고 아내가 도착하는 날에 울산역에 마중을 나갔는데, 얼마나 가슴이 두근거렸는지 모른다. 3주 후에 만난 아내의 모습은 너무나 예뻤고 가끔씩은 떨어져 있는 것도 괜찮겠다는 생각을 했었다. 나중에 나의 출장으로 몇 년을 떨어져 살게 되었는데, 3주간의 기간이 나중에 있을 장기 해외 출장의 전조인 줄은 상상하지도 못했다.

히브리서 12:1 "이러므로 우리에게 구름 같이 둘러싼 허다한 증인들이 있으니 모든 무거운 것과 얽매이기 쉬운 죄를 벗어 버리고 인내로써 우리 앞에 당한 경주를 하며"

평창 리비에르아파트

하와이에서 본 반얀트리가 우리 부부의 기억에 오래 남는데, 그 모습이 가족의 소중함을 리마인드시키기 때문일지도 모르겠다.

사택 생활을 할 때부터 회사 일은 바쁘게 돌아가고 있었는데, H 사가 본격적으로 해외로 생산 거점을 확대하는 시기였다. 미국 앨라배마에 공장을 건설하는 프로젝트에 참여하고 있었고, 첫 6개월의 미국 장기 출장을 시작으로 본격적인 장기 출장 생활이 시작되었다. 지금은 미국 방문 비자가 최대 3개월로 제한이 되어 있지만, 그 당시만 하더라도 최대 6개월을 받을 수 있어서 첫 출장의 기간이 6개월이 되었고, 그 이후로는 비자 기간이 3개월로 줄어들어 3개월 간격으로 출장과 귀국을 반복하였다.

장기 출장 전에 현지 주재원들과 프로젝트 관련한 협의를 위해 단기 출장을 몇 번 다녔는데 첫 단기 출장에서 도난을 당했다. 주재원과 함께 몽고메리 시내 식당에서 저녁을 먹고 나왔는데, 차 안에 둔 노트북 가방이 사라진 것이다. 아마도 좀도둑들이 한국 출장자들을 먹잇감으로 노리고 있었던 것이 분명했다. 우리는 순진하게도 몽고메리는 안전할 것이라고 착각하고 있었고, 특히 차 안에 귀중한 물건을 두면 더 안전할 것이라는 신념이 있었던 것 같다. 법무 주재원의 도움을 받아 현지 경찰에 신고를 했는데, 근사한 제복을 입은 뚱뚱한 여자 경찰이 왔고 경찰차 내부는 엄청난 장비로 무장하고 있었는데 좀도둑 잡는 데는 별 도움이 되지 않았고 또 의지도 없어 보였다. 도난당한 물건에는 노트북이랑 여권도 포함되어 있었는데, 애틀랜타에 있는 한국 영사관에 가서 분실 신고를 하고 여행증명서라는 것을 발

급받았다. 그 여행증명서로 여권을 대신해서 신분증으로 사용할 수 있었다.

첫 단기 출장을 다녀온 후에 바로 골프를 배우기 시작했는데, 현지에서 골프 비용이 상대적으로 저렴하고 골프를 치기 좋은 환경인 이유도 있었고, 장기 출장 중 골프가 스트레스를 풀 수 있는 거의 유일한 수단이었기 때문인 것도 있었다. 양정동 회사 앞에 있는 인도어 골프 아카데미에 바로 등록했는데, 저녁 시간에 매일 강습을 받았다. 그 당시에는 회사에서 저녁을 먹고 잔업을 8시까지 하던 시기였는데, 저녁 먹고 30분 정도 강습을 받고 다시 사무실에 와서 근무를 하는 루틴을 팀장이 알게 되었다. 팀장이 나에게는 직접적으로 말은 하지 않았지만, 같이 골프 강습을 받은 팀 동료에게 골프 강습을 중단하라고 은근히 압력을 넣었다는 말을 들었다. 기분이 상당히 좋지 않았는데, 업무에 전혀 지장을 주는 것도 아니었는데 팀장이 그런 행동을 한 이유를 납득하지 못했기에 그런 것에 아랑곳하지 않고 열심히 강습을 다녔다. 그때는 한참 내가 하는 일에 대하여 자부심과 자신감이 있던 때라 상사에 대한 무서움이 없었던 것 같다.

새 노트북을 장만하고 골프 레슨도 어느 정도 받은 후 본격적인 장기 출장 생활이 시작되었다. 숙소는 회사에서 아파트를 마련해 주었는데, 3개의 욕실이 딸린 방과 1개의 욕실 없는 방이 있는 아파트에서 4명이 같이 생활을 했다. 집안일은 돌아가며 했는데, 요리를 잘했던 그룹장님은 주로 반찬을 만들었고 나는 밥을 했다. 나머지 두 명은 청소와 잡일을 나누어서 했는데, 누가 뭘 할지에 대해 의논 없이도 자연스럽게 알아서 업무 분담이 되었던 것 같다. 한 달에 한 번은 애틀랜타에 있는 대형 한국 마트에 가서 장을 보고 머리도 깎고 한국 음식도 먹었는데, 어떤 일이 있어도 빠지지 않고 하는 루틴이었다. 선크림을 제대로 바르지도 않고 주말이면 골프를 열심히 했기에 농사짓는 농부처럼 얼굴이 까맣게 그을려 있었고, 애틀랜타에서 한국 미용사가 머리에 발라 준 기름은 반짝였고, 한국 식당에서 순두부찌개를 마파람에 게 눈 감추듯 먹고 나면 그제야 앞자리에 앉은 동료의 우스꽝스러운 모습이 눈에 들어왔는데 서로의 모습에 한바탕 웃음을 터트리곤 했다. 서로 말은 안 했지만 마치 시골 농부가 장날에 이발소에서 포마드 기름을 머리에 잔뜩 바른 채 국밥으로 허기에 찬 배를 채우고 난 모습이 동일하게 연상되었을 것이다.

장기 출장 기간 동안에 주재원이 아닌 출장자로서 가족과 함께 새롭게 개척하는 것을 몇 가지 했었고, 그 이후에는 장기 출장자들이 내가 개척한 루트를 따라서 더 발전시켜 가며 하게 되었다. 첫째, 한국으로 플라이백을 할 때 가족 여행을 연계해서 진행했다. 나는 몽고메리에서 하와이로, 아내와 아들은 울산에서 하와이로 이동을 해서 하와이에서 휴가를 보내는 방법을 개척한 것이다. 그때 만난 사람들이 기억에 많이 남는다. 특히 서울대 출신 중소기업 사장의 가족이 기억에 많이 남는데, 아내는 대한항공 스튜어디스 출신이었고 아들 나이 전후의 딸과 아들이 있는 누가 보더라도 부러워할 만큼 단란한 가족이었다. 두 부부의 스펙만큼이나 인물들도 출중했는데 서울대 마크가 근사하게 찍혀 있는 폴로 셔츠를 즐겨 입은 남편은 자신감에 넘쳐 있었다. 같이 시간을 많이 보내면서 알게 된 사실인데, 남편은 가족과 같이 시간을 보내는 방법을 모르고 있었고, 두 남매는 아빠를 낯설어했었고 아내는 남편에게 무슨 불만이 있는 듯한 행동을 했다. 남편은 너무 외로워 보였고, 아내와 남매는 세 명만이 완전체인 것처럼 남편과 아빠가 없는 것이 더 즐거운 것 같았다. 세 가족으로부터 외면을 받은 아빠는 우리 가족에게 유난히 다정다감했는데, 아마도 자기 가족에게 배신당한 외로움을 달래기 위해서였던 것 같다. **그 가족으로부터 돈보다도 가족의 사랑이 더 소중하다는 것을 느꼈다.** 하와이에서 본 반얀트리가 우리 부부의 기억에 오래 남는데, 그 모습이 가족의 소중함을 리마인드시키기 때문일지도 모르겠다.

둘째는 가족을 미국으로 초대해서 3개월간 미국 생활을 한 것이다. 물론 아들은 다니던 한국 학교를 휴학했고, 미국 현지에 있는 사립 학교에 다녔다. 집은 출장자에게 제공하는 아파트에서 같이 살았는데, 출장 동료들이 불편했을 텐데 내색하지 않고 잘 지내 주고 많은 배려를 해 준 것이 너무 감사했다. 아파트를 공유했음에도 불구하고 생각보다 비용은 많이 들었는데 한국의 고급 중형 승용차 신차 가격만큼이나 비용이 들었다. 하지만 그때의 경험들은 그 비용 이상의 가치가 있다고 확신을 했었다. 그때 헤○리라는 아들 반 아이가 생각난다. 아들이 영어를 전혀 못 하고 있을 때, 헤○리가 아들에게 친절하게 대해 주었고, 자기 저택에 초대해서 놀기까지 했었다. 처음에 남자아이라고 생각했는데, 여자 화장실에 가는 것을 보고 짧은 머리를 한 여자아이라는 것을 알고 아들이 놀랐다고 했다.

셋째는 차를 가지고 플로리다에 가족 여행을 다녀온 것이다. 그때는 3박 4일로 다녀왔는데 디즈니월드의 테마파크를 사전에 예약하려고 인터넷에서 여러 가지 방법을 쓰려고 했지만 실패했고, 현장에서 티켓을 구할 수밖에 없었다. 올랜도에서는 패키지 상품이 최소 4박 이상으로 구성되어 있었고, 3박 이하는 단품으로만 구매가 가능했기 때문이었다. 그 이유는 아마도 올랜도에서의 휴가는 3박 4일로 오는 사람이 없기 때문이었던 것 같다. 그때 당시 한국에서는 3박 이상의 휴가를 내는 것 자체가 상상도 하지 못하는 것이었기에 나에게는 상당한 충격이었다. 그런 개척적인 경험들을 통해서 우물 안 개구리의 진정한 의미를 알게 되었고 새로운 것들을 예측하지 못한 상황에서 대처하는 것을 즐기게 되었고 '일단 부딪히면 되겠구나.' 하는 생각을 갖게 되었다.

내가 장기 출장 중에 아내는 사택에서 우리의 진정한 첫 집인 새 아파트로 이사를 했는데, 혼자 감당하기 어려웠을 것인데도 힘든 티를 내지 않고 잘 해내었다. 아마도 새집을 장만하게 된 사실만으로도 큰 힘이 되었을 것이다. 새 아파트와 함께 차도 새 차로 바꾸었다. 투산 투톤 차량이었는데 흰색 바탕에 차량 하부에 그레이톤이 있는 그 당시에는 아주 멋진 차였다. 새 아파트와 새 차를 아내는 마음껏 누리고 있었고, 울산의 풍요로운 생활에 행복해하였던 것 같다. 아들은 초등학교에 다니면서 태권도 학원에 다녔었는데, 한겨울에 내복도 입지 않고 맨살에 도복만 입은 채 다니던 모습을 아내는 자랑스럽게 얘기하곤 했었다. 그때 당시에는 우리의 비교 대상이 우리와 비슷한 환경의 사람들밖에 없었으므로 실제보다 더 온전하게 풍요로움을 즐길 수 있었던 것 같다.

물론 좋은 기억만 있었던 것은 아니었다. 처음 키우던 햄스터의 재앙이 있었다. 먹이를 제대로 주지 않고 여행을 다녀온 후 덩치 큰 놈이 덩치가 작은 놈의 머리를 먹은 것을 발견하고 경악을 금치 못했던 사건이 있었다. 역시 우리에게 애완동물에 대한 재능은 없는 것이 분명했다. 그리고 아들의 플루트 선생의 울음 사건이 있었는데, 젊은 여선생님이 아들의 개구쟁이 장난기를 감당하지 못했던 것 같았다. 그리고 리먼 브라더스 사건이 있었는데, 장기 임대 후 소유하게 되는 새 아파트가 그 여파로 부도가 나면서 거의 5년 가까이 우리를 괴롭혔다.

아파트 부도 사태가 정리되지 않은 상태에서 미국 주재원 파견을 가게 되었다. 아파트를 처분할 수 있는 상태도 아니었고 전세를 줄 수 있는 상태도 아니었기에 친한 후배에게 맡기게 되었다. 그 후배는 주식 투자로 벌어 놓은 돈을 다 버린 상태였고, 월세로 혼자 살고 있었는데 결혼할 상대도 없이 내가 보기엔 쓸쓸해 보였다. 어쨌건 후배에게는 좋은 환경에서 공짜로 살 수 있는 좋은 기회였고 우리는 안심하고 주재원 생활을 하면서 아파트 부도 사태에 대해서 유연하게 대응할 수 있었다. 나중에 어렵게 부도 사태가 정리되었는데, 그때는 5년의 주재원 생활을 마치고 경기도 평촌에서 생활할 때였다. 아파트의 소유권은 가지게 되었지만 팔아야 하는 상황이었고, 내가 생각하기엔 저렴한 가격에 그 후배에게 매도를 했다. 저렴하게 매도한 것으로 아내에게 원망을 듣기는 했지만 어려운 후배를 도와준다는 마음으로 뿌듯해했다. 그런데 나에게 직접적인 말은 하지 않았지만, 그 후배로부터 그렇게 좋은 조건에서 사는 것이 아니라는 뉘앙스를 느꼈는데 나와는 생각하는 관점이 다르고 미래의 부동산 가격에 대한 불확실성이 작용했기 때문일 것이다. **그 경험으로 옛말에 친한 사이일수록 금전 거래를 하지 말라고 한 이유를 뼈저리게 알게 되었다.**

> **잠언 17:1** "마른 떡 한 조각만 있고도 화목하는 것이 제육이 집에 가득하고 다투는 것보다 나으니라"

PART 3

앨라배마에서 미래를 위한 경험들

Deer Creek

남편이 평일에는 회사 일로 주말에는 골프로 가족들을 내버려두고 있을 때 아내와 아들은 티O시 가족들이 마치 친정 가족들이나 되는 것처럼 의지했었고, 티O시 가족들은 아마도 외국인 가족들을 진정으로 돕고 싶은 마음이 종교적인 것에 뿌리를 두고 있었을 것이다.

여러 가지 이슈가 있었지만 앨라배마 공장은 가동을 시작했고, 경영층에서는 앨라배마 프로젝트를 실패로 규정을 해 버리고 말았다. 모든 일의 성공과 실패의 정의는 애매모호한 경우가 대부분이었는데, 누구의 관점에서 바라보느냐가 중요했다. 앨라배마 프로젝트의 경우 혁신적인 시도(자동화)를 많이 했었고, 그것으로 인해서 공장 가동률의 저하로 이어지고 말았다. 그로 인해 프로젝트의 핵심 경영층은 옷을 벗게 되었다. 그러나 나는 앨라배마 프로젝트를 큰 성공이라고 정의했는데, 향후 수많은 해외 공장 건설에 큰 보탬이 되었기 때문이다.

공장 가동과 함께 나의 출장 생활도 마무리가 되었고, 의도한 대로 자연스럽게 주재원으로 잔류하게 되었다. 사실 주재원에 대한 갈망은 있었지만 남들에게는 주재원의 의사가 없는 것처럼 행동을 했는데, 오히려 그런 전략이 적중했던 것 같다. 우리가 간절히 무엇을 바라고 있을 때, 세상에는 안 보이는 방해하는 힘이 작용을 해서 원하는 것을 갖지 못하는 경우가 많은데, 반대로 무관심하게 행동을 하다 보면 의외로 쉽게 원하는 것을 가질 수 있는 것 같다. 물론 간절한 기도는 필수이다. 실제로도 회사 동료 중에 주재원에 대한 갈망을 노골적으로 표현한 분이 계셨는데, 인기가 없는 인도였지만 결국에는 주재원으로 가지 못하고 다른 사람이 가게 된 경우가 있었다. 실제로 인도 주재원으로 가게 된 사람은 원하지 않았음에도 불구하고 그렇게 되어서 좀 황당하기까지 했다. **세상의 일이란 것이 합리적이지 않을 때가 더 많은 것이다. 오히려 비합리적으로 흘러가는 것이 더 자연스러울지도 모른다. 그냥 그런 속성을 이해하고 잘 이용하면 되는 것이다.**

우리가 살 집은 Deer Creek이라는 커뮤니티에 구했고, 미국 중산층이 사는 주택 단지에 위치하고 있었다. 우리가 보기에는 집들이 다 좋아 보였는데, 좋고 나쁨을 구별하기까지는 3개월 정도가 걸렸던 것 같다. 주위 집들은 형태는 비슷하게 생겼는데, 똑같이 생긴 집은 하나도 없었다. 이름에 사슴이 있듯이 실제 야생 사슴이 간혹 보였는데, 집을 짓기 전에는 많은 사슴이 뛰어놀았을 것 같았다.

주재원 가족들을 위해서 몽고메리 시청의 지원으로 생활 정착 지원을 해주었는데, 나이가 중년에서 할머니로 넘어가는 문턱에 있을 만한 여자분이 담당이었다. 시청 직원이었는지 아니면 시청에서 소개해 주신 분이었는지는 모르겠지만 상당히 전문적이었고 많은 도움을 주셨다. 그분의 도움으로 아들의 학교 관련 문제를 많이 지원받았고, 기타 여러 가지 지원을 받았는데 해외 생활의 어려움 중 많은 부분이 해결되어 나는 회사 일에 집중할 수 있었다. 우리에게는 마치 수호천사 같은 분이셨다.

아들의 영어 공부를 위해서 사설 강사를 고용했는데, 크○○틴이라는 중년의 독일계 여자분이었다. 긴 머리에 아주 인자하고 차분하게 생기셨는데 영어 공부는 물론이고 생활 상담까지 했던 것 같다. 아내는 크○○틴과 친해져서 마치 친언니처럼 편하게 여기는 것 같았다. 퇴근하고 집에 오면 크○○틴이 어땠고, 크○○틴이 저랬고 하며 나를 즐겁게 괴롭혔다. 사진으로는 크○○틴을 많이 봤지만 실제 만난 적은 없었는데, 같이 만나서 이야기해 보지 못한 아쉬움이 있다.

아내가 현지 교회(Vaughn Forest Church)를 다니면서 티○시 가족이랑 친해졌는데, 티○시가 아들과 같은 반이 되었던 경우도 있었다. 티○시 아빠는 잘생긴 백인 공군 장교였는데, 항상 아내와 아들을 도와주고 배려했던 것 같다. 티○시 엄마는 검은색 머리를 길게 기른 스페인계나 이탈리아계인 것처럼 보였는데, 두 부부의 신앙심이 아주 깊었던 것 같다. 아들이 두 명이나 있음에도 동양 여자애 하나를 입양해서 키우고 있었는데, 우리에게는 이해되지 않았다. 멋있게 생긴 두 아들이 있는 중산층 백인의 단란한 집에 못생기고 성격도 좋아 보이지 않는 너무나 연약하게 보이는 동양 여자아이는 우리들의 눈에는 외계인처럼 보였다. 남편이 평일에는 회사 일로 주말에는 골프로 가족들을 내버려두고 있을 때 아내와 아들은 티○시 가족들이 마치 친정 가족들이나 되는 것처럼 의지했었고, 티○시 가족들은 아마도 외국인 가족들을 진정으로 돕고 싶은 마음이 종교적인 것에 뿌리를 두고 있었을 것이다. 그런 티○시 가족들이 한없이 고마웠고, 나중에 우리 교회에서 보이는 외국인 교인들을 보면서 티○시 가족이 우리를 바라보던 모습이 내 눈에 투영되어 보이는 것 같았고 그들이 도움이 필요하면 도우며 살아야겠다는 마음이 생겼다.

티○시를 따라 아들도 보이스카우트에 들어갔는데, 아내가 엄마로서 아들 교육의 갈망이 컸었고, 미국 주재원 생활의 이점을 짧은 기간에 최대한 누리려는 마음이 있었을 것이다. 아들의 생활 패턴 안에는 동양 애들은 거의 없었기에 아들 혼자만 홀로 동양인으로서 백인 애들의 교활한 차별을 견뎌 내지는 않았을까? 아들에게 구체적으로 물어보진 않았지만 한국에 와서 미국으로는 유학을 가고 싶지 않다는 말을 들었을 때는 그런 차별이 생각보다 크게 있었겠다는 생각을 했는데, 아들이 혼자 감당했을 시련들을 제대로 보듬어 주지 못한 미안한 마음이 들었다. 특히 보이스카우트는 백인 남자아이들에게는 특별한 자부심이 있는 그런 활동이었는데, 가끔씩 모임에 초대되어 백인 아이들의 거만한 행동들을 보면서 그 기세에 아들이 주눅 들지 않기를 바랄 뿐이었다. 한번은 산에 야영을 갔었는데, 텐트

야영을 했었다. 우리는 울산 근교 해변에서 열심히 사용했던 해변용 텐트를 마침 가지고 있었고, 다른 대안 없이 그 텐트를 가지고 갔다. 남들은 산악용 텐트를 가져왔고 간편하게 텐트를 치고는 나름대로의 야영을 즐기고 있었는데, 우리의 해변용 텐트는 산의 지형에 맞지 않아서 설치하는 데 꽤 고생을 했었다. 텐트를 치는 것도 힘들었지만, 높진 않아도 산 위로 이동을 하는 것 자체가 고생이었다. 다행히 조금 비탈진 상태에서 텐트는 멋진 모습으로 우뚝 서 있었는데, 그 모습에 나는 뿌듯했고 다른 아빠들이 그 모양을 보고 멋지다고 다들 칭찬의 소리들을 해 주었는데, 그 말이 나를 놀리는 말인지 좋은 말인지 아니면 아무런 관심도 없지만 그냥 예의상 하는 말이었는지 알 수는 없었다. 나중에 그 장면들이 계속 내 머리에서 되살아났는데, 그 수를 거듭할수록 그 아빠들이 나를 놀리는 쪽의 말투였다는 생각이 조금 더 들었다. 그런 고생들 사이에서도 우리 가족이 한 텐트 안에서 야영으로 밤을 보낼 수 있음에 즐거웠고, 불을 피워 놓고 마시멜로를 구워 먹을 때는 아들과 아내가 즐거워하는 모습에 안심이 되었다.

아들의 초등학교는 처음에는 Blount였고 나중에는 Baldwin으로 바꾸었는데, 공립학교 중에서 대학교에 보낼 자녀들을 위한 Baldwin이 가고자 했던 학교였지만 TO(Table of Organization)가 나지 않아서 TO가 날 동안 평범한 공립학교였던 Blount에 2년 정도 다녔다. Blount에는 유난히 흑인 애들이 많았는데, 몽고메리시의 인구 구성비에 흑인이 50퍼센트 이상인 것을 감안하면 당연한 것이었다. Baldwin은 주로 백인이 대부분이었는데, 확실히 미국에서 백인들과 흑인들의 적나라한 생활상들을 느낄 수 있었던 것 같다. 아마도 Blount에서도 흑인들에게 동양 애들이 차별을 당했을 것은 당연한 일이다. 몽고메리시는 확장되는 것이 눈에 보였는데 신기할 정도였다. 다운타운은 거의 낡은 주택지로 내팽개쳐 있었고, 주로 흑인들이 살고 있었고 백인들은 외곽 지역에 아름답게 조성된 커뮤니티에 모여서 살고 있었다. 백인들이 살고 있는 곳에는 아주 간혹 동양인들이 보였지만, 흑인들은 아주 예외적일 정도로만 보였다. 백인들이 동양인들과 흑인들의 비율이 어느 정도 높아지면 다른 외곽지를 조성하기 시작해서 이동했고, 그 지역은 동양인들과 흑인들의 비율이 조금씩 늘어나게 된다. 그러다가 동양인들도 거의 모두 이주를 하게 되면 흑인들만이 사는 곳이 되는 것이다. 그렇게 도시가 확장되면서 이동하는 것이 눈에 보였고, 땅이 넓은 만큼 땅을 그렇게 소비하는 것에 대한 미련이 전혀 없는 듯했다.

우리 집은 앞뜰과 뒤뜰이 적당한 크기로 정사각형 모양으로 있었는데, 잔디 관리를 하기에는 큰 어려움이 없어 보였다. 잔디 관리를 비용을 들여 하기에는 낭비처럼 보였고, 큰 수고 없이도 할 수 있을 것 같았다. 처음에는 잘 되는 것같이 보였는데, 시간이 갈수록 잡초가 제어 불가능할 정도로 순식간에 번지고 말았고, 뒤뜰에는 개미집이 하나 생겨서 뜨거운 물을 부어 없어졌다고 생각했는데, 다른 곳에 여러 개가 동시에 생기고 말았다. 울산 사택에서 토끼 사망 사건이 떠오르면서 우리의 똥손을 다시 한번 상기하게 되었고, 별도의 잔디 관리를 맡길 수밖에 없었다.

우리 부부가 해 보지 못했던 것 두 가지가 있는데, 악기와 수영이다. 우리 아이는 그런 약점을 가지고 살지 않기를 갈망하는 마음에 아들의 악기와 수영 교육에 특별히 신경을 썼었다. 다행히 아들은 기타는 잘 다루게 되었고 수영도 잘한다. 학교에서 수영 대회를 했는데, 아들이 레이스를 펼치는 모습에 우리는 감동을 했고, 레이스를 발로 따라가며 "Go HJ!"를 원 없이 외쳤던 것이 기억의 한 자리를 차지하고 있다. 커서는 아들이 수영하는 모습을 볼 수가 없었는데, 아마도 몸에 난 털 때문인 것 같았다. 수영을 할 수 있어도 나를 닮아 다리에 난 털 때문에 수영을 하지 않는 것에 미안한 마음이 들었다.

속상한 사건도 있었다. 친하게 지내던 대학 후배 부부가 물류회사 주재원으로 나와 있었는데, 학교 선배라고 우리에게 아주 잘 대해 주었다. 같이 여행도 갔었는데, 슈가 마운틴에 스키를 타러 갔던 일이 생각난다. 지인 아주머니가 계셨는데, 남편이 군인 출신이어서 리조트에 어떤 혜택이 있었던 것 같다. 그 혜택을 우리들에게도 사용하게 해 준다며 세 가족이 같이 여행을 갔었다. 같이 여행하는 동안 바늘방석에 앉은 것처럼 불편했는데, 그 군인 출신 남편이 우리를 부당하게 혜택을 받으러 따라다니는, 이민 당국에서 불법 체류자 대하는 듯한 표정을 지었기 때문이다. 그럼에도 불구하고 그 가족 덕분에 우리들은 저렴한 비용으로 즐거운 스키 여행을 할 수 있었다. 아마도 그 지인 아주머니는 한국 사람들이 그리웠을 것이고, 남편이 싫어할 것을 알면서도 우리를 초대해서 나름대로 고향 향수를 달래지 않았을까? 아니면 한국 국적을 가진 우리에게 미국 국적을 가진 사람으로서 크게 베풀어 주려고 그랬을 수도 있다. 후배 부부와 그렇게 친하게 지냈는데, 우리 가족의 실수로 인해 피해를 준 이슈가 터졌다. 우리는 예상치 못한 상황에 당황했고, 그 당황함으로 인해 그 이슈에 제대로 대응하지 못하고 말았다. 그렇게 시간이 흘러가 버렸고 후배 부부와의 관계는 멀어져 만회할 기회를 영원히 가지지 못하고 말았다. 후배 부부는 아마도 우리 부부를 굉장히 부정적으로 생각할 것이고 그에 대해 나는 변명할 수가 없다. 글로나마 나의 잘못에 대해 용서를 구한다.

출애굽기 22:21 "너는 이방 나그네를 압제하지 말며 그들을 학대하지 말라 너희도 애굽 땅에서 나그네였음이라"

믿던 도끼의 반란

알○조는 나의 솔직한 설명에 이해를 하는 것 같았고, 알○조가 회사를 떠나기 전 성대한 송별 파티도 해 주었다. 물론 그동안 기여한 부분과 열심히 근무해 준 공적에 대해 감사패도 만들어 주었는데, 알○조는 충분히 그 자격이 있었다. 그 이후의 상황은 모든 것이 순조롭게 진행되었다.

주재원 발령을 받고 첫 번째 위기는 얼마 가지 않아 바로 찾아왔다. 전임 주재원 두 명의 역할을 혼자 감당하게 되었고, 두 개의 시스템(MES, ALC)을 메인으로 관리하게 되었다. 그중에서 ALC 시스템은 다른 사람이 구축한 것이었는데, 내용을 전혀 모르고 있었고 현지인에 의지할 수밖에 없는 상황이었다. 그 현지인 이름이 알○조였고, 참 열심히 일한 친구였다. 한국 프로젝트 팀이 본사 표준에 맞추어 초기에 만들어 놓은 ALC 시스템을 소스 코드를 현지에 맞도록 수정을 혼자 다 한 것이었다. 알○조가 열심히 한 덕분에 회사는 그 친구에게만 의지하는 상황까지 가는 동안 다른 바쁜 일 때문에 역할 백업에 대한 것은 고려하지 못한 것이다. 그러한 상황에서 내가 담당을 하게 된 상황이었다.

알○조는 본인이 아니면 시스템을 제대로 운영할 수 없다는 확신이 들었을 것이고, 새롭게 주재원이 바뀐 상황에서 어떤 도의적인 미안함도 느끼지 못하는 절호의 기회가 왔고, 바로 그때에 퇴직의 카드를 꺼낸 것이다. 물론 퇴사를 하겠다는 의지보다는 연봉을 더 올려 받겠다는 생각이 더 컸었다고 생각한다. 나와 면담을 하는 바로 그 자리에서 알○조의 기대와는 완전히 다르게 퇴직에 대해 동의를 해 버렸다. 나에게 그런 용기가 있었던 것이 놀라울 정도였는데, 아마도 그런 용기보다는 그를 붙잡을 용기를 내기가 싫었던 것 같기도 했다. 한국 사람의 자존심이라고 할까? 아니면 본사의 자존심이라고 할까? 그런 자존심이 살아났고, 이 고비는 반드시 정석으로 넘어야겠다는 생각을 했던 것 같다.

알○조에게는 당황하는 기색 없이 알았다고 했고, 사람을 지정해서 인수인계를 받겠다고 자신 있게 대답했다. 예상치 못한 나의 반응에 알○조는 상당히 당황하는 눈치였지만, 그로서는 다른 옵션이 없었을 것이다. 알○조와의 면담이 끝나자마자 본사에 연락을 해서 특별 팀 지원을 요청했고, 현지 법인의 CFO에게 투자비 지원 요청을 긴급하게 했다. CFO는 주재원이 바뀌니 왜 이런 일이 벌어지냐며 나의 리더십에 문제가 있는 것처럼 반응을 했다. CFO를 설득하는 것이 쉽지는 않았다. 아무리 논리적으로 보고서를 만들어 가도 막무가내였는데, 의외로 CFO를 설득한 것은 단순한 방법이었다. 그 당시 재무/회계 부분의 ERP 시스템에도 현지인 담당자의 역할이 아주 컸는데, 만약에 그 사람이 갑자기 퇴직하게 되면 어떻게 대응할 것이냐며 내가 CFO에게 물었고, 그와 비슷한 상황이 ALC에 일어난 것이라는 쉬운 설명에 바로 투자비 승인을 해 주었다. **다른 사람의 마음을 움직이는 것은 복잡한 데이터나 논리보다는 이해하기 쉬운 비유적인 설명임을 깨닫게 되었다.**

투자비 문제가 해결되었다고 다른 부분이 다 해결된 것은 아니었다. 알○조의 협조가 없으면 문제가 심각할 수밖에 없는 상황이었다. 알○조 입장에서는 굳이 인수인계를 잘 해 줄 필요나 의무감이 있는 것이 아니었기 때문에 그의 마음을 얻는 것도 중요했다. 알○조와의 추가적인 면담을 통해서 현재 상황을 솔직하고 자세히 설명했다. 회사는 사람에게 의존적인 상황을 만들어서는 안 되는 것과 알○조에게 연봉 인상과 좋은 근무 조건을 제안할 수도 있었지만 그렇게 하지 않은 이유를 자세히 설명해 주었다. 알○조는 나의 솔직한 설명에 이해를 하는 것 같았고, 알○조가 회사를 떠나기 전 성대한 송별 파티도 해 주었다. 물론 그동안 기여한 부분과 열심히 근무해 준 공적에 대해 감사패도 만들어 주었는데, 알○조는 충분히 그 자격이 있었다. 그 이후의 상황은 모든 것이 순조롭게 진행되었다. 새롭게 지정된 담당자에게 정성스럽게 인수인계를 해 주었고, 자기가 떠나더라도 필요하면 도울 테니 언제나 연락하라고까지 했다. 실제로 알○조가 떠난 후에 ALC 시스템의 심각한 장애가 발생했고 누구도 조치를 취하지 못하고 있었는데, 알○조는 나의 도움 요청에 바로 응답을 했고 조치까지 취해 주었다.

우리가 일상생활을 하면서 어떤 이슈를 처리할 때 정석으로 대응하는 것이 가장 효율적이라는 것을 증명한 사건이었고, 또 인간관계에 있어서 솔직하고 진솔하게 소통하는 것이 가장 현명한 방법이라는 것을 증명한 경험이었다. 이 사건을 계기로 향후 일어나는 많은 이슈를 그 두 가지 원칙하에 대응했던 것 같다.

> **에베소서 4:25** "그러므로 거짓을 버리고 각각 그 이웃과 더불어 참된 것을 말하라 이는 우리가 서로 지체가 됨이라"

아문센 프로젝트

아들이 아빠에게 보여 준다며 카메라의 작은 화면을 내 얼굴에 들이대며 카메라를 동작시켰다. 그런데 신기하게도 카메라에 있는 작은 화면 속에서 짧은 동영상 한 편이 상영되고 있었다. 레고로 만든 주인공이 있고, 솜으로 만든 구름도 있고, 짧았지만 스토리가 있는 장면들이 상영되는 것이었다.

미국 학교생활은 한국 학교와는 다른 부분이 많았는데, 가장 기억에 남는 것이 프로젝트였다. 학교에서 과제를 주는데 부모와 학생이 같이 활동해서 기록을 하는 프로젝트였다. 아마도 저학년일 때 아문센에 대해서 조사해서 기록하고 발표하는 과제가 있었다. 과제를 통해 부모와 함께 조사하고 정리하면서 아문센이라는 위인에 대해서 배우기도 하고 부모와 소통도 하는 아주 좋은 프로그램이었다. 해당 과제를 하면서 아문센의 남극 탐험 팀이 눈보라를 뚫고 전진하는 상황을 아들이랑 같이 그림도 그렸던 기억이 남는다. 아들이 학교에서 어떻게 발표했는지는 모르지만, 아들에게도 신선한 추억이 되었을 것이다.

고학년이 되면서는 1년짜리 프로젝트를 했는데, 앨라배마주에 대해서 조사하고 관련 지역을 방문하는 큰 프로젝트였다. 한국의 역사랑 주요 영향력 있는 인물에 대해서 제대로 알지도 못한 채, 미국 앨라배마주의 주요 인물들과 역사에 대해서 1년 동안 속속들이 조사하고 관련 장소에도 방문해서 사진도 찍고 감상문도 남기는 활동을 한 것이 참 우스꽝스러웠다. 그와 동시에 이런 교육이 우리나라에도 진짜 필요하다는 생각을 했는데, 25년이 지난 지금까지도 학교에서 그런 활동을 한다는 소식을 접하진 못하고 있다. 아마도 대안 학교에서는 하고 있을 수도 있을 것 같다. 자녀 교육에 있어서 부모의 역할, 특별히 아빠의 역할이 얼마나 중요한지를 알 수 있는 좋은 경험이었다. 그나마 프로젝트 덕분에 주말이면 어린 아들과 앨라배마 곳곳을 누비며 함께할 수 있었던 것이 얼마나 소중한 시간들었는지 감사할 따름이다. 요즈음 시간이 많아서 TV 프로그램을 많이 보는데, 이혼의 위기에 있는 부부와 고등학생일 때 아기를 가진 부모의 양육 사연 같은 불행한 사연들을 많이 보게 되면서 우리를 다시 되돌아보고 앞으로 가족을 위해서 더 잘해야겠다는 다짐을 하게 된다.

그 당시 아들에게 신기한 재능이 있음을 알게 되었다. 레고를 많이 가지고 놀던 시기였다. 그리고 디지털카메라가 한참 유행하던 시기였다. 비싸게 산 디지털카메라를 아들이 그냥 가지고 놀게 하였는데, 한 날은 레고를 가지고 모양을 만들고 디지털카메라로 사진 찍기를 수없이 반복하며 놀았다. 그냥 무관심하게 혼자 놀고 있는 아들을 내버려두었는데, 아들이 아빠에게 보여 준다며 카메라의 작은 화면을 내 얼굴에 들이대며 카메라를 동작시켰다. 그런데 신기하게도 카메라에 있는 작은 화면 속에서 짧은 동영상 한 편이 상영되고 있었다. 레고로 만든 주인공이 있고, 솜으로 만든 구름도 있고, 짧았지만 스토리가 있는 장면들이 상영되는 것이었다. 레고로 한 동작, 한 동작을 만들고 수백 장의 사진을 찍고 하는 것이 얼마나 집중력이 필요하고 인내력이 필요한 일인지 우리는 너무나 잘 알 수 있었고, 디지털카메라로 그런 아이디어를 생각했다는 것이 얼마나 창의력을 발휘해야 하는 것인지를 본능적으로 알 수 있었다. 평상시 우리 부부는 정서적으로 산만한 아들을 너무 걱정하고 있던 상황이라 너무나 기뻤지만, 나중에 그 재능이 어떻게 발전될지는 상상도 하지 못했다. 마치 에스겔서에 나오는 마른 뼈의 기적처럼.

| 에베소서 4:7 "우리 각 사람에게 그리스도의 선물의 분량대로 은혜를 주셨나니"

스키와 해수욕

주재원들은 여러 가지 모임을 즐겼는데, 여행 자체를 즐긴다기보다는 남들이 잘 경험하지 못하는 경험을 해 본다는, 어쩌면 탐험가와 같은 마음을 즐기는 것 같았다. 비용을 아끼기 위해서 주로 차를 몰고 다녔는데, 한때 동부에서 서부까지 차로 횡단하는 여행을 한 주재원 가족이 있으면 다른 주재원 가족들도 레이싱하듯 했었다. 비행기를 타고 다닌 여행은 주재원들 간에 무용담의 소재로는 끼지 못하였고, 운전하는 거리의 길이가 길수록 무용담의 크기는 더 컸었다.

휴가 때마다 여행을 갔는데, 가장 기억에 남아 있는 여행은 한 여행 기간 동안 스키와 해수욕을 동시에 즐긴 경험을 한 것이다. 노스캐롤라이나 슈가마운틴에서 스키를 즐긴 후 차로 하루 종일 이동해서 플로리다 마이애미에서 해수욕을 즐겼는데, 한국에서는 상상도 못 할 경험이었다. 주재원들은 여러 가지 모임을 즐겼는데, 여행 자체를 즐긴다기보다는 남들이 잘 경험하지 못하는 경험을 해 본다는, 어쩌면 탐험가와 같은 마음을 즐기는 것 같았다. 비용을 아끼기 위해서 주로 차를 몰고 다녔는데, 한때 동부에서 서부까지 차로 횡단하는 여행을 한 주재원 가족이 있으면 다른 주재원 가족들도 레이싱하듯 했었다. 비행기를 타고 다닌 여행은 주재원들 간에 무용담의 소재로는 끼지 못하였고, 운전하는 거리의 길이가 길수록 무용담의 크기는 더 컸었다. 차는 앨라배마 공장에서 만든 차였는데, 내구성 검증을 주재원들이 한 셈이었다. 그런 여행 중에서도 고장 없이 온전히 버텨 낸 것에 우리는 놀라워했고 차를 미국 공장에서 만든다는 자부심을 가졌었다.

마이애미에서 아들

　마이애미에서 키웨스트까지 가 보려는 마음은 있었는데 왔던 거리만큼이나 더 차로 이동을 해야 하는 강행군을 감당할 자신이 없어서 포기했다. 여행 본연의 목적인 휴식의 관점에서도 별로 바람직한 것은 아니었다. 미국 대륙을 차를 타고 여행하면서 참 여행하기 편하다는 생각을 많이 했다. 고속도로가 잘 만들어져 있어서 길 찾기가 편했고, 고속도로 Exit 주위로 주유소, 호텔들, 식당, 상가들이 잘 구성되어 있어서 운전하다가 피곤하면 언제든지 쉬어 갈 수 있어서 영어를 못 하는 외국인들도 여행하는 데 전혀 불편함이 없었다. 우리 주재원들은 그런 좋은 여행 환경들을 우리가 만든 차를 몰면서 마음껏 누리고 있었다.

　주재원들의 여행에는 일정 패턴들이 있었다. 어쩌면 단계가 있다고 해도 될 것이다. 초급 단계는 워싱턴/뉴욕 코스였고, 중급 단계가 마이애미/키웨스트 코스였으며, 고급 단계가 대륙 횡단 코스였다. 우리 가족은 초급 단계만 했고 중급 및 고급 단계는 하지 않았는데, 짧게는 3박 4일, 길어 봐야 일주일이었던 휴가 기간을 감안하면 중급과 고급 단계는 운전해서 이동하는 시간이 너무 많아서 여행 본연의 휴식을 거의 느끼지 못하기 때문이었다. 대신 우리 나름대로 운전 거리를 줄이는 코스를 개발해서 다녔고, 스키/해수욕 코스가 그중 하나였다.

주재원 첫 번째 여행은 당연히 초급 코스를 택했고 거기에 나이아가라 코스를 추가로 진행했다. 워싱턴을 방문하면서 기억에 남는 것은 백악관이었는데, 미국 대통령에 대한 테러가 쉬울 수도 있겠다고 생각했고 내가 테러리스트라면 어떻게 할지에 대한 생각을 계속하면서 다녔었다. 그리고 스미소니언 박물관에 갔는데, 렘브란트의 그림을 보면서 검은색을 이용해서 고상함과 밝음을 표현한 거장의 기교를 마음껏 즐겼었다. 뉴욕에서 기억에 남는 것은 우리가 묵은 호텔이었다. 호텔은 맨해튼 중심가에 위치해 있었는데 터줏대감 고양이가 있었다. 나중에 알게 되었는데 나름 꽤 유명한 고양이었다. 그때만 하더라도 고양이에 대한 호감이 없던 터라 만져 볼 엄두는 내지 못하고 멀찌감치 지나쳤던 것 같다. 사진이라도 찍어 놓지 못한 것이 못내 아쉽다. 그리고 뮤지컬을 한 편 보았는데, 유명한 브로드웨이 뮤지컬 중 하나인 〈라이온 킹〉이었다. 대사를 잘 못 알아들어도 충분히 즐길 수 있었고, 어린 아들에게 가장 알맞은 뮤지컬이었다.

나이아가라 폭포는 캐나다 쪽으로 넘어가서 관광을 했다. 미국과 캐나다 국경을 쉽게 넘나드는 것이 신기했는데, 차에서 내리지 않고도 Drive Thru 이미그레이션을 한 것이다. 그리고 이니스킬린 와이너리를 방문하였는데, 포도밭의 아름다움과 와인을 만드는 공정을 돌아본 것이 참 좋았다. 특히 아이스 와인이 나이아가라의 추운 겨울을 지나면서 꿀과 같이 단맛을 내는 과정들이 신기했다. 호텔은 신경을 써서 폭포 뷰가 있는 곳을 정했는데, 호텔 방 바로 앞으로 펼쳐진 나이아가라 폭포는 장관 그 자체였다. 뉴욕에서 하룻밤 300불 이상 했던 호텔과 그보다 저렴한 가격에 장관을 볼 수 있는 나이아가라 호텔이 묘하게 비교가 되었다. 특히 이름 모를 공원에서 가져간 라면을 끓여 먹었는데, 나중에 기회가 되면 나이아가라 지역에 살아 보고 싶다는 생각을 했다.

뉴올리언스/텍사스 여행은 대○이가 함께했다. 그 당시 대○이 아빠는 앨라배마 공장에 설치되는 산업용 로봇을 티칭하는 엔지니어였는데, 항상 바빴던 것 같았다. 대○이를 여행에 같이 데리고 가는 것을 제안했고, 대○이 부모님은 흔쾌히 허락해 주었는데, 아들은 친한 친구가 동행해서 좋았고 우리는 여행 기간 중 사춘기 아이의 칭얼거림을 덜 들을 수 있어서 좋았다. 뉴올리언스에서의 호텔은 프랑스풍이었는지 스페인풍이었는지는 정확히 모르겠지만 정원이 예쁘게 있는 아름다운 호텔이었다. 버번 스트리트에서 열리는 퀴어 축제를 마주할지에 대한 기대를 했는데 우리는 어린 애들을 데리고 그곳을 방문해도 될지 몰랐으나 다행히 축제 기간이 아니었다. 몇 년 후 허리케인 카트리나로 인해 수해가 발생했는데 우리의 기억에 남은 모습과는 많이 달라졌을 것이다.

또 한번은 텍사스 샌안토니오까지 여행을 갔다. 알라모 전투에서 멕시코 정규군을 상대로 텍사스 민병대가 저항했는데, 텍사스 독립의 계기가 되었던 전투라고 한다. 그 현장을 보면서 좀 씁쓸했는데, 멕시코의 광대한 땅을 미국에게 빼앗긴 억울함을 그곳에서는 찾아볼 수 없었지만 나라 잃은 설움을 겪은 국민으로서 멕시코 국민의 아픔을 느낄 수 있었기 때문이다. 더욱이 불법 이민자 처지로 미국 땅에서 갖가지 궂은일을 하고 있는 메스티소를 보면 여러 가지 복합적인 감정이 일어났다. 다행히도 그들은 산아 제한을 하지 않고 무한의 자녀 생산 능력으로 미국을 재탈환하는 공격을 하고 있는 모습에 조금은 위안이 들고, 그들의 색다른 전쟁에 응원을 하고 싶었다.

그 당시는 내비게이션이 초기 도입이 되었던 상황이었고, 차량에 부착된 조그만 내비게이션(Garmin)보다는 노트북에 GPS를 연결해서 사용하는 내비게이션(Microsoft 제품)을 주로 사용했다. 노트북을 켠 상태로 조수석에 앉은 아내가 노트북에 표시되는 지도를 보면서 조수 역할을 하는 형태였는데, 상당히 호흡이 맞았던 것 같다. 뉴올리언스 오가는 길에 카페리(Bay St.

Louis)를 탄 적이 있는데, 카페리 경로도 내비게이션에 표시되는 것이 참 신기했던 기억이 난다. 지금도 마찬가지지만 내비게이션에는 경로를 탐색하는 옵션을 설정할 수 있는데, 의도치 않게 무료 도로로 설정(혹은 고속도로를 피해서 안내하는 옵션이었는지는 알 수 없음)이 되었었는지 집에 돌아오는 길이 엄청 험난했던 기억이 난다. 고속도로로 오면 편하게 올 수 있는 길이었는데, 야간에 가로등도 없는 칠흑 같은 어둠 속을 돌아서 돌아서 안내했는데 엄청 무서웠던 기억이 난다. 앞서가는 차가 있으면 추월할 수 있는 상황이었지만 추월하지 않고 한참을 의지하면서 따라가다가, 그 차가 다른 길을 가면 또 외롭고 무서운 길을 하염없이 가곤 했다. 아마도 내 평생에 가장 무서운 운전이었던 것 같다. 나중에 내비게이션 기술이 많이 발전했지만 아직도 여전히 경로 설정 옵션이 마음에 들지 않는다. 명절에 서울에서 대구로 갈 때 길이 좀 막히더라도 고속도로로만 가고 싶은데, 안내하는 것이 꼭 마음에 들지는 않는다. 현재 우리 차(GV80 쿠페)에 부착된 내비게이션은 10개 정도의 옵션을 우선순위로 조정하게 되어 있는데, 도대체 어떤 우선순위로 경로를 안내하는지조차 알 수가 없다. 아마도 쉽게 이해하지 못하게 해서 고객이 불만을 토로하지 못하게 한 것이 아닐까 의심할 정도이다. 좀 더 AI 기술이 더 적용되어야 할 부분인 것 같다.

빌립보서 4:7 "그리하면 모든 지각에 뛰어난 하나님의 평강이 그리스도 예수 안에서 너희 마음과 생각을 지키시리라"

PART 4

평촌에서 마른 뼈의 기적

새중앙교회

간증 이후에 나의 믿음 생활은 새로운 전기를 맞이한다. 하나님께서는 나의 교회 생활을 재개한 것을 계기로 박차를 가하듯이 아들을 통해서(아들의 방황이 더 심해짐) 제자 훈련과 사역자 훈련 과정을 밟게 하셨다. 그 훈련 과정을 통해서 성경 말씀을 본격적으로 접하게 되었고 말씀이 주는 은혜를 경험하게 되었다.

4년의 주재원 생활이 끝날 때쯤 한국에 돌아갈 곳을 정해야 했다. H 사 본사(양재), 우리 회사 본사(의왕), H 그룹 IT 본거지(광명) 세 군데가 내가 근무할 가능성이 가장 높은 곳이었고, 그 중심에 있는 도시가 평촌이었다. 다행히 평촌에는 학원가가 잘 형성되어 있어서 아들의 학업에도 괜찮은 환경이었다. 물론 강남이 가장 좋은 환경이었지만 우리의 형편에는 무리가 되었기에 자연스럽게 평촌으로 위치를 정했다. 집을 구하려면 직접 방문해서 확인을 해야 하는데 그럴 수 있는 형편이 되지 못한 우리는 고등학교 친구의 아내가 마침 부동산 중개업을 청주에서 하고 있었기에 그 친구에게 부탁을 했다. 좀 깔끔한 아파트가 있었지만 우리에겐 가용한 전세금이 부족했고, 좀 오래된 꿈마을 한신아파트로 정하고 계약을 했다. 동네 이름이 '꿈마을'이라는 것이 마음에 들었는데, 우리의 서울·경기권 입성의 꿈이 이루어지는 곳이었다.

아들이 들어갈 중학교는 평촌에서 아주 유명한 '귀인중학교'였는데, 우리 집과도 가깝고 평촌 학원가와도 가까웠다. 우리 아파트는 꼭대기 층에 위치했는데, 오래된 아파트였고, 아파트 지을 당시 콘크리트 마감 처리가 제대로 되지 않았는지 콘크리트 틈이 많이 벌어진 상태였다. 이사하던 날

이전에 사시던 분들도 다른 곳으로 이사를 나가는 날이었는데 현직 관세청장이라는 말을 듣고, 이 집이 행운이 있다는 부동산 중개인의 말에 기분이 좋아 아파트의 안 좋은 상태를 상쇄하기에 충분했다. 실제로 관세청장을 만나지는 못했고 그분의 아내와 주로 인수인계를 진행했다. 체구는 자그마했고 아주 평범하게 생긴 아줌마였다. 그분들은 다른 곳의 큰 평수로 이사를 간다고 했는데, 멀지 않은 곳이었던 것 같다. 명절 때마다 우리 집으로 관세청장 앞으로 온 명절 선물이 택배로 배달되었는데 조금 과장해서 백 개 정도였던 것 같다. 그때마다 아내는 관세청장 아내에게 연락을 했는데, 연락을 받은 관세청장 사모님은 선물들을 하나도 남기지 않고 바로 가져갔다. 수많은 선물 중에서 우리의 노고를 고려해서 하나 정도는 줄지도 모른다는 생각을 했는데 그런 일은 한 번도 일어나지 않았다. 그 횟수가 많아질수록 아내의 짜증은 더 늘어 갔고, 내가 한국 공무원에 대한 실망감도 더 커져 갔다. 그 당시 H 사의 분위기는 하청 업체에게 어떤 선물도 받지 않는 투명 경영이 일상화되어 있던 상황이라 고위 공무원의 투명하지 못한 행동이 나에게는 충격이었던 것 같다. 과연 '깨끗하고 공정한 사회'라는 게 있기 한 것일까? 어쩌면 그 관세청장이 너무 청렴해서 받은 선물을 다 되돌려줬을지도 모르는데 나는 쓸데없이 남의 일을 안 좋은 방향으로만 상상하는 것 같다.

주재원 복귀는 나에게는 상당한 변화였고, 리더로서 성장의 분기점이었기에 아주 중요한 시기였다. 그리고 거의 8년 가까이 미국 생활을 한 나로서는 영어 실력이 생각만큼 늘지 않은 것에 상당한 스트레스를 느꼈던 것 같다. 미국 생활을 할 때는 영어 공부에 대한 필요성을 느끼지 못했는데, 업무에 있어서 대충 말해도 현지 직원들이 알아서 듣는 것도 있었고, 나에게 맞추어 말을 해 준 것도 있었기 때문이다. 한국에 귀국해서도 영어를 사용할 때가 있을 것인데, 다른 사람들이 나를 어떻게 생각할까 하는 쓸데없는 걱정이 생겨 한국 복귀 후에서야 영어 공부에 집착하게 됐다. 어떤 방법의 영어 공부가 가장 적합할까 고민했었고, 영어 소설을 읽는 것이 가장 적합할 것으로 판단했다. 처음 시작은 읽기 쉬운 연애 소설로 시작을 했다. Nicholas Sparks의 소설을 우연히 접했는데, 읽기도 쉬웠고 내용도 어려움에 처한 예쁜 여자를 도와주는 잘생긴 주인공의 해피 엔딩으로 지루하지 않았다. 거의 모든 Sparks 소설을 읽고 나서 넘어간 것이 하루키 소설이다.

《Norwegian Wood》라는 소설이 참 감명 깊었는데, 젊은 시절의 청년이 겪는 삶의 고뇌들을 아주 잘 다룬 소설이어서 한참 동안 여운을 남겼다. 그 후로 하루키의 소설은 거의 다 읽었다. 그때는 주로 범계 롯데백화점 안에 있는 서점에서 원서를 샀는데, 가끔은 이태원에 있는 'What The Book'이라는 서점을 주로 이용하였다. 아내는 특히 하루키의 취미였던 달리기, 재즈, 클래식 음악에 관심을 가지기 시작했고, 나는 와인과 위스키에 관심을 가지기 시작했다. 특히 싱글 몰트 위스키를 알게 되면서 하루키가 좋아했던 라프로익(Laphroaig) 위스키를 맛보게 되었고 나의 최애 술이 되었다. 특히 피트 위스키 특유의 냄새와 맛이 위스키를 안 좋아하던 나에게도 적합한 술임을 운명적으로 알게 되었다. 라프로익의 희귀성과 피트 위스키의 독특한 맛이 평범한 것을 좋아하지 않았던 나의 취향을 극대화했다. 그리고 주량이 약했던 나에게는 라프로익 10년산 한 모금만으로도 아름다운 저녁을 행복하게 보내기에 충분했다.

쉬운 소설 다음으로는 Dale Carnegie 책으로 넘어갔고, 인간관계에 있어서 많은 고민을 하게 되었다. 그중 많은 부분이 회사에서 리더로서의 역할에 대한 고민에 도움이 되었던 것 같다. 그다음엔 고전으로 넘어갔는데, 톨스토이 소설이 참 좋았던 것 같다. 톨스토이가 독실한 기독교 신자임이 좋았고 고전의 위대함을 충분히 느낄 수 있었던 점도 좋았다. 특히 《안나 카레니나》를 읽고 나서 인생에 대한 오묘함과 삶의 지혜에 대해서 많이 생각하게 되었던 것 같다. 책의 앞부분에 나오는 행복론은 삶을 대하는 자세를 바꾸어 놓은 것 같다. 그렇게 2년 동안 평균 일주일에 한 권씩, 백 권 이상을 읽었던 것 같다. 그 결과는 참으로 신기하기도 했고 대단하기도 했다. 회사 진급에 필수였던 토익 시험을 치렀는데 평상시 시간이 부족했던 Reading Comprehension이 시간이 남는 것이 아닌가? 더 놀라운 것은 결과 점수를 받고 난 후였다. 990점 만점을 받았던 것이다. 내 개인적으로도 대단한 결과였고, 회사 내에서도 소문이 나서 향후 나의 평판에 많은 도움을 준 사건이 되었다. 아내도 나를 '토만 선생'이라며 좋아했고, 다른 사람들에게 특별히 내세울 것이 없었던 지방대 출신 대기업 직원이었던 나를 '토만 선생'이라며 하나의 자랑거리 소재로 활용했던 것 같다. 아마도 구역예배를 하면서 다른 집사님과 권사님들의 자식 자랑, 남편 자랑들을 귀에 딱지가 앉을 정도로 들으면서 스트레스를 받았을 아내에게 그래도 하나의 무기가 생긴 것이 다행이었을 것이다.

주재원 복귀는 아내에게도 큰 변화이고 스트레스였을 것이다. 특히 우리 가정에 경제적인 도움을 주어야겠다는 생각을 많이 한 것 같다. 전업주부로서 할 수 있는 것이 부동산에 대한 투자였을 것이고, 미국 주재원 생활을 하게 되면서 여윳돈으로 한국에 있는 지인을 통해서 나의 만류에도 불구하고 '동해 고래불 해수욕장' 근처의 농지를 사게 되었다. 1차 아파트 프로젝트의 실패를 만회하려는 생각과는 다르게 2차 고래불 프로젝트도 우리에게 많은 시련을 안겨 주었다. 한국으로 복귀하고 난 뒤 꿈마을 한신아파트에서 꿈마을 현대아파트로 전세를 옮긴 후 전세 기간이 만료되자 집주인이 아파트 판매 의사를 비쳤고, 우리가 사지 않으면 또 이사를 해야 하는 상황의 목돈이 필요할 때였다. 그때까지도 그 농지의 땅값은 지지부진했고 거래도 쉽지 않은 상황이 되었다. 그때 우리 기도의 응답이었을 것인데, 기적적으로 구매 당시의 금액으로 판매한 것이었지만 고래불 땅을 처분할 수 있었고 우리 집도 마련할 수 있었다. 두 번의 실패한 프로젝트로 인해 아내는 속으로 엄청난 스트레스를 받았던 것 같다. 살면서 나에게 미안하다는 말을 수십 번, 수백 번 했던 것을 보아 나는 그 스트레스의 강도를 짐작만

할 수 있다.

그 당시 꿈마을 현대아파트로 이사하던 즈음에 아내가 먼저 새중앙교회를 다니기 시작했다. 마음을 나눌 가족이나 친구가 근처에 없던 아내로서는 아마도 유일한 탈출구가 교회였을 것이다. 아내가 새중앙교회에 나가기 시작하고 나서 얼마 지나지 않아 나도 자연스럽게 교회에 나가기 시작했다. 사춘기를 호되게 보내던 아들은 방문을 걸어 잠그고 동굴로 숨어 들어간 겨울잠을 지내는 곰 같은 생활을 했다. 교회에 아내와 같이 나가게 되면서 아내와 함께 이○진 장로님의 집에 초대되어 간 적이 있다. 아마도 교구 식구들을 장로님 집에 초대한 신방 행사였던 것 같다. 인기가 많으셨던 장로님 댁에는 10가정 정도가 초대되었고, 어색했지만 즐거운 시간을 보냈다. 참 다복한 가정이라고 생각했다. 아내 권사님은 김영삼 대통령의 조카 정도 되는 좋은 집안이었고, 장로님은 이비인후과 의사 선생으로서 개업을 하고 있었으며 딸, 아들 하나씩 뒀으며 교회에서는 존경받는 분이셨다. 우리 가족을 케어가 필요한 새가족으로 생각하셔서 그런지 아주 잘 대해 주셨다. 항상 바쁘셨고 누구에게나 정겨운 말씨로 웃는 얼굴로 침을 튀겨 가면서 최대한의 관심을 가져 주셨다. 참 존경스러운 분이셨다. 내가 가지지 못한 것을 많이 가지신 분이셨고, 단점을 찾아보기 힘드신 분이셨다. 내가 새중앙교회에 정착하게 된 결정적인 계기 중 하나일 것이다. 그분을 보면 하나님의 일하심을 체험할 수 있을 정도였다.

교회에 나가면서 본격적인 성장 과정을 밟게 된다. 아내와 함께하는 것이 즐거웠고, 나의 오래된 영적 갈망을 채울 수 있어서 즐거웠다. 언젠가 《논어》를 읽고 나서 내 사고의 근본에 대한 답을 찾을 수 있었고, 본격적으로 성경 말씀을 배우면서 인생에 있어서 풀리지 않았던 질문들에 대한 답을 다 찾을 수 있었던 것 같다. 새가족반과 성장반을 마치고 난 후 세례를 받게 되었다. 고등학교 때부터 교회를 다니기 시작했지만 세례는 미루고 미루어서 이때까지 왔던 터였다. 세례를 미룬 까닭은 어느 누구도 적극적으로 권면해 주는 사람이 없었던 것이 가장 큰 이유였다. 처음엔 부끄러움도 있어서 스스로가 적극적이지 않았던 것 같고, 그 이후로는 누구나 세례는 받았을 것이라고 착각할 만큼 교회를 다니고 있었기 때문에 세례 전이었던 사실을 굳이 밝히지 않았기 때문이었다. 그렇게 미루었던 세례를 받게 되었고, 세례식을 하기 전에 행정 관리를 하는 여전도사님으로부터 연락이 와서 대예배 때 간증을 하라고 권면을 하셨다. 원래부터 찾아서 하는 것은 아니지만 나에게 찾아온 것을 거절하지 않는 성격인 면도 있고, 성장에 도움이 되는 새로운 도전을 피하지 않는 면도 있어서 흔쾌히 수락을 했다. 다만 3부 예배가 가장 많은 성도가 참석하시기에 이왕 하는 거면 3부 예배 때 하고 싶다고 했다. 문제는 내용이었다. 대부분 간증은 방탕한 생활을 하다가 큰 병이 들거나 큰 사고나 나서 교회를 다니기 시작한 그런 내용 일색이었던 것 같다. 그런데 나에게는 그런 스토리 자체가 없었던 것이 문제였다. 그렇다고 스토리를 만들 수는 없는 것이었다.

　간증을 위해 준비하는 시간은 참 은혜로운 시간이었다. 장황한 스토리는 없지만 내가 걸어온 여정 자체만으로도 충분한 간증의 이야깃거리가 될 것이라고 확신했다. 어릴 때 생각이 났다. 나에게 신앙의 씨앗을 뿌려 준 사건이었다. 초등학교 다니던 때였던 것 같다. 동네에 개척교회가 만들어졌고, 젊은 목사님 부부가 깔끔하게 정리된 양복을 입고 동네 구석구석을 누비던 때였다. 당연히 새까만 얼굴을 하고 아이들과 놀고 있던 내가 쉬운 전도의 타깃이 되었을 것이고, 영문도 모른 채 동네에서 가장 큰 도로 한 중앙에 서서 여전도사님(목사님 사모)의 기도를 받았다. 기도 내용이 무엇인지 전혀 기억은 나지 않지만, 그 상황이 너무나 부끄러웠던 나 자신은 너무나 생생하게 기억이 난다. 그 일이 있고 몇 번을 교회에 갔었는데, 같이 간 동네 아이들이 예의 바르지 않은 행동을 한 것이 너무나 속상했고 동네 아이들의 놀림에 계속해서 교회를 다니지 못해 목사님 부부에게 미안한 마음이 들었다. 그 이후에 교회가 어떻게 되었는지 알 수는 없지만 믿음의 씨앗이 내 마음에 심어졌다는 것을 알게 되었다.

　그다음은 고등학교 들어가면서 학교 친구의 전도로 교회를 본격적으로 다니기 시작했던 때가 생각난다. 대구 대명동에 있는 서광교회였는데, 그때의 약 10년간의 시간들이 내가 성인으로서 성장하고 인격을 형성하는 데 큰 역할을 했던 시기였던 것 같다. 고향인 대구 변두리에서는 내가 최고였는데, 여기에서는 내 상상을 초월한 일들이 많이 일어나고 있었고, 내 또래의 아이들이 부모님들과 함께 교회에 다니면서 드라마에나 나올 것 같은 생활을 하고 있었던 것이다. 교회에서 내 모습이 초라해 보여서 피하고 싶은 마음도 있었지만, 나는 피하지 않았고 그 속에서 외롭지 않았고 구성원의 한 사람이 된 것이 좋았다. 특히 이성 친구들과 어울릴 수 있었는데, 사귀어 본 친구는 없지만 진정한 친구로서 시간을 보낼 수 있었던 것 같다. 그때 교회 집사님들의 모습을 많이 보았는데, 참 보기 좋았고 나도 어른이 되어서 결혼해서 아이를 가지면 저분들처럼 집사의 역할을 해 보고 싶다고 생각했다. 10년 동안의 서광교회 생활에도 나의 신앙이 자라난 것은 아니었고, 내 사회적인 관계의 욕구를 채우는 데 집중이 되었던 것 같다. 물론 신앙이 없었던 것은 아니었고 체계적으로 성장하지는 못했던 것 같다. 그 당시 나 스스로는 항상 "하나님은 왜 TV 같은 데 나오셔서 기적을 보여 주시지 않을까?"라는 질문을 했다.

　그다음 취업을 하고 나서 울산에서의 10년과 해외 주재원 생활의 5년은 신앙적으로는 암흑기였다. 취업을 하고 울산에 간 후부터 서광교회와 멀어지게 되었고, 신앙이 얕았던 나는 자연스럽게 교회를 다니지 않게 되었고, 결혼도 하나님을 믿지 않는 가정의 아내와 하게 되었다. 교회를 다니지 않던 시기에도 마음속으로는 언젠가는 다시 교회에 가야 한다는 마음을 항상 갖고 있었는데, 하나님의 인도하심으로 아내가 교회에 전도되어 나름 열심히 다니기 시작했다. 해외 출장이 잦게 되면서 유치원 교사로 일하던 아내에게 원장 선생님이 전도를 한 것이다. 미국 주재원 생활 동안에도 나는 교회를 다니지 않았지만 아내는 어린 아들과 함께 현지 교회를 나름 열심히 다녔다. 그런 것들이 하나님의 인도하심이라고 확신한다. 물론 그 기간 사이에 있던 아들의 낙태 사건과 나의 기도로 다시 살린 이야기는 의도적으로 간증에는 포함하지 않았다. 이유는 너무 드라마틱한 이야기여서 꾸며 낸 것 같은 느낌을 주는 것이 싫었고, 또 굳이 그 이야기를 포함하지 않아도 간증으로 충분할 것 같은 자신이 있었다.

하나님은 아내를 통해서 나를 다시 교회에 다니게 하셨는데, 새중앙교회 담임목사님의 설교는 참 힘들었고 나를 시험에 들게 했다. 설교 내용을 도대체 알아들을 수가 없었는데, 박중식 담임목사님이 파킨슨병으로 인해 발음이 안 좋으시다는 것을 알면서도 설교 때문에 시험에 들었었다. 그런데 신기하게도 시간이 가면서 설교 말씀에 더 집중하는 마음이 들었고 그때부터 설교 말씀이 아주 선명하게 들리면서 더 큰 은혜로 다가왔다. **아무리 어려운 환경에서도 우리가 집중하고 노력하면 그 어려움을 극복할 수 있음을 체험한 것이다.** 그리고 설교 말씀에 집중할 수밖에 없는 상황도 있었는데, 사춘기 남학생인 아들로 인해 하나님께 더 매달리게 되었기 때문이었다. 간증은 하나님께서 아내와 아들을 통해서 나를 선한 길로 인도해 주심을 체험한 것에 감사하고 더욱 성장해 가겠다는 마음을 주심에 감사하다고 마무리를 했고, 극적인 내용이 없이도 충분한 간증이 되었다고 생각한다.

간증을 하고 난 뒤 자그마한 체격의 여전도사님(최○숙 전도사)이 나를 찾아와서 간증 내용이 너무 좋았다고 격려를 해 주셨는데, 내 간증이 그 정도는 아니었을 것인데 좀 의아하게 생각을 했다. 아마도 그 전도사님도 자녀와 남편을 통해 믿음이 성장한 경험이 있었을 것이라고 생각하고 형식적으로 인사를 받아 주고 지나갔다.

간증 이후에 나의 믿음 생활은 새로운 전기를 맞이한다. 하나님께서는 나의 교회 생활을 재개한 것을 계기로 박차를 가하듯이 아들을 통해서(아들의 방황이 더 심해짐) 제자 훈련과 사역자 훈련 과정을 밟게 하셨다. 그 훈련 과정을 통해서 성경 말씀을 본격적으로 접하게 되었고 말씀이 주는 은혜를 경험하게 되었다.

또한 단순히 일주일에 한 번 예배를 드리는 것에 그치지 않고 예배, 말씀, 기도, 성도와 교제의 균형 있는 믿음 생활의 중요함을 알게 되었다. 제자 훈련을 받게 된 시기가 아들이 고2, 고3 시기여서 부모의 역할이 가장 중요한 때였는데, **우리가 모든 것을 내려놓고 하나님께 납작 엎드리는 지혜를 주신 것이다. 그 시기를 거치면서 인간이 얼마나 나약한 존재인지를 깨닫게 되었고 내가 알지 못하던 새로운 삶의 지혜들을 알게 되었다. 어렵고 힘들더라도 행복하지 않은 것은 아님을 알게 되었다. 아니, 어렵고 힘들수록 더 재미있고 행복해질 수 있다는 것을 알게 되었다.** 이렇게 믿음 생활이 내 마음의 중앙에 자리 잡게 되었다.

> **야고보서 1:2-4** "내 형제들아 너희가 여러 가지 시험을 당하거든 온전히 기쁘게 여기라 이는 너희 믿음의 시련이 인내를 만들어 내는 줄 너희가 앎이라 인내를 온전히 이루라 이는 너희로 온전하고 구비하여 조금도 부족함이 없게 하려 함이라"

EAP

상담사는 결과를 아주 간결하고 단호하게 요약해서 말했다. "아이는 전혀 문제가 없네요. 부모님들이 욕심이 많습니다. 아들은 가만히 두시면 됩니다."

아들은 귀국한 후 여러 가지 혼란을 겪었던 것 같다. 아마도 사춘기 시절에 미국과 한국 생활을 번갈아 하면서 문화적인 큰 혼란과 신체적인 변화의 혼란이 더 극대화되었을 것이라고 생각했다. 초등학교 4학년에 앨라배마로 가서 4년 동안의 시간을 보냈는데, 흑인들의 차별과 백인들의 차별을 동시에 경험했을 것이다. 그리고 다시 중학교 2학년 때에 한국으로 왔는데, 비합리적인 한국 시스템에 또다시 문화적인 충격을 경험했을 것이다. 우리 부부는 막연히 아들이 잘 견딜 것이라는 희망만 했지, 최악의 경우는 전혀 염두에 두지 않았다. 회사 일로 바빴던 나는 아내가 잘 해낼 것이라고 믿고 아들에게는 거의 관심을 가지지 못했던 것 같다. 나 자신도 회사에서 리더로 성장의 기로에 있던 큰 변화의 시기였던 터라 집안일에 관심을 가질 만한 여유가 없었다. 그러던 차에 아내가 면담 요청을 했다. 아들의 방황을 도저히 감당할 수 없다는 폭탄 발언을 한 것이다. 평생 처음으로 벽앞에 선 것 같은 느낌을 받았고, 아내에게는 의연한 척했지만 나의 내면은 얼음처럼 굳어 버리고 말았다. 그리고 하나님께 도와달라고 기도를 했다. 아니 기도밖에 할 수 있는 것이 없었다.

기도의 응답을 받은 것일까? 회사 지원 프로그램 중 EAP(Employee Assistance Program)가 있다는 것을 알게 되었고, 이는 사적인 고민을 상담 지원해 주는 프로그램이었다. 크게 기대한 것은 아니었고, 다만 아내에게 아버지로서 내가 할 수 있는 것이 있고 나도 무언가를 한다는 것을 보여 주기 위해 EAP 프로그램을 신청했다. 아내에게 그 사실을 알렸고 아내는 지푸라기라도 잡는 심정으로 반겼다. 신청 과정을 통해서 해당 전문가를 소개받았고 통화를 통해서 이슈 내용을 설명했고 면담 약속까지 잡았다. 면담은 온 가족이 다 와야 한다는 것을 강조했는데, '아이가 문제가 있는데 굳이 가족 모두 다 갈 필요가 있을까?'라는 생각을 했다. 사무실은 대치동의 어느 오피스텔 건물에 있었고, 조그마한 사무실이었는데 그 초라한 모습에 조금은 실망감이 있었다. 우리는 수많은 교육을 받았음에도 불구하고 아직도 외관에 많은 영향을 받는 존재임을 부인할 수 없을 것 같다. 사무실만큼이나 여자 상담사의 외관은 볼품이 없어 보였는데, 50대 평범한 중년 여성의 모습이었다. 솔직히 말하면 대치동 수준에서는 평범 이하의 외모였다.

상담은 세 부분으로 진행되었는데, 가족이 함께 개요 설명을 듣고 질문을 하는 과정과 개인이 따로 상담하면서 MBTI 진단을 진행하는 것과 마지막으로 모여서 결과를 면담하는 과정이었다. 그때가 2010년이었는데, MBTI가 무엇인지도 모르던 때였고 13년이 지나서 젊은이들에게 유행하게 되면서 그때 했던 진단이 MBTI인 것을 알게 되었다. 앞의 두 과정을 지루하게 진행했고 마지막으로 모두 모였을 때 상담 결과를 설명해 주었다. 상담사는 첫 질문으로 어떻게 해서 상담사를 찾아오게 되었는지 물었는데, 우리가 필요하다고 생각해서 스스로 신청했다고 했더니 상담사가 놀라워했다. 그때 당시만 하더라도 상담하러 오는 사람의 부류는 두 가지였던 것 같다. 학교에서 사고를 쳐서 강제로 상담을 받으러 오거나 어린 자녀가 언어 장애가 있어서 언어 장애를 치료하기 위한 경우였던 것 같다. 우리가 상담 사무실에 도착했을 때 대기하던 아이들도 상당히 어린 아이들이 대부분이었던 것을 보면 주로 언어 장애가 있는 아이가 주 고객이었던 것 같다. 상담사는 우리와 같이 자발적으로 온 고객은 처음이라고 했는데, 미국 주재원 생활을 통해서 자녀 상담 또는 정신 상담에 대한 개방적인 문화를 먼저 접해 본 이득을 보는 것이라고 생각했다. 그 당시 한국에서는 아이가 정신 상담을 받거나 이슈 상담을 받는다는 것이 소문이 나면 놀림을 받거나 다른 아이들과 어울리는 데 많은 문제가 있는 그런 분위기였던 것 같다.

상담사는 결과를 아주 간결하고 단호하게 요약해서 말했다. "아이는 전혀 문제가 없네요. 부모님들이 욕심이 많습니다. 아들은 가만히 두시면 됩니다."

상담 결과는 충격 그 자체였다. 만약 오은영 박사나 강형욱 씨가 나오는 TV 프로그램이 유행하는 지금 시대에 그런 일이 일어났다면 그 충격이 크지는 않았을 것이다. 아마도 아들과의 갈등이 일어나지 않았을지도 모른다. 하지만 그 당시에는 오은영 박사도 없었고 강형욱 씨도 없었던 시대에 13년 후에나 들을 만한 말을 들었던 것이다. 아이가 문제가 있어서 상담을 받으러 왔는데, 부모 모두 오라는 것 자체가 불편했고 또 모든 것이 부모의 문제라는 말이 충격이 아닐 수가 없었다. 열심히만 살면(회사 잘 다니고, 바람 안 피우고, 술주정 안 하는 삶) 최선이라는 나의 생각이 모두 무너지는 순간이었다. 자존심이 많이 상했지만 중요한 것은 내 자존심이 아니라 이슈를 해결해야 하는 것임을 알기에 나는 침착하려고 노력했고 그 설명을 차분하게 들었다. 아마 아내도 마찬가지 심정이었을 것이다.

상담사의 차분한 설명이 이어졌다. MBTI 결과로 볼 때 부모와 아들은 완전히 다른 유형으로 나왔다고 했다. 정확히 그 유형은 기억나지 않는데 우리는 E였고 아들은 I로 나왔다는 것 같았다. 우리 같은 유형은 옆에서 응원하고 간섭해 주면 잘하는 성격인데 아들은 옆에서 간섭하면 부작용이 일어나고 그냥 두면 알아서 하는 성격이라는 것이다. 그런데 부모가 계속 간섭하고 재촉해서 오히려 부작용이 일어났다는 것이다. 그리고 아들과 상담사의 일대일 면담을 통해서 알게 된 것인데, 아들도 아빠에게 잘하는 모습을 보여 주고 싶은데 잘 안되는 것이 자신도 속상하다는 것이다. 그 말에 또

한 번 충격을 받았다. 평상시 아무 생각 없이 게임만 하며 세월을 보낸다고 생각했었는데, 아들도 여러 가지 고민을 하고 있다는 것 자체가 새로운 발견이었던 것이다. 우리 세 식구는 상담사와 같이 한자리에서 그간의 여러 가지 힘든 시간들을 한꺼번에 속풀이하듯이 눈물을 펑펑 흘리며 상담 결과를 겸허하게 받아들이면서 또 새로운 희망을 발견한 기쁨의 순간을 만끽했다. 나는 결심했다. 아들은 알아서 하는 아이이니 아들이 하자고 하는 대로 지원해 주고 간섭은 절대 하지 말자.

첫 번째 상담 후 나의 결심을 실천으로 옮겼고 그 변화의 결과는 수년 뒤에 놀라운 결과로 나타났고, 그 이후로도 그 결심의 실천은 계속 유지하고 있다. 그 상담 이후로 나는 EAP의 전도사가 되어서 만나는 아이 키우는 사람마다 간증을 했는데, 그 때문인지 현재 EAP에서 자녀 상담에 대한 활용이 엄청 늘었다고 한다. EAP는 매년 한 번 신청할 수 있어서 그다음 해에도 신청을 했다. 평촌 집에서 대치동까지 가는 것이 불편해서 가까운 곳으로 신청을 했는데 안양에 있는 상담사와 연결이 되었다.

두 번째 상담은 대치동의 것과 비교해서 수준은 많이 떨어지는 것이었다. 거리가 좀 멀더라도 대치동으로 가지 않은 것을 후회했다. 두 번째 상담은 그림 그리기로 진행이 되었다. 아들이 그린 그림으로 진단을 했는데, 그 해석에 또 충격을 받았다. 상담사가 그림을 해석해 본 결과, 어릴 때 아빠와의 좋은 추억이 기억에 하나도 없다는 것이다. 아들이 그린 그림에 그런 내용이 나온다는 것도 믿을 수 없었고, 실제로 아들이 그런 생각을 가지고 있다는 것을 상상도 못 했다. 역시 차분하려고 노력했는데, 나의 자존심이 문제가 아니라 이슈를 어떻게 개선해야 하는가에 더 집중하기 위해서였다. 상담사가 아들에게 추가적인 질문을 했는데, 부모님들의 관계는 어떠냐고 물었다. 상담사는 답을 알고 있다는 눈치임을 나는 순간적으로 알아차렸는데, 아들의 대답은 무너진 나의 자존심을 조금은 살려 주었다. "평범한 부부들보다 훨씬 좋으신 것 같아요." 아이의 거의 모든 문제가 부부 관계의 문제로부터 발생한다는 경험치를 가지고 질문했던 것이 아니었을까? 아무튼 아들이 우리 부부를 바라보는 모습은 상당히 긍정적이라는 것에 안도하였다. 두 번째 상담 이후로 나는 반성을 했고 아들과 많은 추억을 만들기 위해서 주말이면 여행이나 외출을 많이 하려고 노력했던 것 같다. 이슈는 없을 수 없다. **이슈의 원인을 모르면 심각하지만, 이슈의 원인을 알게 되면 해결하는 것은 큰 문제가 되지 않음을 체험할 수 있었다.**

> 야고보서 1:5 "너희 중에 누구든지 지혜가 부족하거든 모든 사람에게 후히 주시고 꾸짖지 아니하시는 하나님께 구하라 그리하면 주시리라"

엄마 책 사 줘

한 번도 공부하는 모습을 본 적이 없었는데, 하루는 "엄마 나 책 사 줘."라는 말을 아내에게 했다는 것이다. JLPT를 준비하는 책이었는데 혼자 독학으로 공부했던 일본어 실력을 공인받으려는 생각이 있었던 것 같다. 당시 여름이었는데, 에어컨도 없는 자기 방에서 새로 산 책으로 열공을 하는 모습을 보니 어릴 때 레고를 활용해서 디지털카메라로 움직이는 장면을 만들었던 때가 생각났다. 자기가 하고 싶은 것에는 엄청난 집중력을 발휘하는 아이였던 것이다.

아들은 대학 진학을 위해서 앨라배마 시절부터 실용음악과를 목표로 준비를 해 왔었다. 실용음악으로 대학을 진학하는 것이 유일한 희망이었던 셈이다. 앨라배마에서는 문 선생(회사 직원, ERP 전문가)과 전문 과외 선생으로부터 레슨을 받았고, 한국 와서는 학원과 전문 과외 선생으로부터 레슨을 받고 있었다. 한국에서 음악 학원 다닐 때는 학원에서 공연을 했는데, 아들이 멋지게 기타 치는 모습에 우리는 너무 감격스러워했던 것이 기억난다. 그 당시 아들은 학교 공부에는 큰 관심이 없었고, 그 결과 아들의 내신으로는 감히 4년제 대학은 생각도 못 할 상황이었다. 우리 부부는 무슨 수단을 써서라도 우선 대학만 들어가면 된다는 그런 생각을 했던 것 같다. 아들의 미래에 대해 진지하게 고민한 것도 아니고, 아들이 실용음악에 관심이 있으니 그 길로 가면 된다고 쉽게 생각했다. 그 전에 아들에게 일반적인 방법으로 대학 진학을 유도하기 위해서(내신 관리) 영어 학원이며 다른 아이들이 다니는 학원 다니기를 설득했지만 다 실패했다. 결국 학원비를 엄청나게 줄일 수 있었는데, 그런 관점에서는 아들은 훌륭한 효자였다.

보통의 경우 쉬운 선택(쉬운 길)이 좋은 결과로 이어지는 경우는 많지 않은 것 같다. 아들이 고2일 때 "음악으로는 밥 못 먹고 살 것 같아."라며 폭탄 발언을 한 것이다. 회사에서는 백업을 그렇게 강조하면서 살아왔는데, 아들도 백업 없이 외아들이고, 아들의 진학도 플랜 B 없이 한 가지에 매달려 있던 나에게는 청천벽력 같은 소식이었다. 우리 부부에게 희망이 사라진 것이다. 너무나 당황했기에 아들이 그런 생각을 가지게 된 이유도 물어보지 못했다. 아들은 우리보다 좀 더 현실적인 면이 있었다. 주위 사람들에게 음악 하는 사람들이 얼마나 경제적으로 어렵게 사는지 들었을 것이다. 그러나 우리에게는 그 이유가 중요하지 않았다. 아들이 의사 결정을 했다는 것이 더 중요했다. 아들은 단호한 면이 있었고, 실행력이 있는 아이임을 알기에 이미 설득해도 소용이 없다는 것을 우리 부부는 너무나 잘 알고 있었다.

하나님은 우리를 그렇게 움직이시는 것 같다. 아들을 통해서 우리 부부를 주님에게 매달리게 하는 것 같다. 당연히 다시 하나님께 매달릴 수밖에 없었다. "그러므로 내일 일을 위하여 염려하지 말라. 내일 일은 내일이 염려할 것이요, 한 날의 괴로움은 그 날로 족하니라." 마태복음 6:34 말씀을 묵상하며 하나님께 기도했던 것 같다. 어쩌면 믿음 생활에 있어서 플랜 B는 별로 바람직하지 않은 것일까? 하나님께 의지하기보다는 자신에게 의지하는 것이라면 맞는 말이고, 하나님께 의지하지만 최선을 다해서 준비하고 실행한다는 측면이면 맞지 않을 것이다. 플랜 B가 꼭 필요한 것 같지만 보험 드는 것이랑 비슷해서 대부분은 낭비로 끝나고 말거나 막상 상황이 발생했을 때 플랜 B가 제대로 작동을 안 할 때도 많다. 우리의 궁극적인 플랜 B는 하나님인 것인데 추가적인 플랜 B는 필요 없는 것일까? 이렇듯 플랜 B에 대한 나의 생각은 도대체 정리가 되지 않는다. 어쨌건 나는 하나님께 매달리게 되었다.

아들이 한국에 와서 일본어에 관심을 가지게 되었는데, 아마도 일본 애니메이션에 관심이 있어서 일본어를 독학했던 것 같다. 한 번도 공부하는 모습을 본 적이 없었는데, 하루는 "엄마 나 책 사 줘."라는 말을 아내에게 했다는 것이다. JLPT를 준비하는 책이었는데 혼자 독학으로 공부했던 일본어 실력을 공인받으려는 생각이 있었던 것 같다. 당시 여름이었는데, 에어컨도 없는 자기 방에서 새로 산 책으로 열공을 하는 모습을 보니 어릴 때 레고를 활용해서 디지털카메라로 움직이는 장면을 만들었던 때가 생각났다. 자기가 하고 싶은 것에는 엄청난 집중력을 발휘하는 아이였던 것이다. 그렇게 열공을 한 지 얼마 되지 않았는데 JLPT N1(최고 레벨)을 받았고, 연이어 JPT 시험도 쳤는데 거기서도 최고 레벨을 받았다. 아들이 일본어에 관심을 가지고 또 좋은 성과를 낸 것이 우리 부부에게는 큰 위안이 되었는데 사막의 오아시스와도 같은 경험이었다.

아들이 음악을 그만두겠다는 폭탄 발언 후 얼마나 지났을까? 많이 지나진 않았던 것 같다. 희망이 없던 우리 부부에게 아들이 아주 좋은 소식을 가지고 왔는데 일어 특기자로 대학교 진학이 가능하다며 학교 선생님으로부터 상담을 받았다는 것이다. 선배 중에서 일본어 특기자로 숭실대에 들어간 사례가 있다며 일본어 특기자로 대학 진로를 상담해 주었던 것이다. 바로 강남에 학원을 알아봤다. 와세다(일본어 특기자 진학 전문 학원)학원이라는 곳에서 상담을 했는데, 상담 선생님이 4년제 대학은 물론이고 성균관대학교와 그 이상도 가능하다는 아주 희망적인 말씀을 하셨다. 물론 학원 경영을 위해서 당연히 긍정적인 말을 했겠지만 4년제 대학 진학만으로도 만족했을 우리는 톱클래스 대학까지도 가능하다는 말에 너무 고무되었다. 바로 학원을 등록했다. 미국 주재원 생활로 영어를 네이티브처럼 하는 아들이 영어 특기자가 아니라 일본어 특기자로 대학 진학을 준비하는 것이 아이러니였지만 오히려 경쟁력 측면에서 일본어 특기자가 더 유리한 면이 있었다.

아들의 입시 공부는 순항을 거듭하였다. 우선 현실적인 목표는 한국외국어대학이었다. 아들의 일본어 실력으로 충분히 갈 수 있는 상태였고, 운이 좀 나쁘면 좀 더 낮은 대학(세종대, 동국대)들도 염두에 두었다. 그리고 운이 조금 더 있다면 성균관대 이상도 희망을 두었다. 입시를 앞두고는 학교 입시 설명회를 부지런히 다녔던 것 같다. 한국외국어대, 동국대, 세종대, 국민대, 가천대 등에 갔었는데, 우리 아이와 인연이 될 학교가 어느 대학이 가장 적당할지 우리가 면접 보는 듯했다. 수시 원서는 5곳을 넣을 수 있었던 것 같다. 위 학교에 수시 원서를 다 넣었고 자기소개서를 준비하고 면접 준비를 하는 상황이었다.

　문제는 자기소개서(이하 자소서로 명명)였다. 아들이 알아서 작성하겠다고 했는데, 도대체 작성할 기미가 보이지 않았고, 내가 답답한 마음에 자소서 작성과 관련된 책을 사서 내 나름대로 아들의 자소서를 작성했다. 나의 모든 문장 실력을 발휘했고 나름대로 자부심을 가지고 아들에게 주었는데, 아들은 한 번 대충 읽어 보고는 마음에 들지 않는다는 것이다. 아들은 기대치가 높았고 까다로웠다. 나의 기준으로 아들의 기대치에 맞는 자소서를 작성한다고 생각한 그 자체가 잘못된 것이었다. 하는 수 없이 전문가의 도움을 받기로 했다. 문제는 시간적인 여유가 없이 전문 강사를 섭외하려 하니 부르는 게 값이었다. 인터넷에서 가능한 강사 중 제일 비싼 곳 두 군데와 계약을 했다. 혹시나 하는 마음에 백업을 고려했던 것이다. 나의 직업병이 작용을 했고, 돈은 문제가 되지 않았다. 아들의 스토리는 꽤 괜찮은 스토리라고 생각한다. 해외 경험도 많고 영어를 네이티브처럼 구사할 수 있고 일본어를 독학으로 공부해서 일본어도 네이티브처럼 구사할 수 있는 것 자체가 어느 정도 인상에 남을 만한 스토리인 것이다. 거기에다 조금의 상상력과 희망 사항들을 덧붙이면 아주 훌륭한 자소서가 될 것임에는 분명했다. 전문가의 도움으로 2개의 자소서가 잘 마무리가 되었다. 인공 지능을 이용해서 자소서를 검증한다는 얘기를 듣고는 전문가 도움을 받은 것 때문에 조금은 긴장을 했지만 거짓이나 누구의 것을 베낀 것이 없기 때문에 문제는 되지 않았다. 사실 전문가의 도움을 받은 것이나 내가 한 것이나 별 차이는 없어 보였으나 공신력이라는 무게감 때문에 아들에게는 엄청난 차이가 있는 것이었다. 아들의 자소서 사건이 예전의 한 사건과 중첩되어 내 머릿속에 떠올랐는데, 아들 큰아버지가 고3 입시 때 원서를 제출하지 않아서 내가 엄마와 같이 학교에 가서 원서를 제출했었다. 그런 것 때문은 아닐 것이지만, 딱히 꼬집어 말할 수는 없지만 아들이 형님이랑 많이 닮은 부분이 있는 것 같다. 그래서 그런지 아들이 큰아버지를 많이 좋아하는 것 같다. 조금 섭섭한 부분은 있지만 그래도 아들이 형님을 좋아하는 것이 싫지만은 않다.

    5군데 수시 원서를 낸 곳 중에서 하나라도 빨리 붙으면 안심이 될 것인데, 원활하게 진행되지는 않았다. 문제는 면접이었다. 면접 연습도 같이 하자고 아들에게 제안을 했지만, 아들은 거절을 했다. 나와 면접 연습을 하는 것이 어색해서 그런지 나의 수많은 면접 노하우를 아들에게 전해 주고 싶었지만 아들은 그럴 기회를 주지 않았다. 원했던 한국외국어대학은 불합격이 되었고 면접이 있는 곳은 계속 고배를 마셨다. 다행히 가천대는 합격은 아니지만 합격선 내에 있는 후보에 들었고 최악의 경우는 피할 수 있어서 안심이 되었다. 동국대학교는 면접을 진행하지 않고 시험으로 대체를 하였는데, 다행히도 무난히 합격을 하였다. 그 많은 대학 중에 기독교 학교는 커녕 불교 학교에 합격한 것이 아이러니했지만 그래도 사대문 안의 대학에 합격한 것에 기쁘기 그지없었다. 아들 고등학교(평촌고등학교)에서 서울 소재의 4년제에 들어가는 것이 한 반에 서너 명 수준인 것을 감안하면 아들의 동국대 입학은 상당한 사건이었을 것이다.

고등학교 졸업할 때 아들

　인생에 있어서 가장 큰 관문이었던 대학 입학을 무사히 통과했는데, 우리는 그다음을 걱정하지 않을 수 없었다. 예전에는 어학 특기자로 입학을 하면 원하는 과에 들어갈 수 있었는데, 입시 제도가 바뀌어서 어학 특기자는 관련 학과에만 들어갈 수 있도록 바뀌었다. 아들의 경우는 일어일문학과에 들어갈 수밖에 없었고 학과 공부 자체는 아들의 호기심을 자극하기엔 너무나 단조로운 학과였다. 더군다나 수시 입학자와 정시 입학자 간의 차별을 아이들이 어떻게 알아내었는지 모르겠지만 두고 있었다. 아들은 정상적인 수업에 그리 관심을 가지지 않았고 당연히 학교 성적은 좋지 못했다. 그리고 아들이 구체적으로 말하진 않았지만 향후 직업을 선택하는 데 있어서 그리 희망적이진 않은 학과였고 일본과의 관계도 좋지 않은 상황도 있어서 여러 가지로 아들에게는 고민이 많았을 것이 분명했다. 불안한 동거라고 해야 하나. 억지로 소를 물가에 데리고 갔지만 물을 마시게 할 수는 없듯이 아들에게도 마치 그런 상황이었을 것이다. 우리는 다가올 미래가 예측되지만 미래가 우리에게 우호적으로 대할 것이라는 막연한 기대를 품고 사는 것 같다. 아들의 동국대와의 미래가 긍정적이지 않다는 것을 충분히 예측할 수 있었지만 우선 큰 관문 하나를 통과한 것에 기뻤다. 아마도 주위에 계신 분들에 대한 이목이 아들의 미래보다도 더 우선순위로 작용했던 것 같다. **아무튼 우리 부부가 아주 평범한 길을 순순히 따라갔다면, 아들은 큰길을 따라가지 않고 항상 옆길을 선택했다. 그런 아들은 항상 우리 부부를 당황하게 했고, 우리는 그런 것들에 익숙해지고 있었다.**

잠언 27:1 "너는 내일 일을 자랑하지 말라 하루 동안에 무슨 일이 일어날는지 네가 알 수 없음이니라"

아내의 사생활 1

아내는 차가 필요했음에도 불구하고 한 번도 차를 사 달라는 이야기를 꺼내지 않았다. 소비하는 측면에서 아내는 너무나 소극적이었는데, 그 덕분에 그렇게 아끼려고 노력하지 않았지만 우리의 자산이 차곡차곡 늘어난 것 같다. 물론 아들이 큰 사고 없이 잘 자라 준 것도 큰 몫을 한 것이 사실이다.

　아들이 대학 관문을 통과한 즈음에 아내도 새로운 생활들을 하기 시작했다. 아내는 참 재능이 많은 여자였다. 우선 목소리의 재능이 있었다. 거문고의 맑은 소리와 어울리는 목소리로 봉사를 했는데, 안양 수리장애인종합복지관에서 청각 장애인을 위해서 성경책과 같은 책을 목소리로 녹음해서 들려주는 일을 했다. 아내의 목소리는 참 묘한 부분이 있다. 평상시 내는 소리와 특별히 내는 소리가 완전히 다르다. 그래서 그런지 아내가 목소리에 재능이 있다는 것을 아는 사람이 거의 없다. 아내가 나를 위해 녹음해서 들려주는 목소리를 들으면 감자꽃이 만개한 감자밭 언덕 한가운데에 의자를 놓고 앉아서 살랑살랑 부는 바람에 땀을 식히는 듯한 느낌이 든다. 이런 느낌을 그 당시에는 표현하지 못했는데, 아주 나중에 아들이 선물한 하지메 나미키의 〈Hills&Potato〉라는 제목의 판화 작품을 보고 연상하게 되었다. 실제로 감자꽃을 본 적은 없는데 꼭 한 번 보고 말 것이다. 아내가 녹음한 목소리를 들으면서 청각 장애인들이 느꼈던 것들은 모두 다를 것인데, 그분들에게 나쁜 감정을 주지는 않았을 것은 분명하다. 어떤 사람들에게는 보라색 꽃으로, 또 어떤 사람들에겐 잔잔한 호수로, 또 다른 사람들에겐 푸른 가을 하늘로 다가갔을 것이다. 종종 아내의 재능을 나에게만 연습 삼아

풀어놓는 것도 즐겼는데, 성우가 되지 못한 것이 어쩌면 나에게는 더 큰 행운이 된 것 같다.

아내는 운동에도 관심이 많았다. 미국 주재원 생활을 하면서 다른 주재원 부인들은 골프에 정신이 없을 때 아내는 YMCA에서 필라테스 자격증을 땄다. 사람마다 여러 가지 모습이 있는 것 같다. 어떤 부분에 있어서는 한없이 소심하다가도 다른 부분에 있어서는 한없이 담대한 모습을 보인다. 나도 그렇고 아내도 그렇고 아들도 그렇다. 그러나 그 모습은 다 다르다. 어떤 사람들은 나를 내성적이라고도 하고 다른 사람들은 나를 외향적이라고도 한다. 그런 다양한 모습을 가진 우리가 너무 좋다. 아내는 한국사람들에게는 소극적인 모습을 보이는데, 외국 문화와 외국 사람들에게는 놀라울 정도로 대담하다. 필라테스 자격증 취득 자체도 큰 의미가 있었지만 아내의 몸매가 아름답게 유지되는 것이 더 큰 포상이었다. 한국에 귀국해서도 그런 열정은 멈추지 않았는데, 미국에서의 자격증은 한국에서 쓸모가 없는 것이었고, 새롭게 한국 자격증을 따야만 아르바이트라도 할 수 있었다. 요가 자격증을 따기 위한 학원을 등록했고, 학원 생활을 하면서 친구들도 사귀는 등 즐거운 시간을 보낸 것 같다. 학원 등록비는 생각보다 비쌌는데 아내가 즐거운 시간을 보낼 수 있는 것에 비하면 그리 큰돈은 아니라고 생각했다. 요가 자격증을 따고 나서는 요가 학원에서 아르바이트를 했는데, 같이 자격증을 딴 동기 중에는 학원을 차려서 운영하는 분도 있었다. 아내도 학원 운영에 대한 고민도 했을 것인데, 아르바이트만으로는 돈이 얼마 되지 않은 이유도 있었고 나이 들어서 남 밑에서 일하는 것이 젊은 친구들에 비하면 경쟁력이 떨어지는 부분도 있는 현실이 있기 때문이었다. 하지만 어려운 환경에서도 학원 운영에 대한 의지는 없어 보였고 아르바이트 수준에서 만족하는 것 같았다. 물론 학원 운영을 하려면 남편의 도움이 많이 필요할 것인데, 내가 그렇게 도와줄 시간적 여유가 없는 것도 고려를 했을 것이다. 간혹 이혼녀 동기 이야기도 했는데, 한 번도 본 적은 없지만 얼굴이 예쁘고 몸매도 좋고 성격도 좋다면서 칭찬을 많이 해서 그런지 나와도 아주 친하게 느껴졌다. 아내의 사생활에 대해서 이런저런 이야기를 듣는 것이 너무 좋았는데, 나는 회사 일을 자주 이야기해 주지 못한 것이 못내 미안했다.

요가 자격증을 이용해서 아파트 아줌마들에게 공짜 수업도 해 주었고, 또 학원에 강의도 다녔다. 광명 서울시립복지관에서 강의한 것이 가장 기억에 남는데, 우리 집에서 대중교통을 이용하기 불편한 위치에 있어서 내가 자주 라이딩을 해 주었다. 지방 자치 단체마다 시민들을 위한 프로그램이 잘 운영되고 있다는 것도 알게 되었다. 조금만 부지런하면 참 즐겁게 시간을 보낼 수 있는 환경이 잘 조성되어 있었다. 아내를 픽업하기 위해서 기다리는 동안 복지관에 전시된 미술품들을 감상하는 것도 또 다른 즐거움이었다. 그리고 아내와 함께 차를 타고 오면서 아내가 해 주는 학원생들의 여러 모습 이야기를 듣는 것이 또 다른 즐거움이었다. 요가 학원비가 비싼 것에 대해 표현을 하진 않았지만 속으로 자격증을 운영하는 단체에 대한 불만이 있었는데, 그 이후에 우리 부부가 누린 행복을 감안하면 오히려 감사한 마음이 나중에야 들었다.

아내는 영어 공부에도 관심이 많았다. 테솔(TESOL) 자격증도 취득했는데, 영어 강의에 대한 소망이 있었던 것 같다. 미국 주재원 생활 동안에 많은 경험도 있었고 원래 영어 공부에도 관심이 많아 영어 원문 소설을 많이 읽은 경험도 있어서 쉽게 자격증을 땄던 것 같다. 아들 대학 진학 이후에 그동안 해 보고 싶었던 그 많은 일을 동시다발로 진행한 것이 참 놀라웠다. 영어 학원에 나가서 강의도 열심히 진행했다. 백화점 문화센터에 개설된 강의에 주로 많이 나갔는데 범계역에 있는 뉴코아백화점에도 갔었고 강남 반포 뉴코아백화점과 명동에 있는 롯데백화점에도 갔었다.

특히 반포 뉴코아백화점에서는 ○○호텔에서 악기상을 하는 중년의 여자분과 친해지게 되었다. 아내가 어떤 용기가 나서 우리나라의 부의 중심 지역에서 깐깐한 강남 아줌마들에게 영어 강의를 할 수 있었는지 알 수가 없다. 하여간 그런 면에서 아내는 참 용기가 대단한 사람이다. ○○호텔 악기상 아줌마와 친해지게 되면서 가끔씩 ○○호텔에 놀러 가기도 했었다. 그러면서 강남 아줌마의 삶을 엿듣는 즐거움도 참 좋았다. 아내의 부러움의 대상이었던 그 강남 아줌마는 탈모가 있었는데 아내에 비해 유일하게 부족한 부분이었다.

한번은 ○○호텔 아줌마가 영어 번역을 아내에게 부탁했다. 악기를 수입하는 과정에서 통관의 문제가 있었고, 그 문제를 해결하기 위해서 영어로 된 악기의 재료를 설명하는 문서를 번역해서 세관에 제출해야 하는 상황이었다. 아마도 동물의 가죽이나 깃털 등으로 제작된 악기들이 보호 동물이 아닌 것을 증명해야 했던 것 같았다. 아내는 나에게 도움을 요청했고, 부유한 강남 아줌마가 그렇게 중요한 일을 전문 번역가를 고용하지 않고 아내에게 요청한 것 자체가 이해는 되지 않았지만, 나는 최대한 역량을 발휘해서 번역을 해 주었다. 내가 생각해도 참 뿌듯한 결과물을 만들었다고 생각했다. 번역을 하면서 악기에 거북이 등껍질과 새의 깃털 등이 많이 사용됨에 놀랐다. 나의 도움으로 통관 이슈는 잘 해결이 되었는데, 내가 부유한 강남 아줌마를 도울 수 있었던 것 자체가 큰 기쁨이 되었다. 아내는 덕분에 맛있는 음식을 대접받았는데, 그분과는 그것 외에도 많은 즐거운 시간을 오랜 기간 가졌었다. ○○호텔 아줌마가 오케스트라 공연 티켓도 준 적도 있었는데, 예술의전당에서 공연 인터미션 시간에 직접 인사도 나누었는데 참 강남 아줌마답다는 인상을 받았다. 아마도 그때가 우리가 강남 생활에 가장 근접한 시기였을 것이다. 그분은 우리 부부를 어떻게 보았을까? 궁금하지만 알 방법은 없다. 뭐 그리 중요하지도 않지만 그런 경험 자체는 참 좋았다. 그런 영향 때문이었는지 아내는 MINI라는 차에 로망이 생긴 것 같았다. ○○호텔 아줌마의 차가 MINI였기 때문인데, 내 형편에 MINI를 아내에게 새 차로 사 줄 형편이 안 되는 상황과 H 사 그룹에 다니는 우리가 다른 브랜드의 차를 산다는 것 자체가 상상할 수 없는 일이었기에 아내는 차가 필요했음에도 불구하고 한 번도 차를 사 달라는 이야기를 꺼내지 않았다. 소비하는 측면에서 아내는 너무나 소극적이었는데, 그 덕분에 그렇게 아끼려고 노력하지 않았지만 우리의 자산이 차곡차곡 늘어난 것 같다. 물론 아들이 큰 사고 없이 잘 자라 준 것도 큰 몫을 한 것이 사실이다.

디모데전서 2:9 "또 이와 같이 여자들도 단정하게 옷을 입으며 소박함과 정절로써 자기를 단장하고 땋은 머리와 금이나 진주나 값진 옷으로 하지 말고"

카투사

아들은 그렇게 새로운 환경에 잘 적응하는 아이였던 것 같다. 하지만 흑형 에피소드 외에도 많은 소재가 있었을 것인데 우리에게 많이 들려주진 않았다. 아내가 나에게 항상 회사 일을 궁금해했지만 안 해 준 것이 후회가 되었다. 사람은 본인이 당해 봐야 깨닫는 것이 많은 것 같다.

대한민국 남자는 다 가는 군대의 때가 왔다. 아들은 어디서 알아봤는지 카투사를 지원했다. 예전에는 시험을 쳐서 들어갔지만, 지금은 영어 점수 TOEIC 750점 이상이면 누구나 지원이 가능했고 추첨을 통해 확정했다. 보통의 경우 8대 1의 경쟁률이어서 가기가 쉽지 않은 곳이고 또 일반 군대에 가는 것보다는 많은 이점이 있는 곳이기도 했다. 나는 아버지 찬스로 단기 사병으로 근무를 했는데, PX병으로서 많은 경험을 했다고 생각한다. 하지만 다른 사람들에게 PX병 경력을 이야기하면 으레 나오는 반응이 있었고 나는 그 반응이 싫었다.

내가 근무한 군에서는 PX가 아주 묘한 위치에 자리를 잡고 있었는데, 법당과 우체국과 사병 식당과 의무실이 나란히 있는 아주 양지바른 곳의 중심에 위치하고 있었다. 좀 더 떨어진 곳에는 테니스장과 교회와 장교 식당이 있었다. PX 시스템은 참 신기했는데, 매입 원가로 판매를 하고 그 판매 대금을 중앙은행 계좌로 송금해야 했다. 그러다 보니 자연 손실에 대한 비용은 알아서 메꾸어야 했다. 아마도 운영 비용이라는 것이 배정되었을 것인데, 관리관이 알아서 개인 판공비로 사용했을 것이다. 우리도 내려온 전통을 따라 그 손실 비용 마련을 예비군에게 비싸게 팔아서 스스로 마련했고 회식 비용이 충분할 만큼 우려먹었다. 군에서는 술이 권력으로 작용했다. 병들에게 할당된 면세주는 장교들이 나누어 먹는데 PX 관리관이 권력으로 활용했다. 관리관과 관계를 맺지 못하는 하위 장교나 부사관들과 고참병들은 우리에게 알랑방귀를 뀌었는데 그런 점에서 우리도 아주 작은 권력을 휘두르고 있는 셈이었다. PX병들이 퇴근할 때쯤 한가한 시간이 되면 PX 왕 고참에게 여러 승냥이가 술을 쟁취하기 위한 치열한 탐색전을 전개했다. 그중에서 가장 기억에 남는 일화가 하나 있다.

  법당에 복무하는 군종병이 있었다. 고참이 제대하고 신참이 고참이 될 즈음에 나도 PX에서 고참이 되었고, 군종병은 자주 PX에 와서 자신의 무료함을 달랬다. 하루는 나에게 자신의 삶에 대해서 이런저런 얘기를 해 주었다. 자기의 아버지는 도사라고 했다. 아마도 스님인데 결혼을 해서 자녀를 둔 아주 능력 있는 부유한 스님인 것 같았다. 그 부유함이 아들의 외모에 당당히 나타나고 있었다. 자기 아버지는 귀신들과 대화를 한다고 했다. 자정이 넘어 촛불을 켜 놓으면 근처에 있는 귀신들이 몰려오는데 산 사람과 얘기하듯 대화한다는 것이다. 또 본인이 해코지하고 싶은 사람이 있으면 인형을 만들고 해코지할 사람의 머리카락을 하나 구해서 그 인형에 넣고 바늘로 찔러 고통을 준다는 것이다. 아들인 자신도 그런 능력을 일부 전수를 받아서 귀신들과 이야기하거나 인형을 만들어 해코지하는 것은 할 수 있다는 듯이 얘기했던 것 같았는데, 그런 이야기를 너무 진지하게 했고 황당한 이야기를 아무 준비 없이 들었던 상황이라 그 아들이 어떤 능력까지 전수를 받은 것인지는 명확히 기억나지 않는다. 그는 이야기를 마쳤고 나의 상당히 당황한 모습이 얼굴에 다 나타났을 즈음에 간결하게 물었다. "술 좀 있어요?" 나는 원하는 만큼 술을 줬고, 그 이후로도 군종병은 PX에 자주 왔고 빈손으로 돌아가는 날이 없었다. 2년이 안 되는 짧은 군 생활이었지만 특이한 경험을 많이 했고 독특한 사람들을 많이 만났던 것 같다. **조금만 긍정적으로 생각한다면 사람들이 있는 곳은 항상 이야기가 있고 배울 것이**

있다. 특히 그 사람들이 나와는 완전히 다른 배경에서 자라 온 사람들이라면 더욱 그러하다. 나의 군 생활도 완전히 다른 배경에서 생활해 온 사람들로부터 많은 것을 배운 소중한 시간이었다. 나는 항상 자랑스럽게 군 생활 이야기를 했고 듣는 사람들은 개그를 듣는 모양의 표정을 지을 뿐이었다.

아들이 카투사에 지원하고 나서 우리 부부는 열심히 기도를 했다. 결국 8:1의 경쟁력을 뚫을 수 있는 것은 하나님의 도움밖에는 없었다. 일반적인 육군으로 군 생활을 하는 것도 좋겠지만 카투사로 근무한다면 아들의 미래에 더 도움이 된다는 막연한 기대가 있었던 것인지, 아니면 당장 좀 더 편하게 군 생활을 하는 것이 더 좋을 것이라는 유치한 생각 때문인지는 알 수 없었다. 우리의 기도는 응답을 받았고 그 감사함에 대하여 감사 헌금을 했는데 인간의 나약함이 얼마나 컸던지 아주 적은 돈으로 그 감사함을 표현했을 따름이었다. 만약 누가 카투사 합격시켜 준다고 큰돈을 제안했더라면 기꺼이 그 돈을 줬을 것인데 "화장실 갈 때의 마음과 화장실 나올 때의 마음이 다르다."라는 격언은 하나님의 관계에서도 해당되는 것 같았다. 즐거운 시간이 흘러서 아들이 입대하게 되었다. 카투사도 신병 훈련은 논산에서 했는데, 입대 날짜가 하필이면 회사에서 중요한 회의가 있는 날이었다. 고객사의 요청으로 우리 회사와 공동 목표 달성을 위해 단합을 결단하는 워크숍을 분기별로 가지기로 했고 그 워크숍에서 임원들이 한 명씩 발표하기로 했다. 하필 내가 첫 번째 발표자로 선정이 되었고, 그날이 아들 입대하는 날이었던 것이다. 다행히 워크숍 시간이 오후로 잡혀서 아들을 논산에 데려다주고 올라오면 시간에 맞추어 워크숍에 참석이 가능했다. 아내와 의논해서 같이 논산에 갔다가 나만 먼저 올라오고 아내는 행사를 다 마치고 대중교통으로 올라오기로 했다.

아들의 머리 깎은 모습이 보기 싫진 않았고, 친구들로부터 이야기만 듣던 논산 훈련소의 상상의 모습들을 실제로 탐방하면서 평범하게 아들 입대 의례를 무사히 치렀다. 카투사로 입대한다는 믿음 때문이었던지 아들의 입대 의례는 큰 감동 없이 무미건조하게 진행되었던 것 같다. 혼자 먼저 양재로 올라와서 엄청나게 준비한 PT를 500명의 양사 직원들 앞에서 발표했는데 엄청 좋은 반응을 얻었다. 그 일로 나의 임원 생활의 장기화가 보장되는 듯했다. 아내도 논산에서 돌아왔고 엄마로서 아들을 군대에 보내는 것 자체가 또 하나의 큰 관문을 통과하는 것이어서 그 관문을 무사히 통과했단 것에 만족하는 눈치였다.

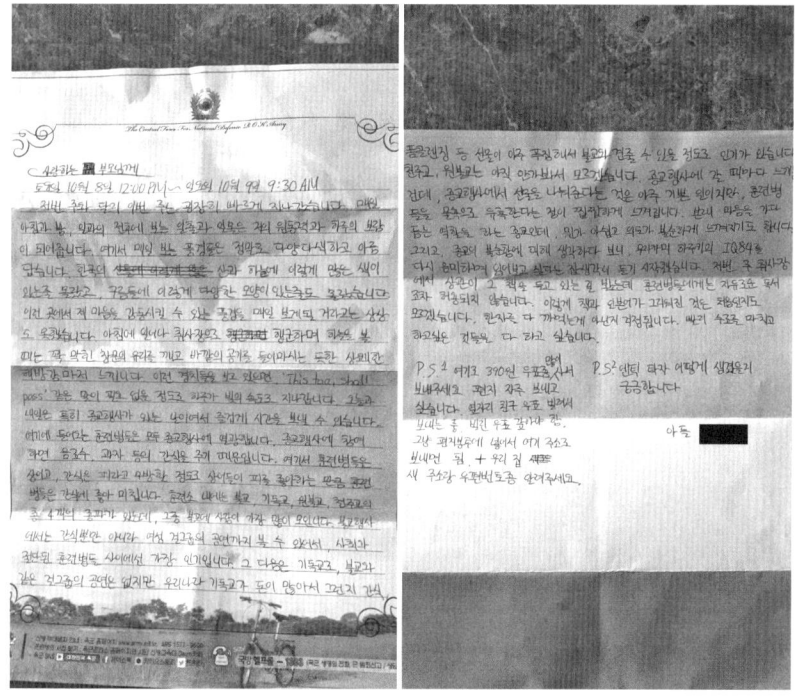

아들이 논산에서 쓴 편지

논산에서의 훈련 과정이 끝나고 또 미국 군대에서 다른 훈련 과정이 있었다. 미군 훈련소에 입대하는 날 다시 한번 더 신병 입대식을 치렀는데, 카투사 고참으로 보이는 젊은 친구가 강단에 나와서 안내를 했고 자기를 서울대에 다니고 있다고 소개했다. 이야기의 요지는 카투사로서 자부심을 가지라는 것과 미군 부대가 참 좋으니 안심하고 아들을 맡겨도 된다는 것이었다. 미군에서도 그것을 강조하기 위해서 서울대 출신 고참을 선별했을 것이다. 그래도 한국에서는 서울대라면 신뢰의 보증 수표임이 자명하기 때문이다. 훈련소 퇴소식은 금방 돌아왔는데, 미국 군대의 행사가 참으로 대단하다는 것을 느꼈다. 동일한 한국 청년들인데 외치는 구호의 소리와 행동들이 논산 훈련소에서의 그것과는 완전히 달랐다. 비교하자면 후진국과 선진국의 도시 거리 상태의 차이만큼이나 컸다. 특히 훈련소 소장쯤 되어 보이는 분은 장교가 아니라 부사관 중 최고 계급에 해당되는 듯해 보였고 그의 자태로만 보면 삼성 장군 이상의 포스가 있었다. 그렇게 멋진 행사는 한국 사람들에게 미국 군대의 자부심을 심어 주기에 충분했고 한국 아들은 미군 부사관의 구령에 따라 우레와 같은 충성 맹세를 하고 있었다. 행사가 끝나고 보직 배치를 위한 행사가 진행되었는데, 그것은 한국군의 주관으로 진행되는 것이 참 특이했다. 아마도 보직 배치가 민감한 사항이기 때문에 그 부작용에 대한 책임은 오로지 한국군에 떠맡기는 것이 아니었을까? 아니면 좋은 보직 배치를 위해 청탁을 받는 그런 이익을 미군에게 빼앗기지 않으려고 억지를 부려 가져온 것일까? 어쨌건 보직 배치가 공정하게 진행된다는 것을 지나치게 강조했는데, 컴퓨터를 이용해서 실시간으로 추첨하는 방식을 취했다. 그러나 겉으로 보여 주는 것은 공정하게 보이나 컴퓨터에서 어떤 예외 사항의 알고리즘을 돌리는지 알 수가 없었고, IT를 모르는 일반 부모들에게 공정에 대한 확신 주기에 충분했다. 그러나 나는 오히려 부정이 있겠구나 하는 확신을 더 가지게 되었다. 아들은 추첨을 통해 파주에 있는 부대의 치과로 배치를 받았는데 부정이 있을 것이라고 생각한 나의 마음을 가라앉힐 만큼의 괜찮은 결과였다.

보직 받은 날

　부대의 이름은 레드 클라우드(Red Cloud)였고 위치는 파주에 있었다. 보직 배치에 영향을 주는 것이 영어 점수라고 한다. 특정 보직은 영어를 잘 구사하지 못하면 보직 수행에 어려움이 있고, 또 전투부대에 배치되는 인력은 특별히 영어 구사를 잘하지 못해도 되는 보직이라고 했다. 그래서 전투부대에 배치된 자녀들은 거친 영어를 배워서 온다는 농담을 하곤 했다. 아들은 다행히 영어를 잘해서 그런지 치과에서 보조 역할의 일을 하는, 영어 실력이 필요한 곳에 배치되었으나 용산과 같은 서울에서 가까운 곳으로는 배치를 받지 못했다. 그러나 지방으로 배치되지는 않아서 참 다행이라고 생각했다.

　레드 클라우드에 배치되는 날 룸메이트가 될 동료와 그 부모들도 만날 수 있었는데, 나이는 우리보다 한참 더 되어 보였다. 아마도 막내아들이었을 것이다. 뉴욕대 유학 중이라고 했던 것 같은데 그 부모님들의 자부심을 말을 안 해도 느낄 수 있었다. 추첨으로 카투사를 뽑는데 학벌 좋은 애들이 왜 그리 많은지 이해가 되지 않았다. 미군 부대의 특이한 점이 몇 가지 있었는데 경비를 외주 용역을 계약해서 쓴다는 것과 부대 안의 모든 시스템이 미국의 시스템 그대로 도입된 것, 그리고 부대 안 스테이크집의 스테이크가 엄청 맛이 없다는 것이었다. 부대 안에만 있으면 한국 사람도 미국 사람이 되는 듯한 착각이 들 정도였다.

아들이 복무할 동안 해 준 얘기 중에 재미있는 에피소드가 기억난다. 치과 의사인 장교는 한국계였고 여러 가지 히스토리가 있는 사람이었다. 그는 흑인 병사를 흑형이라고 불렀는데, 그 흑인 병사가 듣지 않는 거리에서 한국병들끼리 있을 때만 사용하는 듯했다. 흑인들의 치아 구조는 우리의 구조와 많이 다르다고 한다. 특히 어금니 뿌리가 엄청 깊고 서로 엉켜 있어서 사랑니를 뽑을 때면 여간 고생을 하는 것이 아니라고 한다. 덩치가 산만한 흑인 병사가 입을 크게 벌린 상태에서 누워 있고, 의사와 간호사들이 사랑니를 뽑는다며 낑낑거릴 때 한국계 의사의 푸념 섞인 불만으로 내뱉는 말이 계속 연상이 되어서 그것을 생각할 때마다 혼자 미친 사람처럼 웃곤 한다.

"아이 씨, 이 흑형 뿌리가 왜 이리 깊어~"

아들은 그렇게 새로운 환경에 잘 적응하는 아이였던 것 같다. 하지만 흑형 에피소드 외에도 많은 소재가 있었을 것인데 우리에게 많이 들려주진 않았다. 아내가 나에게 항상 회사 일을 궁금해했지만 안 해 준 것이 후회가 되었다. 사람은 본인이 당해 봐야 깨닫는 것이 많은 것 같다. 회사 얘기를 안 하는 것이 더 좋겠다고 생각했는데, 회사에서의 힘든 일을 아내가 모르면 더 좋겠다고 생각했기 때문이다. **하지만 아들이 나에게 과묵하게 대하는 것을 당하고 나니, 아내는 나와 대화를 하고 싶었고 힘든 일이 있다면 같이 나누고 싶어 했다는 것을 깨달았다.**

> **잠언 27:17** "철이 철을 날카롭게 하는 것 같이 사람이 그의 친구의 얼굴을 빛나게 하느니라"

어바인

법인장 생활은 너무 재미있었다. 내가 그림을 그리면 그대로 실행이 가능했다. 본사에서는 내가 하고 싶어도 견제를 받는 곳이 많아서 나의 역량을 발휘하기 쉽지 않았는데, 여기서는 나의 권한이 생각보다 컸다. 물론 그만큼 책임도 컸는데 그렇기 때문에 더 신나게 일할 수 있었다. 물론 쉽다는 것은 절대 아니다. 일 자체는 어려웠지만 일이 어려울수록 일의 재미는 배가되었다.

미국 법인장으로 발령을 받았다. 내게 올 기회가 아니었을 건데 미국 법인장으로 갈 만한 역량이 되는 임원이 나 말고는 없었던 것이 분명했다. 인생은 참 묘하다. 간절히 바라는 사람에게는 오히려 기회가 줄어들고 무관심한 사람에게는 더 많은 기회가 주어진다. 미국 법인장의 자리는 누구나 바라는 자리인데, 무관심한 척한 나에게 굴러 들어오는 것이 신기했다. 이것도 하나님의 인도하심 때문일 것이다. 임원으로서 연말에 해고되지 않은 것만으로도 감사한데 누구나 선망하는 자리를 받은 것 자체가 은혜였다. 아들은 혼자 있게 되었는데 군 복무 중이었지만 지낼 곳은 필요해서 노량진에 원룸을 마련해 주었다.

미국 법인장으로서 직원들에게 전할 메시지가 고민되었다. 가장 좋은 전략이 솔직한 것이고 진정성이라고 확신했던 나는 나의 진심 어린 메시지를 전달하기로 했다. 물론 영어로 전달해야 했는데 나에게는 신선한 도전이었다. 우선 전할 메시지를 한국어로 정리를 했고 영어로 번역을 했다. 과연 나의 영어 실력으로 현지인들에게 심금을 울리는 메시지를 전달할 수 있을지는 미지수였다. 그러나 표현이 조금 서툴더라도 진정성은 전달할 수 있다는 확신이 들었다. 영어로 번역된 스크립트를 수백 번 연습했던 것 같다. 그리고 눈빛과 손짓을 반복적으로 연습했다. 백여 명을 회의실에 모아 놓고 처음 하는 영어 PT는 생각보다 부드럽게 진행이 되었다. 나의 진정성 있는 연설에 현지인들은 집중하는 듯했고 내가 목표하는 것 이상으로 잘 진행이 되었다. 연설 이후 반응들도 좋았는데 역대 법인장 중에서 가장 영어를 잘한다는 등 내용이 너무 좋았다는 등 긍정적인 피드백 일색이었다. 그 연설로 인해 나의 미국 법인장의 여정은 장밋빛을 보장받은 셈이었다.

    법인장 생활은 너무 재미있었다. 내가 그림을 그리면 그대로 실행이 가능했다. 본사에서는 내가 하고 싶어도 견제를 받는 곳이 많아서 나의 역량을 발휘하기 쉽지 않았는데, 여기서는 나의 권한이 생각보다 컸다. 물론 그만큼 책임도 컸는데 그렇기 때문에 더 신나게 일할 수 있었다. 물론 쉽다는 것은 절대 아니다. 일 자체는 어려웠지만 일이 어려울수록 일의 재미는 배가되었다. 힘든 일 중 하나가 여자 삼인방을 다루는 일이었다. 미국 법인에서 핵심 부서장 3개를 모두 여자 팀장이 맡고 있었다. 인사, 재경, 구매 팀장이었는데 세 여자가 개성도 강하고 성격도 팀 특성만큼이나 유별나서 상호 소통도 하지 않았다. 그런 점을 어렵지 않게 파악할 수 있었고 핵심 팀 세 곳의 협업 없이는 회사가 성장하기 힘들다는 확신으로 특별 프로젝트를 진행했다. 세 여자와 정기적으로 식사 모임을 만들었는데 매달 식사하면서 회사의 현안을 논의했다. 아마도 법인장이 현지인들과 직접적인 소통을 하는 것이 처음이었는지 조금은 당황하는 눈치였다. 어려운 일은 나름대로 이유가 있다는 것을 깨달았다. 세 여자와 분위기 좋게 만남을 이어 가는 것이 쉽지 않았다. 법인장 앞임에도 불구하고 세 여자는 한 치의 양보도 없이 치열한 논쟁을 이어 갔다. 그러나 나는 희망을 버리지 않았고 만남은 계속되었다. 그 만남은 오래가지 않았는데, 트○시라는 구매 팀장이 회사를 그만둔 것이 계기였다. 트○시는 내가 적극적으로 소통하는 것 자체가 부담이 되었던 것 같다. 몇 년 있고 본사로 복귀해야 하는 법인장이 아무리 노력하더라도 한계가 있다는 것을 너무나 잘 알고 있기 때문일 것이다. 나머지 두 여자와 나와의 친밀도가 자신과 나의 친밀도보다도 더 강하다고 생각했던 것이 이유였을지도 모른다. 나중에 트○시가 지병으로 죽었다는 소식을 들었을 때 여러 가지 복잡한 생각이 들었던 것 같다. 역시 **여자는 내가 감당하기 어려운 존재임이 분명했다.**

운전면허를 따야 했는데, 나는 앨라배마에서의 운전 면허증을 다행히 보관하고 있어서 유효 기간이 지난 면허증을 가지고 가 보았다. 아내의 운전면허증은 찾지 못했는데, 아마도 필요 없어서 버린 것 같았다. 아내와 함께 시간을 내서 DMV (Department of Motor Vehicle) 사무실을 찾아갔다. 익히 DMV의 불친절이 유명한 터라 예약한 날짜에 우리 둘은 아침 일찍 운전면허 접수를 위해 DMV Office에 가서 줄을 서서 한참을 기다렸다. 그런데, 부부가 같이 처리가 안 되고 따로 접수하고 진행해야 했다. 우리는 필요 서류를 한 부만 들고 온 터라 문제가 발생했다. 우리가 동시에 다른 부스에서 진행하다 보니 서류는 내가 가지고 있고 아내는 서류가 없이 접수창구에서 접수가 진행되었다. 아내는 직원에게 남편이 서류를 가지고 있다고 얘기했는데, 해당 직원은 당장 서류를 내지 않으면 안 된다며 다음에 다시 오라고 했던 모양이었다. 내 쪽에서 접수가 완료되고 나서 당황하고 있는 아내에게 급히 가서 상황을 수습했는데 한국이었다면 아무 문제가 안 되었을 것을 DMV에서의 경직된 업무 문화를 여실히 보여 준 사례였다. 그 직원은 베트남계 직원이었는데 동양계가 동양계에 대한 차별이 더 심하다는 생각을 했고, 내가 정장을 입은 것이 아마도 그 직원이 나에게는 그나마 가혹하게 대하지 않은 이유이지 않았을까 생각했다. 미국에서는 정장이 주는 힘이 어느 정도 있는 것 같았다. 아내는 내 옆에 서서 서러움의 눈물을 글썽였는데, 여린 아내의 모습이 너무 예뻐 보였다. **남편이 아내에게 무엇인가 해 줄 것이 있다는 것은 참 기분 좋은 일이다.**

다행히도 앨라배마의 운전면허증이 있으면 새로 시험을 치를 필요가 없고 갱신만 하면 된다고 했다. 아내는 새로 필기시험과 실기 시험을 치러야 했다. 실기 시험의 시험관 중 악명 높은 사람이 있었는데, 한국인 사이에서 별명이 삿갓이었다. 항상 삿갓 같은 모자를 쓰고 있어서 그런 별명이 붙은 것이다. 실습을 할 때 동작 하나하나 주의 깊게 보고 잘못을 하면 벌점을 주고 벌점이 어느 점수 이상이 되면 바로 실격 처리되는 시스템이다. DMV의 느린 행정 처리와 직원들의 불친절을 다시 경험해야 한다는 두려움 때문에 반드시 한 번에 합격을 해야 하는 상황에서 까다로운 시험관을 만나 불합격 처리가 된다면 얼마나 억울하겠는가? 시험관 배정은 완전히 운이었는데 아내는 불행하게도 삿갓에게 배정이 되었다. 삿갓의 공포로 인해 우리는 시험 코스를 몇 번이고 연습했고, 완벽한 상태에서 실습 시험에 임했다. 그런데 처음 출발할 때 아내는 실수를 했는데, 깜빡이를 켠다는 것이 와이퍼를 작동하고 말았다. 다행히도 그것 때문에 실격 처리는 되지 않았고 나머지 과정을 열심히 연습한 노력 덕분에 합격할 수 있었다.

앨라배마에서 집을 구했을 때 신중하지 못한 것을 경험 삼아 이번에는 아주 신중하게 골랐다. 아내와 함께 충분히 집을 직접 돌아보았다. 우선 둘만 사는 상황이어서 큰 집은 필요가 없지만 그래도 3개의 베드룸이 있는 집을 구하기로 했는데, 손님이 오는 것을 고려해서였다. 여러 집을 보았는데 유난히 눈에 들어오는 집이 있었다. 3층으로 된 집이었는데 참 예뻤다. 가격도 적당하고 커뮤니티도 좋아 보였다. 하지만 다른 분들에게 의견을 물어봤는데, 3층 집은 사는 데 불편하다며 다들 부정적인 의견이었다. 그래서 다른 2층집을 구했는데, 아내가 프렌치 도어가 예쁜 분홍색 집을 마음에 들어 해서 그 집을 계약했다.

집주인은 대만계 중국인이었는데, 주인의 누나가 대신해서 집을 관리했다. 참 친절했는데 그것도 마음에 들었다. 정원은 아주 아담했고 라임 나무 두 그루가 포인트였다. 때가 되면 열매가 아주 많이 열렸는데 생긴 것은 라임색인데 레몬이라고 해서 이사 나오는 날까지 레몬인지 라임인지 헷갈렸다. 거리명이 White Blossom Ave인데, 그 이름만큼 깔끔하고 예뻤다. 이웃들 중에는 중국 사람들이 많은지 현관 앞에 신발이 놓여 있는 것을 보면 알 수 있었다. 집을 꾸밀 가구들은 꼭 필요한 것만 샀다. 가구점에서 아치형 거울을 하나 샀는데 한참을 기다려서 배달이 되었다. 그런데 거울 하나가 깨져 있는 것이 아닌가? 해당 가구점에 방문해서 문제를 제기했는데, 점원이 아주 불친절했다. 기분이 아주 안 좋았는데 어떻게 할까 고민하다가 가구점 홈페이지에서 고객 불만을 등록했다. "고객을 대하는 것이 DMV에서 고객을 대하는 듯했다."라고 적었는데 매니저가 연락 와서 바로 처리를 해 주었다. 그렇게 불친절의 대명사 DMV도 활용할 곳이 있다는 것이 신기했고, 그것을 이용한 내가 참 대견스러웠다. **모든 문제는 고민하다 보면 좋은 해법이 생각나게 마련인데 성급하게 처리하다 보면 오히려 더 상황을 망칠 수 있다는 것을 실감했다.**

버블티(Black Perl)를 한국에서는 마셔 보지 못하고 캘리포니아 와서 처음 마셔 보았다. 그 맛에 완전히 매료가 되어 틈만 나면 사서 마셨다. 사무실 근처에서는 파는 데가 없고 조금 떨어진 곳에서 팔았는데, 점심을 일부러 그쪽에 가서 먹기도 했다. 버블티에 들어가는 비용이 만만치 않았는데 직접 만들어 보기로 했다. 인터넷에서 찾아보니 마트에서 재료를 사서 뜨거운 물로 끓이면 되는 간단한 레시피였다. 재료는 갈색 진주같이 생겼는데 20분 정도 끓이면 검은색 진주로 바뀌었다. 일단 Perl이 만들어지면 다양하게 음료수에 곁들여 마시면 되었다. 집에서 버블티를 엄청 마셨던 것 같다. 비용도 저렴해서 Perl을 한꺼번에 많이 만들어 놓고 냉장 보관을 했고 필요할 때마다 음료수에 넣어 먹었다. 그것 때문이었을까? 당료 수치(당화 혈색소)가 경계치로 올라간 것이 진단되었고 당뇨와의 전쟁이 시작된 것이다. **모든 일은 동전의 양면처럼 양면성이 있다는 것을 실감했다. 또한 당뇨 수치 때문에 건강을 신경 쓰기 시작했는데 '새옹지마'의 고사성어가 그대로 적용되었다.**

누가복음 12:48 "알지 못하고 맞을 일을 행한 종은 적게 맞으리라 무릇 많이 받은 자에게는 많이 요구할 것이요 많이 맡은 자에게는 많이 달라 할 것이니라"

벧엘교회

한번은 교회에서 구역 예배를 했는데 아내의 폭탄 발언 사건이 발생했다. 나눔의 주제가 무엇인지는 정확하게 기억나지 않는다. 나눔을 하는데 아내의 차례가 왔고 아내는 뜬금없이 닭똥 같은 눈물을 흘리며 너무 힘들다는 폭로를 하고 말았다. 나는 아내의 이해할 수 없는 행동에 당황했고 구역 식구들도 나만큼이나 당황하는 눈치였다.

어바인(Irvine)에는 한인 교회가 두 개 있는데, 내 전임자가 벧엘교회에 다녔고 우리도 자연스럽게 벧엘교회로 인도가 되었다. 처음 교회에 갔는데 교회 주차장에 렉서스 차가 많이 주차된 것을 보고 놀랐다. 현대, 기아 차는 거의 보이지 않았는데 그들에게 애국심 같은 것이 부족했다기보다는 성공한 한인들에게는 한국 차가 그들의 성공을 표현하기에는 부족했기 때문이었을 것이다. 그럼에도 불구하고 나는 기분이 좋지 않았는데 다른 주재원들은 혜택이 많은 아멕스(American Express) 신용 카드를 쓰고 있었지만 애국심을 발휘한 나는 혜택이 거의 없는 신한은행 카드를 고집하고 있었다.

벧엘교회의 여러 장점 중 하나는 점심을 아주 저렴하게 먹을 수 있다는 것이다. 1달러만 내면 지정된 한식을 먹을 수 있는데, 주로 내가 좋아하는 메뉴들로 구성되었던 것 같다. 그중 가장 좋아하는 것이 어묵탕이었는데 많은 양을 끓인 어묵탕은 맛의 깊이가 있었다. 아내가 합류하기 전부터 혼자 벧엘교회에 등록하지 않은 채 다녔는데 점심 한 끼를 처리할 수 있어서 좋았다. 아내가 합류하고 나서는 바로 등록을 했는데, 새가족반에게는 바나바 팀이 있어서 따로 케어를 해 주었다. 우리 부부에게는 교포인 김○일

씨 부부가 배정되었는데, 그는 의사였고 하버드 출신이라고 했다. 그 부부는 우리 부부를 각별하게 대해 주었는데 참 감사했다. 우리는 그들 부부처럼 새가족을 따뜻하게 대해 줄 자신은 없다고 생각했다. 새가족반을 마치고는 봉사도 하게 되었다. 매점 봉사를 했는데, 나의 PX 경력이 많은 도움이 되었다. 아내도 매점 봉사를 즐겼는데 몸으로 하는 일이 이렇게 재미있다는 것을 처음 깨닫게 되었다.

구역(Cell) 예배도 배정이 되었는데 다행히도 김○일 씨 부부가 구역장인 구역이었다. 미국에서는 대부분 부부 구역으로 구성된 것 같았다. 각 가정을 돌면서 구역 예배를 하는 것이 좋았는데 주로 구역장 집에서 했다. 우리 집에서도 몇 번 했는데 나의 버블티 실력을 한껏 뽐냈다. 구역 식구 중에 다른 한 부부는 부모가 예술가 집안이었던 것 같다. 평범한 삶을 살아온 것 같지는 않았고 우여곡절을 많이 겪은 듯했다. 아마도 재혼 가정이었는데 무언가 모르게 불안정하다는 느낌을 받았다. 그 아내는 한인 방송 관련 일을 했던 것 같다. 김○일 씨가 인도하는 구역 예배는 참 은혜로웠고 우리의 나눔들도 참 좋았다. 자랑할 것이 많은 사람들일 것인데 그분들의 강함을 자랑하기보다는 약함을 공유했기 때문일 것이다. 그리고 우리와 완전히 다른 배경에서 살아온 사람들과 교제하는 즐거움도 있었다. **다양성에서 오는 긍정적인 효과를 체험한 것 같다.**

한번은 교회에서 구역 예배를 했는데 아내의 폭탄 발언 사건이 발생했다. 나눔의 주제가 무엇인지는 정확하게 기억나지 않는다. 나눔을 하는데 아내의 차례가 왔고 아내는 뜬금없이 닭똥 같은 눈물을 흘리며 너무 힘들다는 폭로를 하고 말았다. 나는 아내의 이해할 수 없는 행동에 당황했고 구역 식구들도 나만큼이나 당황하는 눈치였다. 웃기는 것은 그 이후로 구역 식구들과 더 친해졌는데 **우리의 강함을 자랑하면 시기와 질투심이 일어나는 반면, 우리의 약함을 자랑하면 서로 사랑하고 연합하는 마음이 일어나는 기적이 생기기 때문인 것 같았다.** 물론 이번 폭로는 아내의 의도한 바는 아니었고, 나는 그 이유와 근본 원인을 찾고 개선하려고 노력하기보다는 한 번의 해프닝으로 넘기려는 마음이 생겼고 그렇게 넘어가면 이슈가 자연스럽게 해결될 것이라고 순진하게 생각하였던 것 같다. 구역 모임이 끝나고 집으로 돌아오는 길에 아내는 나에게 미안하다고 했고 자기도 자기 감정이 조절이 안 된다며 호르몬 탓을 했다. 그러나 모든 이슈는 그냥 사라지거나 해결되지 않는 것 같다. 특히 사람과의 관계는 더욱 그러한 것 같다. 그렇다는 것을 우리는 잘 알면서도 그냥 덮어 두는 것이 더 쉽고 편하기에 쉬운 길을 택하기 마련이고 그 이슈는 잠시 숨어 있다가 나중에 더 큰 모양으로 반드시 나타나기 마련이다. 어쨌든 나는 우선은 쉬운 길을 택하고 말았다.

미국 주재원으로 근무했다가 현지에 잔류한 김○선 씨도 벧엘교회에 다녔는데, 우리가 교회에 정착하는 데 많은 도움을 주었다. 그 가족의 스토리도 대단했는데 주재원이 복귀를 안 하고 잔류했다는 소문이 본사에 퍼졌는데, 그때 김○선 씨가 부자라서 한국으로 복귀를 안 했다는 것이었다. 현지에서 그분의 이야기를 들을 수 있었는데, 소문과는 완전히 다르게 넉넉하지 않은 상황에서 오직 하나님께 의지하고 남았다는 것이다. 물론 그의 아내가 믿음으로 주도를 했고 남편인 김○선 씨는 따를 수밖에 없었다고 했다. 일은 저질러졌고 하는 일 없이 교회에서 많은 시간을 보낼 수밖에 없었다고 했다. 하지만 하나님의 도우심으로 교회 안에서 여러 분의 도움의 손길이 따라왔고 비자 문제며 직장 문제를 해결할 수 있었다고 했다. 지금은 완전히 정착을 했고 예전의 그들과 같이 도움이 필요한 한국인들을 돕는 일에 큰 쓰임을 받고 있었다. **하나님께 전적으로 의지하는 지혜와 하나님의 가장 선하고 안전한 길로 인도하심의 사례**를 직접 확인한 것이었다.

교회 생활이 어느 정도 정착이 되기 시작할 때 안 보이던 것들이 보이기 시작했다. 벧엘교회에는 한국 주재원이 가장 가난해 보였다. 대부분의 교민이 성공하신 분들인 것도 있었지만 미국 시민권자로서의 지위와 영주권을 상징하는 그린카드의 영향이 있음을 부인할 수는 없었다. 교인들이 한국 주재원들을 바라보는 시각은 그리 따뜻하지는 않았는데, 결국 주재원들은 뜨내기이기 때문이다. 4년이라는 시간이 지나면 떠나는 사람들인 것이다. 그들의 눈에는 나는 초라한 한국 사람이었고 조만간 떠날 사람이었던 것이다. 우리가 국산품을 열심히 만들어서 국위를 선양하고 있다고 하지만 그들에겐 큰 관심이 없는 일이었다.

벧엘교회의 교역자들도 좀 다르게 보였다. 특히 담임목사님인 김한효 목사님은 마치 연예인 같은 느낌이 났다. 설교 말씀이 참 좋았는데 마치 TED에서 연설하는 강사 같은 느낌이 들었다. 강대상의 고정된 위치에 서서 고정된 마이크를 통해서 설교하는 정통적인 방식이 아니라 멋들어지게 화장을 하고 귀에서 선이 입 쪽으로 연결된 마이크를 하고 이리저리 단상을 넓게 이용하는, 한국어와 영어를 섞어 가며 하는 설교는 멋있다고 느껴졌는데 회사에서 직원들에게 메시지를 전할 때 벤치마킹해야겠다는 생각을 했다. 매점 봉사를 할 때 담임목사님이 고생한다며 손을 잡아 주신 것이 연예인의 손을 만진 것과 같은 착각을 할 정도였다. 실제로 벧엘교회를 개척한 목사님은 따로 있었는데, 김한효 목사님에게 자리를 물려주시고는 다른 사역을 아주 겸손하게 하고 계신다고 들었다. 그분을 잘 모르지만 참 훌륭한 분이라고 생각했는데 세습 문제로 이슈가 있었던 한국 교회들과 비교해서 그렇게 생각했을 것이다. 그분은 아주 가끔씩 교회에 와서 담임목사님을 대신해서 설교를 담당하곤 했다. 나중에 그분이 안 좋은 사고로 돌아가셨다는 소식을 들었는데, 하나님의 변덕을 이해할 수 없었다. 하나님께서는 죽음이라는 것을 인간들과는 완전히 다르게 이해하고 있음이 분명할 것이다. 믿음이 있는 사람들이 천국에 대한 소망을 가지면서도 중병 든 가족이 있을 때 그렇게 악착같이 살려 달라고 기도를 하는 것이 비논리적이라고 생각하는 나는 잘못된 것일까? **인간은 결국 병들어 죽을 수밖에 없는데, 병들지 않게 해 달라는 기도는 하나님께서 들어주시는 기도일까? 나는 병**

들지 않게 해 달라는 기도가 가장 어리석은 기도라고 생각한다.

　매점 봉사를 하면서 두 종류의 한인 사회를 다 경험했다. 벧엘교회에서 봉사는 팀 단위로 진행을 했는데, 연말이 되면 교회 전체적으로 봉사 팀들의 대이동이 일어났다. 그런 시스템을 모른 우리는 연말에 매점 봉사를 그대로 할지 아니면 다른 봉사로 옮길지에 대한 질문을 제대로 이해하지 못했다. 우리 부부는 매점 봉사를 그대로 한다고 얘기했고 우리 부부를 제외한 모든 분이 한 팀으로서 다른 봉사로 이동했고 완전히 다른 팀이 와서 매점을 접수했다. 첫 번째 팀은 이민 1세대로서 많은 고생을 한 사람들로 구성되었던 것 같고, 두 번째 팀은 성공한 이민 2세대의 사람들로 구성된 것 같았고 아주 귀티가 물씬 풍겼다. 매점을 운영하는 방식도 완전히 달랐는데 이전에 사용하던 모든 기자재를 버리고 새로운 신형 시스템들로 완전히 교체를 했다. 장기간의 매점 노하우를 체득한 나의 역량은 소용이 없어졌다. 돈으로 산 새로운 시스템이 과거의 많은 문제를 단숨에 해결했기 때문이다. <u>문제를 해결함에 있어서 개선과 개혁의 차이를 확실하게 체험했다.</u> 아내는 멋진 나중의 팀들을 동경했고 나는 이전 팀들의 소박함이 그리웠다. 나의 DNA는 가난한 자의 편에 더 가까운 것 같았다.

　가난한 팀 중에서 대머리 신랑이 있었는데 그분이 기억에 오래 남는다. 완전히 대머리는 아니었고 윗머리 부분에만 숱이 적었다. 그것이 콤플렉스라고 했는데 다행히 키가 커서 작은 사람은 그가 대머리인지 알 수 없었다. 그러나 불행히도 그 총각의 뒤에서 좀 떨어져 걸으면 그의 윗머리가 보이는데 그 총각은 그런 상황에 극도로 예민했다. 매점 봉사자들 회식 시간에 그분이 선을 본 이야기를 해 줬는데, 지금의 아내와 데이트할 때 절대 자신의 뒤를 보게 하지 않았는데 얼마나 철저하게 관리를 했으면 결혼할 때까지 남편 될 사람이 대머리인 줄 몰랐다는 것이다. 그분이 이야기를 너무 재미있게 한 것도 있고 상황이 너무 재미있는 것도 해서 완전히 웃음바다가 되었다. 그러나 나는 다른 사람을 철저하게 속인 그 사실에 소름이 돋았다.

그 아내 된 분이 그 사실을 몰랐던 것인지 아니면 모른 척했던 것인지는 알 수 없지만 아마도 후자의 경우일 것이다. **우리는 진실과는 다르게 사람들의 말에 너무 영향을 받는 경향이 있는 것 같다. 부정적인 말을 너무 믿는 경향이 있고, 긍정적인 말은 너무 안 믿는 경향이 있는 것 같다.** 대머리 신랑은 우리를 즐겁게 하기 위해서 진실에 약간의 양념을 가미한 아주 선량한 사람이지만, 우리는 그 사람의 말을 액면 그대로 받아들여 괴물로 정의하고 마는 것이다.

크리스마스에 교구별로 행사를 진행했는데, 그때 입은 노란색 스웨터가 아직도 장롱의 한 자리를 차지하고 있다. 아주 저렴하고 급하게 산 옷이고 입을 일이 없는데 그 옷에 대한 추억 때문에 버리지 못하고 있다. 아마도 옷방에 있는 장롱을 버릴 때가 되어서야 버릴 수 있을 것이다. 어떤 율동을 했는지 기억은 잘 나지 않는다. 하지만 중년의 교인들이 모여서 단체로 수많은 연습을 통해서 어색한 율동을 하면서 입은 옷이 노란색 스웨터였다. 평상시 노란색 스웨터를 입을 일도 없어서 그냥 버리면 될 것인데, 해마다 옷 정리를 할 때마다 살아남는 것은 그때의 나의 율동에 대한 열정과 그 율동과 어우러진 좋은 경험들이 고스란히 남아 있기 때문이다. 아내 것도 동일한 상황인데, 나의 옷과 차이는 아내는 그래도 아주 가끔씩 그 옷을 입어 보곤 한다는 것이다. 우리는 우리의 애정이 담긴 물건은 행복한 장면을 담은 우리들의 사진 만큼 오래되어도 버리기 힘들어한다.

벧엘교회에서는 예배 시작 전에 준비 찬양을 틀어 주는데, 〈주 품에 품으소서〉의 찬양을 대형 스크린에 퀘일힐(Quail Hill)의 바람에 흔들이는 갈대 영상과 함께 보여 준다. 영상과 가사가 잘 어울려져 우리의 마음을 경건하게 해 준 것이 기억에 많이 남는다. "거친 파도~"라는 가사가 나올 때쯤이면 캘리포니아 어느 해변의 파도 일렁이는 화면으로 전환되고 우리의 마음도 과거의 어려운 일들과 그 시련들을 극복한 기억이 오버랩되면서 감사의 마음으로 충만하게 된다. 강대상 위의 옆으로 길쭉하게 생긴 대형 스크린을 통해 나오는 영상과 찬양을 듣고 있으면 고난을 다 이기고 나서 주님께서 주시는 평강과 평안을 누리는 삶이 벧엘교회의 온갖 역경을 이기고 성공한 교민들의 삶과 잘 어울린다고 생각되었다.

LA 앞바다에 있는 휴양 섬 산타카타리나를 첫 휴가 삼아 방문했다. Dana Point에서 배를 타고 갔는데 이틀 밤을 보냈던 것 같다. 나름 유명한 휴양지였는데 해변이 참 예뻤고 물의 색깔이 에메랄드 보석 같았다.

특이한 것은 골프 카트를 대여할 수 있었는데 카트를 타고 섬 전체를 구석구석 돌아볼 수 있었다. 카트 대여를 하려면 운전면허증과 자동차 보험 가입 여부를 확인했는데, 아마도 카트를 몰다가 사고가 나면 자동차 보험으로 처리하기 위함이었던 것 같다. 우리는 회사에서 제공하는 차를 탔기 때문에 보험 정보를 모르고 있었고, 휴일에 인사 담당 주재원에게 겨우 전화해서 보험 정보를 알아내고 나서야 카트 대여를 할 수 있었다. 골프장에서 매주 주말에 모는 카트였는데 골프장에서 사고가 나면 누가 보험 처리를 해 줄지에 대한 의문이 생겼지만 오랜 실랑이 끝에 렌트를 한 것이어서 카트를 몰 수 있다는 기쁨에 그 의문은 금방 잊어버렸다. 이용 시간이 길지 않았고 비용이 저렴하지 않았기 때문에 사진 찍기 좋은 위치를 확인하고 빠르게 사진 찍고 이동하기를 반복했다.

멋진 선인장이 있는 공원에서 아내가 멋진 포즈를 취한 사진이 있는데, 아내가 차를 몰 때면 디지털 액자에 그 사진이 디스플레이가 되어 그날의 좋은 기억들을 떠올리게 한다. 버펄로 투어도 좋았는데 트럭을 타고 산꼭대기를 오가며 산타카타리나섬에 대한 역사와 재미있는 것들을 설명해 주는 투어였다. 산꼭대기에서는 바람이 엄청 세게 불었는데 항구 주변의 따뜻하고 멋진 배들이 일정한 간격으로 정박해 있는 아름다운 해변의 분위기와는 완전히 다른 야생스러움이 균형과 대조를 이루고 있었다. 버펄로가 섬에 어떻게 들어왔는지에 대해 가이드가 얘기를 해 주었는데 기억은 나지 않지만 머리 크기가 엄청나게 큰 버펄로를 가까이서 보면서 텔레비전에서 보았던 황야를 뛰어다니던 그런 야생의 모습이 아니라 가축화된 얌전한 모습에 조금은 실망을 했고, 우리 트럭을 뿔로 받아 줄 것을 기대하기란 불가능했다.

항상 이렇게 좋은 휴양지를 제대로 즐기려면 수영을 할 수 있어야 한다는 것이 슬펐다. 가까운 미래에 만화 영화 〈코난〉에 나왔던 것과 같은 보조 로봇이 판매되면 우리가 하지 못했거나 나이가 들어 하지 못하게 되는 것들을 할 수 있을 것이라는 희망이 있는데, 수영 못 하는 사람을 위한 보조 로봇에 대한 언급은 어디에도 없는 것이 나를 더 슬프게 했다. 아마도 서양 사람들은 기본적으로 수영을 다 잘해서 그런 필요성이 없기 때문에 관심도가 떨어져 그런 것일까? 아니면 수영 보조 로봇의 기술력의 난이도가 굉장히 높기 때문일까?

고린도후서 12:9 "내게 이르시기를 내 은혜가 네게 족하도다 이는 내 능력이 약한 데서 온전하여짐이라 하신지라 그러므로 도리어 크게 기뻐함으로 나의 여러 약한 것들에 대하여 자랑하리니 이는 그리스도의 능력으로 내게 머물게 하려 함이라"

밴프(로키산맥)

그중 내가 가장 좋아하는 노래가 〈River of no return〉이라는 노래인데, Bow Falls를 지나면 다시 되돌아갈 수 없음을 이야기하는 것인지 아니면 우리 인생에서 소중하지만 되돌아갈 수 없는 순간들이 있음을 Bow Falls에 비유해서 이야기하는지 정확하진 않지만 주인공들이 강을 따라 뗏목을 타고 가는 장면과 함께 노래가 나왔다. 실제로 본 Bow Falls는 폭포라고 하기에는 너무 초라한 모습이었는데, 실제로는 폭포를 거슬러 되돌아갈 수 있음을 이야기하고 있는 것 같았다.

여름휴가 때 밴프 여행을 갔다. 앨라배마 주재원 시절부터 언젠가는 가봐야겠다고 생각했던 곳이었다. 한인 여행사와 계약을 했는데 장거리 운전이 자신이 없었고 여러 가지 예약을 해야 하는 번거로움이 싫었기 때문이었다. 그리고 모르는 사람들과 만나고 사람 구경을 하는 즐거움이 단체 여행의 여러 단점을 상쇄하기에 충분한 즐거움을 주었다. 밴쿠버시의 항구 근처에 있는 집결지에서 같이 동행할 사람들과 가이드를 만났다. 동행자 중에서 기억에 남는 가족이 있는데 부부와 아들 또래의 딸과 막내아들로 구성된 아주 단란해 보이는 경상도 사투리를 쓰는 가정이었다. 아들은 한국에서 군 생활을 하고 있고 우리 부부만 여행을 와서 그런지 그 가족이 굉장히 부러웠다.

또 기억에 남는 사람은 가이드였다. 캐나다에 골프 유학을 왔다가 골프를 그만두고 개인 사업도 하고 여행 가이드도 하고 있다고 했다. 젊고 잘생긴 청년이었는데 아직 결혼을 하지 않았다고 했다. 여행 가이드로서 아주 전문성이 있는 것 같았고 자기 일에 자부심이 대단한 것 같았다. 그만큼 우리 여행도 즐거움이 배가되었는데, 어떤 일이든 프로 정신을 가지고 일하는 사람이 결국 전문가가 되는 것이라는 것을 느꼈다. 버스를 타고 장거리 여행을 하면서 음악을 틀어 줬는데, 자우림의 〈길〉이라는 노래였다. 밴프로 가는 외로운 길에 딱 어울리는 노래였다. 그 노래에 맞추어 주위 경관을 설명했고 팔을 편 상태로 아름다운 경관을 향해 몸짓하는 모습이 너무 멋지고 노래와 잘 어울렸다. 개인적으로 빵 가게를 운영하고 있었는데 밴프로 가는 길에 가게에서 공수된 베이글을 제공했는데 그 맛이 너무나 좋았다. 화덕에서 갓 구운 따뜻한 베이글의 쫄깃한 맛을 잊을 수가 없었고, 그 이후부터 베이글을 좋아하게 되었다. 하지만 지금까지 그때 그 맛만큼 맛있는 베이글을 먹어 보지는 못한 것 같다. 아마도 베이글 그 자체의 맛에 밴프로 가는 경치와 가이드의 멋들어진 입담이 같이 어우러져 있었기 때문에 그 맛을 따라갈 수 없는 것이 틀림없다.

밴프를 배경으로 매릴린 먼로가 영화를 찍은 사실도 알게 되었다. Bow Falls를 배경으로 찍은 영화였는데, 서부 개척 시대 배경의 영화였고 매릴린 먼로의 중저음의 멋들어진 노래도 함께 감상할 수 있는 영화였다. 그중 내가 가장 좋아하는 노래가 〈River of no return〉이라는 노래인데, Bow Falls를 지나면 다시 되돌아갈 수 없음을 이야기하는 것인지 아니면 우리 인생에서 소중하지만 되돌아갈 수 없는 순간들이 있음을 Bow Falls에 비유해서 이야기하는지 정확하진 않지만 주인공들이 강을 따라 뗏목을 타고 가는 장면과 함께 노래가 나왔다. 실제로 본 Bow Falls는 폭포라고 하기에는 너무 초라한 모습이었는데, 실제로는 폭포를 거슬러 되돌아갈 수 있음을 이야기하고 있는 것 같았다.

영화를 찍으면서 머물렀던 스프링스 호텔도 가 보았는데 붉은 양귀비꽃이 멋들어지게 핀 모습이 마치 매릴린 먼로가 환생해서 기타를 들고 선술집 손님들에게 노래하는 모습을 보여 주는 것 같았다. 밴프 곳곳이 영화의 장면에 등장했는데, 이름 모를 호수에서 장난기가 있는 관광객인지 아니면 관광객을 위해 이벤트로 했는지 모르겠지만 카누를 타는 관광객 사이로 사슴 모양의 인형을 머리에 뒤집어쓰고 호수를 가로질러 헤엄하는 모습이 영화의 장면과 너무 싱크가 맞아서 아직도 머리에 맴도는 기억으로 남아 있다.

산도 많고 빙하도 많고 호수도 많았는데, 가장 기억에 남는 것이 페이토 호수였다. 주변 빙하에서 흘러 들어온 암석 가루가 빛을 굴절시켜서 아름다운 청록색 빛깔의 물빛을 만들어 내고 있다고 가이드가 설명을 했다. 아쉽게도 수영은 금지가 되어 가까이 가 보지는 못했다. 아마도 가까이 가 보면 실망이 커졌을 것이다.

빙하 투어도 했는데 엄청난 기간을 산 위에 자리 잡고 앉아 있다는 것 자체가 신기했다. 가이드가 빙하의 크기를 말해 주었는데, 엄청난 크기여서 도무지 믿기지 않았다. 그런 빙하가 지구 온난화로 해마다 녹아서 사라지고 있다는 것 자체가 슬픈 일이었다. 우리는 물건이든 사람이든 헤어짐을 아쉬워하는 것 같은데, 가만히 생각해 보면 변화를 두려워하고 있는 것은 아닐까? 친한 사람과 헤어지는 것도 그들과의 시간을 다시 다른 사람들과 채워야 하는 불확실성 때문에 두려워하고 있는 것은 아닐까? 수만 년의 시간을 자리 잡고 있던 빙하가 녹아 버리면 그 자리에는 어떤 것으로 채워질지에 대한 호기심과 더불어 불확실성에 대한 두려움이 엄습하는 것은 아닐까? 그런 불확실성은 인간들이 가장 싫어하는 것 같다. 아마도 부자들이 가장 싫어하는 것도 불확실성이 아닐까? 한국에서는 출산율 문제로 많은 우려를 하는 사람들이 많다. 0.7도 안 되는 출산율이니 그럴 만도 하다고 생각한다. 하지만 나는 그것이 기우라고 생각한다. 한국 사람의 출산율이 낮으면 인구가 줄 것이고 그 자리를 외국인들이 채워 줄 것인데 무엇이 걱정이라는 것인가? 물론 외국인들이 늘어나면 불확실성이 늘어나니까 신경 쓰이는 것은 이해가 가는 부분이다. 그렇지만 출산율이 낮아서 대한민국이 수십 년 지나면 사라진다는 것은 굉장히 순진한 생각이라고 느껴진다. 그냥 변화가 두렵고 싫은 것이다.

설상차를 타고 빙하 위를 직접 올라가 보고 빙하의 물을 마셔 보기도 했다. 가이드의 설명이 없었다면 그냥 얼음이고 얼음물일 것인데, 가이드의 설명과 더불어 마법의 얼음이 되었고 마법의 물이 되었다. 설상차가 가파른 언덕을 통과해서 빙하로 올라갔는데, 설상차를 운전하는 안내원이 언덕의 기울기가 어떻게 될지에 대해 물었다. 눈으로 보기엔 45도 정도 될 것 같았는데 실제 기울기가 그보다 훨씬 낮다는 것에 놀랐다. 우리의 눈은 참 부정확한 면이 있다. 빛을 받아들이는 상황에 따라 예술적인 아름다움이 극대화되도록 진화가 되었지, 물리적인 감각은 오히려 떨어지는 면이 있다. 물리적인 거리나 크기를 가늠하는 데는 우리의 눈은 절대 믿으면 안 된다. 다만 고급 카메라로 잡아낼 수 없는 아름다운 빛은 신비로울 정도로 증폭해서 표현해 주는 놀라운 성능이 있는 것 같다.

설상차는 생각보다 컸는데, 바퀴가 성인 남자의 신장만큼이나 컸다. 캐나다 국기에 새겨진 단풍나무 문양이 아주 멋들어지게 그려진 특수 제작된 차량이었는데, 빙하의 녹는 속도가 지속된다면 설상차 관광이 사라질지도 모른다는 설명에 괜히 죄책감이 들었다. 내가 딱히 잘못한 것은 없지만 그 잘못에 내가 간접적으로 기여한 것 같은 생각이 들었기 때문이었을 것이다. 나의 잘못으로 인해 그 비싼 설상차가 쓸모가 없어져서 고철의 싼값으로 처분되지 않을까 하는 쓸데없는 걱정을 하고 있었다.

밴프로 가는 길에 호수 옆 호텔에서 하룻밤을 묵었는데, 그 호수에서 아내와 카누를 탔었다. 우리 둘 다 수영을 못 해서 물이라는 것 자체가 두려움의 대상이다. 호수의 깊이를 알 수 없는 상태에서 구명조끼에 의존한 채 아내를 앞자리에 앉혀 놓고 카누의 노를 젓고 있는 나는 두려웠다. 하지만 아내는 마냥 신나 했는데, 아마도 나를 의지했기 때문일 것이다. 반대로 나는 의지할 곳이 없었기 때문에 두려움이 있었다. 배가 정박한 곳을 멀리 벗어나고 싶진 않았지만 아내는 자꾸만 멀리 가 보자고 재촉을 했다. 구명조끼라는 것이 있었지만 한 번도 경험해 보지 않은 것이라 물에 빠지면 나를 구명해 줄지 알 수 없었다. 완전히 안정된 상태에서 즐기는 즐거움도 좋았지만, 불안정한 상태에서 위태로운 여행을 즐기는 것도 또 다른 즐거움이 있었다. 아마도 불확실성이 우리에게 두려움을 주기도 하지만 우리의 호기심을 자극해서 더 즐거움을 줄 수도 있겠다는 생각을 했다. **우리는 우리 자신의 눈과 감각들을 너무 믿으려고 하는 경향이 있다. 실제로 우리의 눈과 감각들은 왜곡이 많고 오류가 많은데도 말이다.** 지나온 시간들을 되돌아보면 우리를 지켜 준 것은 우리의 눈과 감각들이 아님을 잘 알 수 있다. 우리는 하나님께 전적으로 의지할 때 참평안을 누릴 수 있다는 것을 안다. 그렇지만 하나님께 전적으로 의지한다는 것은 쉬운 일이 아니다. 우리가 하나님께 전적으로 의지할 수만 있으면 얼마나 좋을까? 나는 그렇게 되기를 항상 기도하고 있고 그렇게 되기 위해서 엄청난 노력을 하고 있다. 나에게 전적으로 의지한 채 카누를 타면서 나의 사진 요청에 옆모습을 보이는 아내의 모습이 너무 사랑스러웠다.

버스를 타고 이동하는데 가이드가 곰이 나타났다며 호들갑을 떨었다. 엄청난 크기의 그리즐리 곰을 생각했는데 아주 조그마한 새끼 곰이었다. 그 새끼 곰이 그리즐리 곰이었는지 흑곰이었는지는 알 수 없었다. 그 새끼 곰을 깔보고 있을 때 우리의 눈이 안 보이는 곳에서 어미 곰이 도사리고 있을 것이 분명했다. 로키산맥의 웅장함에 비해서는 곰이 너무 초라해 보였다. 그래도 관광객들은 사진을 찍는다고 부산을 떨었는데, 아마도 지루한 로키산맥의 단조로운 길에 지쳤기 때문일 것이다. 우리는 우리 주위의 상황에 많은 영향을 받는 존재일 뿐이다.

관광이 끝날 때쯤 가이드가 현란한 기술을 부렸다. 캐나다는 외과 의학이 발달하지 않아서 수술은 미국 쪽으로 가서 한다는 이야기를 뜬금없이 꺼냈다. 외과 의학이 발달하지 않은 대신에 캐나다는 예방 의학이 엄청 발달했다고 했다. 예방 의학에 대해서 알아들을 수도 없는 이야기를 한참을 했는데, 어떤 약이 성인병 예방하는 데 좋다는 얘기였다. 그때 당뇨 수치가 올라가서 관심이 많던 터라 우리의 귀가 쫑긋했다. 그 얘기를 한참 하고 나선 한인이 운영하는 약 파는 곳에 데리고 갔는데, 약 이름이 MANA였다. 출애굽 이후 광야 시절에 이스라엘 백성을 위해 만나를 내려 주신 성경의 이야기와 너무나 똑같은 이름이었기 때문이었을까? 아니면 당뇨에 대한 두려움이 너무 컸던 탓이었을까? 너무나 비싼 약을 망설이지 않고 엄청난 양을 샀고, 그 만나의 유통 기간이 지나도록 버리지도 못하고 두 번의 이사 과정을 거치고 나서야 겨우 버릴 수 있었다. 그 만병통치약의 효능이 아무리 좋더라도 먹는 데 너무 불편한 것이 한계였다. 처음엔 먹기 힘들어도 열심히 먹었는데 그 약효에 대한 믿음이 떨어질수록 약을 먹는 빈도는 줄어들었다. 역시 여행에서 우리의 귀는 한없이 얇아지는 것 같다. 그래도 가끔씩은 손해 보고 지내는 것도 괜찮다고 생각했다. 그 손해가 우리의 삶에 심각한 손상만 주지 않는다면 우리의 손해로 말미암아 다른 사람들이 즐거울 수 있으니 말이다.

누가복음 9:62 "예수께서 이르시되 손에 쟁기를 잡고 뒤를 돌아보는 자는 하나님의 나라에 합당하지 아니하니라 하시니라"

캘리포니아 해변들

비가 오는 해변에서 바닷가를 향하여 차를 주차해 놓고 빗소리와 함께 파도치는 Dana Strand Beach 바다를 바라보며 아내는 눈물을 흘렸다고 했다. 아내가 어떤 생각들을 했는지 나는 알 수 없었다. 다만 내가 잘못한 것은 없는데 내가 미안한 마음을 가져야 한다는 것은 분명했다. 살다 보면 왜 그래야 하는지 논리적으로 설명할 수도 이해할 수도 없지만 그래야만 하는 상황들이 있다.

고객사 IT본부에 이슈가 발생했다. 본부장이 부적절한 행동으로 해고를 당했다. 이후에 벌어지는 변화는 가히 역동적이라고 말할 수 있었다. 우선 본부장의 이슈는 여직원들과의 부적절한 행동이 문제였다. 특정 여직원들과 회식 후 노래방을 자주 갔는데, 그것을 주도한 사람이 본부장을 보좌한 여자 임원이었던 것이다. 감사에서 조사가 이루어졌고, 그 책임을 지고 본부장과 여자 임원은 퇴직을 했던 것이다. 해당 사건은 기사에도 나와서 상당한 이슈가 되었다. 특히 그 여자 임원은 H 사 그룹 최초의 공채 출신 여자 임원이었고 나의 임원 진급 동기였다. 그 이슈가 아니었다면 그 여자 임원은 탄탄대로가 보장되었을 것인데, 하루아침에 모든 것이 날아간 것이다. 나중에는 이혼을 했다는 소문까지 돌았다. **"그런즉 선줄로 생각하는 자는 넘어질까 조심하라." 고린도전서 10장 12절 말씀이 생각난다.**

그것이 계기가 되었을까? 고객사 IT본부와 우리 회사의 경영진 물갈이가 시작되었다. 최초로 외부에서 고객사 IT본부장이 영입되었고 우리 회사 대표이사는 고객사 IT본부로 내려갔다. 나의 입지를 지켜 줄 경영진이 다 바뀐 것이다. 신임 IT본부장이 미국에 방문하게 되었다. 한 번도 본 적 없는 분이고 나이도 나와 동갑인데 고객으로서 IT 총책임자로서 의전을 하는 것이 어쩌면 나의 최대 위기가 될 수 있겠다고 생각했다. 첫인상은 역시 남달랐다. 예전의 IT본부장과는 다른 부분이 분명히 있었다. 우선 템포가 빨랐다. 업무 지시를 하고 나서 다음 날 팔로업을 했는데 그 지시가 어느 궤도에 올라가기 전까지는 매일 팔로업을 했다. 그리고 모든 것을 숫자로 표현하려고 했다. 숫자에 특히나 약했던 나에게는 엎친 데 덮친 격이었다. 본부장이 귀국하고 나서 이상한 소문이 돌았다. 내가 곧 잘린다는 소문이었다. 본사 회의 시간에 그런 얘기를 했던 것 같다. 실제로 나는 좀 의연했는데, 임원 진급을 하고 나서 해고에 대한 두려움은 크게 없었기 때문이었다. 결국 언젠가는 잘릴 것이고 좀 일찍 잘리면 잘릴수록 재취업의 기회는 더 커질 것이라는 내 나름대로의 소신이 있었기 때문이다.

그해 연말이 마지막일지도 모른다는 생각을 했던 것 같다. 그전까지 한 번은 기회가 올 것이라고 생각했는데, 잘리는 것이 두려워서가 아니라 그래도 최선은 다해 보자는 생각 때문이었다. 10월에 사업 계획 보고가 예정되어 있었고 그것이 나의 마지막 기회라고 생각했다. 보고 내용으로 고민을 많이 했고 좀 더 IT본부의 변화 방향에 맞추어 의지적인 부분을 많이 반영했다. 도전적인 목표를 잡은 것에 주재원들의 반발도 조금은 있었는데, 거짓이 아니라면 목표를 좀 높게 잡는 것이 문제가 되지는 않는다고 설득했다. 그리고 모든 책임은 내가 진다고 하고서야 주재원들을 설득할 수 있었다. 준비한 사업 계획 보고는 영상 회의를 통해서 실수 없이 진행되었는데, 회의를 마치고 들리는 소문에는 나에 대한 칭찬을 했다는 것이다. 그렇게 또 한 번의 위기를 잘 넘어갈 수 있었다. **우리는 우리가 모르는 사이에 온갖 평가를 받는다. 우리에게 변명하거나 입장을 말할 기회는 주어지지 않는다. 대부분의 평가는 부정적이고 간혹 나를 괴물로 만들곤 한다. 억울해도 호소할 대상이 없다. 그냥 들리는 소문에는 흔들리지 않고 주어진 환경에서 최선을 다할 뿐이다.**

새옹지마 상황을 또 맞이하게 되었다. 미국 법인장 생활 1년이 지날 때쯤에 한국을 방문하게 되었는데, 법인장 회의가 있었고 또 건강 검진도 받기 위해서였다. 법인장 회의를 마치고 대표이사가 할 얘기가 있다며 집무실로 불렀다. 대수롭지 않게 생각했는데, 대표이사는 H 사에 사업부장 자리가 하나 났는데 마땅한 사람이 없어 내가 가야 한다고 했다. 겉으로는 태연한 척했지만 내가 결코 바라던 상황은 아니었고 적잖이 당황을 했었다. 대표이사는 나에게 의사를 물었지만 실제로는 명령이었다. 그런 상황을 잘 알고 있기에 나는 배려해 주셔서 감사하다는 말만 했다. 속마음으로는 싫었고 짜증이 났다. 4년간의 보장된, 이제 겨우 안정을 찾은 미국 법인장 생활이 끝나는 것이었고 새로운 불확실성의 위치로 가는 것이기 때문이었다. 보직 자리로만 보면 더 좋은 자리였지만 미국 법인장 역할이 더 재미있었고 캘리포니아 생활이 재미있기 때문이었다. 아내는 그 소식에 더 멘붕이 왔다. 눈물까지 보였다. 1년 동안 내가 법인장 역할에 정착한다고 힘들어할 때 아내는 투정도 부리지 않고 참았었고, 이제야 생활이 안정화가 되어 캘리포니아 생활을 즐기려고 하던 그런 시기에 갑자기 한국 복귀를 해야 하는 상황이었기 때문이다. 12월 중순에서 1월 중순 사이의 한 달은 아내 눈치를 보느라 살얼음을 걷는 듯한 시간을 보냈다.

　내가 출근하고 나면 아내는 집과 가까운 Strand Vista Park에 홀로 차를 몰고 갔다. 비가 오는 해변에서 바닷가를 향하여 차를 주차해 놓고 빗소리와 함께 파도치는 Dana Strand Beach 바다를 바라보며 아내는 눈물을 흘렸다고 했다. 아내가 어떤 생각들을 했는지 나는 알 수 없었다. 다만 내가 잘못한 것은 없는데 내가 미안한 마음을 가져야 한다는 것은 분명했다. 살다 보면 왜 그래야 하는지 논리적으로 설명할 수도 이해할 수도 없지만 그래야만 하는 상황들이 있다. 아내에게는 그런 일들이 많이 일어난다. 우리 아버지들은 왜 우리에게 여자, 특히 아내에 대해서 노하우 전수를 하지 않았을까? 아버지도 몰랐을 가능성이 있고, 알았다고 하더라도 내가 받아들일 준비가 안 되었다고 생각했을 가능성도 있다. 그리고 어쩌면 전혀 논리적이지 않아서 제대로 설명할 자신이 없었을 수도 있었겠다는 생각도 든다. 아무튼 아내에 대해서는 우리 스스로가 시행착오를 겪으면서 헤쳐 나갈 수밖에 없다. 나는 아내를 고속도로와 비교하곤 한다. 차로 고속도로를 달리다 보면 갑자기 막히는 때가 있다. 왜 막히는 것인지 알 수 있는 방법은 거의 없다. 마냥 기다릴 수밖에 없다. 하염없이 기다리다 보면 앞차가 움직이기 시작하다가 정상적인 속도를 낼 만큼 정상화된다. 그때쯤이면 차가 막힌 이유에 대한 힌트를 줄 만한 것들이 있을 만도 한데 그런 것들은 전혀 없다. 물어볼 데도 없고 물어본다고 해도 대답해 주지 않는다.

주말마다 아내와 시간을 보내기로 했다. 주일에는 교회에 가야 해서 토요일마다 캘리포니아 해변들을 방문하기 시작했다. 아내가 왜 그렇게 해변을 가고 싶어 했는지 몰랐고 아직까지도 물어보지 못했다. 아내에게 질문을 안 할 때가 많은 것 같다. 그냥 물어보면 되는데 물어보지 못하는 이유는 아내도 모른다고 생각하기 때문일까? 아니면 그것도 모른다고 핀잔을 할까 두려워한 까닭일까? 축복의 캘리포니아에서도 앨라배마의 토네이도 같은 것이 있었는데 산불이 그것이다. 우리가 자연을 지배한 것처럼 보이지만 그것은 지극히 일부분이라는 생각이 든다. 마치 골프 백돌이가 자신이 터득한 골프를 다른 사람에게 알리고 싶어 안달이 난 그 모습이 인간이 말하는 과학의 모습과 비슷한 것 같다. 그런 인간의 교만함에 참다못한 자연은 경고를 하는 것이다. 캘리포니아 산불이 앨라배마 토네이도보다도 더 큰 피해를 주는 것 같았다. 어떻게 불이 길을 넘어서 달려갈 수 있는지 경이로울 따름이다. 롱비치를 방문했을 때 몇 년 전 화마의 흔적을 볼 수 있었는데 토네이도의 흔적은 쉽게 지울 수 있는 것에 반해 산불의 흔적은 오랜 자국을 남겼다.

내가 한국으로 복귀하고 후임 법인장이 담당하고 있을 때 심각한 보안 유출 사고가 있었고, 그 책임을 지고 법인장이 회사를 그만두게 되었다. 항상 큰 이슈는 그 이유가 무엇이건 상관없이 책임질 사람을 정해야 해결되는 것 같다. 아마도 그 원인을 정확히 찾는 것은 어려운 일이고 사람에게 원인을 돌리는 것이 가장 쉬운 방법이기 때문일 것이다. 우리는 항상 어려운 길보다는 쉬운 길을 택하는 경향이 있는데 그것으로 인해 더 많은 문제가 일어난다는 것은 애써 외면하고 만다. 인간은 그렇게 복잡한 것이 그냥 불편한 것이다. 근본 문제가 해결되지 않은 상태에서 쉬운 선택을 한 것의 여파로 동일한 문제가 반복적으로 터졌고 그 이후 선임된 법인장들의 수난이 반복되었다. **결국 하나님은 나에게 피할 길을 주신 것이다. 항상 곤란한 순간에 하나님께서는 나에게 피할 길을 주심을 체험하며 그 은혜에 감사드린다.**

고린도전서 10:13 "사람이 감당할 시험 밖에는 너희에게 당한 것이 없나니 오직 하나님은 미쁘사 너희가 감당치 못할 시험 당함을 허락지 아니하시고 시험 당할 즈음에 또한 피할 길을 내사 너희로 능히 감당하게 하시느니라"

금문교

관광 보트를 타고 다리 밑까지 도달할 때쯤에 도난과 관련된 신고 처리가 마무리되었고, 그제야 아내는 안심을 했고 위기 상태에서 내가 당황하지 않고 하나씩 처리하는 것에 대한 감사와 칭찬을 해 주었다. 그래서 그랬는지 배 안에서 금문교를 배경으로 아내와 더 꼭 껴안은 상태로 활짝 웃는 사진을 남길 수 있었다.

차로 갈 수 있는 캘리포니아 해변들을 다 돌고 나서 아내가 한국으로 귀국하기 전 꼭 보고 싶은 게 있다고 했다. 바로 샌프란시스코에 있는 금문교(Golden Gate Bridge)였다. 왜 금문교였는지는 물어봤는데, "그냥 유명하잖아요."라는 단순한 답변만 들을 수 있었다. 금문교에 가지 않고 귀국한다면 내 평생 들어야 할 원망이 두려웠던 것일까? 귀국을 위해 여러 가지 마무리해야 할 일들이 많아서 정신이 없었지만 급하게 비행기와 호텔, 렌터카를 예약했다. 평상시 같았으면 유명한 1번 국도를 따라 해변들을 구경하며 차를 몰고 여유롭게 샌프란시스코에 갔을 것이다. 그러나 나에게는 그럴 만한 시간적 여유가 절대적으로 부족했다. 1번 국도 여행은 나중에 꼭 한 번은 할 수 있을 것이다.

귀국 일주일을 남겨 놓고 3박 4일의 샌프란시스코 여행을 떠났다. 시간적으로 심리적으로 여유가 없었기 때문에 관광에 대한 스터디는 거의 하지 못했고 현지에서 즉흥적으로 찾아보기로 했다. 오렌지 카운티 John Wayne 공항에서 샌프란시스코 공항으로 날아가서 다시 렌터카로 Fisherman's Wharf 쪽으로 운전해 갔다. 공항은 샌프란시스코의 남쪽에 있었고 금문교는 북쪽에 위치하여 도시를 완전히 가로질러 가야 했다. 호텔에 체크인을 하고 나서 차로 금문교 쪽 답사를 먼저 했고, 저녁은 금문교 아래쪽에 있는 식당을 찾아가서 먹었는데 전채 요리로 생굴을 엄청 맛있게 먹었다. 크기가 적당했고 신선함이 좋았는데 엄청 비쌌다는 기억이 난다. 미국에서의 마지막 여행이었기에 돈은 크게 문제가 아니었다. 아내도 그간의 혼란스러웠던 기분들이 정리되는 듯했고 그렇게 첫날은 꿈같이 아주 원활하게 지나갔다.

둘째 날부터 시간을 아끼기 위해서 일찍 움직이기로 했다. 인터넷으로 찾아본 결과 트윈피크(Twin Peak)가 명소로 나와 있었고 호텔에서도 멀지가 않았다. 트윈피크 이후에 갈 장소까지도 어느 정도 정하곤 아침 일찍 트윈피크로 갔다. 트윈피크는 산이라고 부르기엔 다소 과한 점이 있었고 언덕이라고 하기엔 부족함이 있었다. 아침 일찍 운동하는 사람들이 몇 명 보였고 경찰이 어쩐 일인지 이른 시간에 공원 주위에서 순찰을 돌고 있었다. 경찰이 순찰을 돌고 있다는 것에 우리는 안전한 곳으로 생각했고, 또 이른 시간에는 도둑들이 움직이지 않는다는 확신이 있었기에 안심을 했던 것 같다. 언덕 정상에서 조금 아래에 주차장이 있었고 우리 차 외에는 아무도 주차하고 있지 않았다. 안심하고 차를 주차하고 나서 5분 거리의 언덕을 올라 샌프란시스코가 한눈에 보이는 장면으로 멋지게 셀카를 찍으며 미국 생활의 마지막을 기념해 나갔다. 바람이 많이 불었으므로 오래 머무를 수도 없었고 마땅히 볼 것이 그리 많지 않아서 오래 머무를 이유도 없었다.

도난당하기 직전 트윈피크에서

그렇게 사진 한 컷을 찍고 차로 왔는데, 조수 쪽에 유리 파편이 보이는 것이 아닌가? 자세히 보니 우리 차의 조수석 쪽 창문이 박살이 난 상태였다. 난 어떤 물건이 바람에 날려 차 유리를 깨뜨린 게 아닌가 생각했는데, 아내가 소스라치며 놀라는 것이다. 가방이 없어졌다는 것이다. 조수석 쪽 발 위치하는 곳에 가방을 뒀는데 없어졌다는 것이다. 참 황당했다. 아내의 지갑과 가방, 신분증, 현금을 도난당한 것이다. 그 순간 가장 먼저 이후 일정에 대한 것과 신분증이며 신용 카드 등 도난 처리해야 할 귀찮은 일들이 파노라마처럼 스쳐 갔다. 우리는 갑작스럽게 중요한 이슈가 발생했을 때 아주 사소한 걱정부터 하는 경향이 있는 것 같다. 도난당했지만 큰돈을 잃은 것도 아니고 우리가 신체적인 가해를 입은 것도 아닌데 영어로 도난 신고를 해야 할 것이 먼저 떠오른 것이다. 어떻게 보면 아주 적은 비용으로 귀한 경험을 한 것인데 사소한 손실에 뚜껑이 열리는 그런 아마추어적인 행동이 나타났던 것이다. 그렇게 멍한 상태로 20분 정도 있었을 때 조금 전에 순찰을 돌던 경찰이 접근했고 자연스럽게 도난 신고를 했다. 우선 양식에 맞추어 간단한 인터뷰 내용이 도난 신고 접수증에 기입되었고 호텔 근처에 경찰서가 있으니 거기에 가서 정식 접수를 해야 차량 파손과 기타 손실에 대한 보험 처리가 된다고 친절히 설명해 주었다. 그렇게 신고 접수를 하고 나서 경찰이 다시 순찰하러 갔을 때 순간 '저 경찰도 공범이 아닐까?'라는 의심이 생긴 것은 어떤 이유였는지 모르겠다. 그들의 표정에서 권위보다는 불안정감을 느꼈기 때문일까? 나중에야 알았는데 샌프란시스코에서는 스카프도 차 안에 두면 차 창문을 깨고 가져간다는 것이다. 우리가 너무 순진했던 것이 문제였다.

  그날 이후 일정은 다 꼬이고 말았다. 우선 차가 문제였다. 조수석 측 창문이 깨진 상태로는 운전이 어려웠다. 샌프란시스코의 겨울바람 때문에 감기에 걸릴 각오를 해야 했고, 창문이 깨진 상태로 모르는 곳에 주차를 하는 것은 가방을 도난당한 것보다도 더 어리석은 일이었기 때문이었다. 렌터카 회사에 전화를 해서 문의를 했고 차를 공항까지 가지고 와야 한다는 원하지 않은 답변만 받을 뿐이었다. 하는 수 없이 차는 호텔 주차장에 그대로 두고 공항으로 돌아갈 때 가지고 갈 수밖에 없었다. 호텔 근처에 있는 경찰서에 가서 정식으로 도난 접수를 하였는데, 대응하는 경찰들은 흔히 있는 일인 것처럼 냉정하고 태연했다. 집으로 돌아가는 비행기를 타려면 아내의 신분증이 필요했는데, 가방 전체를 도난당한 상태에서 아내의 여권은 잊어버리지 않았던 것이 그나마 다행이었다. 어떻게 여권을 가방과 함께 잃어버리지 않았는지는 정확히 기억나지 않는다. 그리고 신용 카드 분실 신고를 했는데 그나마 오전에 어느 정도 처리했던 게 있어서 오후에 예약한 금문교 다리 밑 근처까지 관광하는 보트는 탈 수 있었다.

  금문교를 또렷이 보는 것은 운에 달렸다고 했다. 날씨가 흐린 날은 다리를 볼 수 없을 수도 있다고 했는데 다행히도 그날은 날씨가 맑아서 온전히 다리를 감상할 수 있었고 멋지게 사진도 찍을 수 있었다. 관광 보트를 타고 다리 밑까지 도달할 때쯤에 도난과 관련된 신고 처리가 마무리되었고, 그제야 아내는 안심을 했고 위기 상태에서 내가 당황하지 않고 하나씩 처리하는 것에 대한 감사와 칭찬을 해 주었다. 그래서 그랬는지 배 안에서 금문교를 배경으로 아내와 더 꼭 껴안은 상태로 활짝 웃는 사진을 남길 수 있었다. **위기를 당하면 당황해서 또 다른 실수를 할 정도로 일 처리 능력이 평소보다 저하되는 사람이 있고, 반대로 위기 상황에서 오히려 집중력이 올라가 일 처리 능력이 올라가는 사람이 있는 것 같다. 나는 다행히도 직업 특성상 후자에 해당하는 것 같다.**

금문교의 자태는 우리의 미국 생활을 마무리할 만큼 충분히 웅장했고 감탄스러웠다. 그 감탄스러움을 다시 한번 더 보기 위해 그다음 날 투어 버스(Hop On&Hop Off)를 탔고 육상에서의 다른 자태를 실컷 감상했다. 투어 버스의 장점은 버스에서 제공하는 이어폰을 이용해서 관광지에 대한 설명을 들을 수 있는 것이었다. 금문교 근처에 앨커트래즈섬이 있는데 섬 전체가 감옥이었다고 했다. 그 근처 조류가 엄청 강해서 탈옥은 불가능한 그런 자연환경의 요새였던 것이다. 그러나 불가능은 없다는 것을 증명이라도 하듯이 탈옥한 사람이 있었는데 살았는지 상어의 밥이 되었는지 알 수 없다고 했다. 실제로 보트를 타고 그 섬 옆을 지날 때 주위 조류의 강함이 감옥에 갇혔었던 악명 높았던 죄수와 괴기스러운 감옥의 모습을 더 강조하는 것 같았다. 차를 움직이지 못하는 상황이라 호텔 근처의 관광지만 돌아다녔다. 다행히 Fisherman's Wharf가 걸어서 충분히 갈 위치에 있었고 여러 가지 흥미로운 볼거리가 많았다. 특히 Pier 39에 있는 물개들이 유명했다. 물개가 많다는 것 외에는 특별한 것은 없었는데, 자연 상태의 물개들이 인간들의 상업 시설들과 잘 어울려 서로 공생하는 모습이 나름 보기 좋았다. 물개들이 인간들에 빌붙어 이득을 보는 것같이 보였지만, 오히려 인간들이 자연에 빌붙어 이익을 착취하는 것일지도 모른다고 생각했다. 그리고 인간도 결국 자연의 일부라는 것을 조심스럽게 시인하는 것 같았다.

호텔에서 공항으로 돌아가는 길은 고난 그 자체였다. 마땅히 창문을 막을 만한 것이 없었고 깨진 창문을 그대로 둔 채 고속도로를 달리는 것은 강한 바람 때문에 힘든 것과 지나가는 차들의 우리를 비웃는 듯한 눈빛을 피해야 하는 힘듦이 동일한 크기로 느껴졌고, 우리는 감기에 걸리지 않기 위해 최대한 우리의 몸을 가린다는 핑계로 얼굴을 최대한 노출시키지 않으려고 했다. 렌터카 반납은 생각보다 원만히 진행되었는데, 도난 신고증이 모든 부가적인 설명을 필요 없게 했고 샌프란시스코에서는 일상으로 일어나는 일인 듯했다. 그렇게 미국에서의 마지막 여행은 마무리가 되었다.

여호수아 1:9 "내가 네게 명령한 것이 아니냐 강하고 담대하라 두려워하지 말며 놀라지 말라 네가 어디로 가든지 네 하나님 여호와가 너와 함께 하느니라"

헬리오시티

친구의 장례를 치르면서 '오픈된 이슈는 이슈가 더 이상 아니다.'라는 것을 생각했고 어떤 이슈든 부끄럽더라도 오픈하려고 노력하겠다는 다짐을 했다. 친구의 유골함은 양재동에 안치가 되었는데, 같이 간 친구와 자주 오자고 약속해 놓고 한 번도 갈 생각조차 하지 못했다. 그렇게 잊힐 사람은 잊히는 것이 자연스러운 것이다.

예상보다 훨씬 일찍 복귀하다 보니 한국에 복귀해서 살 집이 문제가 되었다. 아내가 미국으로 이사 가기 전에 큰 웃돈을 주고 계약한 신규 아파트는 입주가 1년이 더 있어야 하고, 원래 살던 꿈마을아파트는 전세 계약이 1년이 더 남아 있던 상황이었다. 아내와 의논해서 이것도 좋은 기회라고 생각하고 서울 강남에서 전세로 1년을 살아 보기로 했다. 꿈마을 교구장을 하셨던 구역 식구 중 한 분이 공인중개사를 하셨기에 도움을 요청했고, 신축이 되어 입주가 곧 예정된 송파에 있는 헬리오시티를 추천해 주셨다. 가락 주공아파트를 재개발한 아파트인데 만 세대의 초대형 아파트 단지였고, 그 시기에 대량 분양으로 말미암아 전세가가 약하게 형성된 아주 좋은 기회였던 것이다. 그 당시 전세금이 부족해서 반전세로 계약을 했고 1년 계약이 되지 않아서 2년 계약 후 1년 지나서 계약을 종료할 계획으로 진행을 했다. 조기 계약 종료를 하면 부동산 중계 수수료를 추가로 지불해야 하는 것 외에는 다른 패널티가 없었기 때문이다.

미국에서 부친 이삿짐이 한국 도착하는 데 최소한 한 달은 걸렸기 때문에 짐이 도착하는 시기에 맞추어 헬리오시티아파트와 계약 날짜를 잡았고,

한 달의 차이 나는 기간 동안 머물 곳은 강남역에 있는 호텔로 정하기로 했다. 청소는 호텔에서 알아서 해 놓고, 아침도 호텔에서 준비를 해 주기 때문에 점심과 저녁만 해결하면 되었다. 다행히 우리 같은 사람들을 위해서 요리와 세탁을 할 수 있는 레지던스형 호텔이 있다는 것을 회사 총무 팀을 통해서 알게 되었고 추천을 받아서 한 달 계약을 했다. 그렇게 한 달 동안의 강남역 생활이 시작되었는데, 아내와 단둘이 신혼 생활을 하듯이 젊은 시간들을 보냈다. 강남역 생활의 장점이 몇 개 있었는데, 주위에 식당이 많아서 먹을 것 걱정이 없다는 것과 접근성이 좋아서 서울 내 어디로 가든지 시간이 절약된다는 것과 휴일에도 오픈하는 병원이 있어 주중에 병원에 가서 혈압약을 처방받는 번거로움이 없다는 것 등이었다. 물론 안 좋은 것들도 많았는데 생활비가 비싸다는 것이 가장 큰 단점이었다. 우리는 당뇨 전 단계 상태를 관리하기 위해서 식단에 많은 공을 들였는데, 강남역 근처에 미역국 맛집이 있어 단골 식당이 될 수밖에 없었다. 그런데 얼마 지나지 않아서 (코로나19를 겪으며) 그 맛집이 없어진 것이 못내 아쉬웠다.

우리가 강남역에서 젊게 신혼 생활을 하듯이 살고 있을 때 비극적인 일이 일어났다. 그 당시에는 페이스북을 거의 안 했는데, 페이스북에서 친구 동생이 메시지를 보낸 것이다. 친구가 죽었는데 연락할 방법을 찾다가 페이스북으로 연락하게 되었다는 것이다. 장례식장은 삼성병원이었고 친구들에게 급하게 연락을 취했다. 친한 친구들이 장례식장에 모였고 친구 동생으로부터 친구가 자살했다는 것을 알 수 있었다. 유서는 남기지 않았는데 설 명절 때 대구에서 아내와 말다툼이 있었고 혼자 서울 올라와서 집 화장실에서 목을 맸다는 것이다. 믿기지 않았다. 그 친구는 내가 가장 부러워했고 친한 친구들 중에서 가장 잘나가는 친구였기 때문이었다. 아버지는 장로님이셨으며 누나 둘도 좋은 대학 나와서 잘 살고 있었고, 친구는 키도 크고 잘생겼으며 의대 나와서 목동에서 개업의를 하고 있었고, 집은 압구정에 있으며 처가는 부잣집이며 큰아들은 서울대 의대에 다니고 있고 둘째도 공부를 잘하고 있었기 때문이다. 밖으로 보이는 스펙만 보면 남부럽지 않게 보였는데 행복해 보이지는 않았다. 아내와 갈등이 있는 듯했는데, 같이 술을 마시면 술값을 항상 현금으로 내려고 했고 좋아하는 골프도 안 치게 된 것 등이 아내와 관련이 있어 보였다. 나에게는 그 친구가 참 부러웠는데 그 친구는 나를 부럽게 생각했던 것 같았는데 나와 아내의 관계가 부러운 것 같았다.

그 친구의 죽음에는 여러 가지 의문이 있었지만 그 의문에 대답해 줄 사람은 아무도 없었다. 친한 친구였지만 자신의 고민을 털어놓을 만큼의 친함은 아니었거나 죽음이 자신의 문제를 해결할 유일한 방법이라고 생각했을 것이다, 그 친구는 고등학교 때 교회에서 만났고 독실한 기독교 집안의 장로 아버지를 둔 친구였는데, 서울 생활을 하면서는 교회에 다니지 않기 시작했다고 들었다. 하나님과 멀어진 것이 그런 결정을 하게 된 원인일 수도 있겠다는 생각을 했다. 자신의 고민을 해결하기 위해 죽음을 선택하면서 유서 하나 남기는 수고도 하지 않다니 내 머리로는 도저히 상상조차도 할 수 없었다. 장례 기간 동안 친구 아버님의 모습은 내가 기억하는 자부심이 넘쳐흘렀던 그런 모습과는 완전히 다른 모습이었는데 아주 중요한 전쟁에서 믿던 부하의 배신으로 패배한 그러나 재반격의 희망을 잃은 지휘관 같은 모습이었다. 어쩌면 평범한 자들이 강남 입성을 하게 되면서 겪어야 하는 부작용의 극한을 그 친구가 겪은 것은 아니었을까? 친구의 장례를 치르면서 **'오픈된 이슈는 이슈가 더 이상 아니다.'라는 것을 생각했고 어떤 이슈든 부끄럽더라도 오픈하려고 노력하겠다는 다짐을 했다.** 친구의 유골함은 양재동에 안치가 되었는데, 같이 간 친구와 자주 오자고 약속해 놓고 한 번도 갈 생각조차 하지 못했다. 그렇게 잊힐 사람은 잊히는 것이 자연스러운 것이다.

헬리오시티에 입주를 했다. 만 세대나 되는 초대형 단지여서 지하철 입구에서 아파트 반대쪽 끝에 있는 동까지 걸어가는 데 족히 10분은 걸렸다.

다행히 우리 아파트는 지하철역에서 가까운 곳에 있었고 아파트 상가와도 가까웠다. 33평형 아파트였지만 좁게 느껴졌는데, 아내가 경기도 아파트보다도 서울 아파트가 좁다며 그 이유를 설명했지만 잘 이해는 되지 않았다.

아파트 단지는 산책하기 참 좋았는데 단지를 걸어서 한 바퀴 돌면 족히 만 보 걸음은 될 듯했다. 주차 시설도 충분한 여유가 있어서 주차 걱정은 하지 않아도 되었지만 주차장이 너무 커서 주차장에서 길을 잃어버릴 걱정과 주차 위치를 기억하지 못할 경우 아주 곤란한 상황에 처해지는 약간의 불편함은 있었다. 상가도 단지의 규모에 걸맞게 웅장했는데, 상가 입주는 임대료가 너무 높아 아주 부진했다. 가장 불편한 점이 장을 보는 것이었는데, 상가 내에 공실 상가는 많았지만 장을 볼 만한 가게는 없었고 매번 차를 타고 장을 봐야 하는 번거로움을 감수해야 했다. 집 구조가 특이해서 커튼을 치지 않으면 옆 동에서 우리 집 거실 안을 두 면의 창을 통해 훤히 들여다볼 수 있어서 항상 커튼을 쳐야 했다. 신규 아파트였지만 설계한 것과 입주한 시간 간격이 커서 그런지 구조는 구식이어서 수납공간이 많이 부족했고 미국에서 가져온 짐들이 자리를 잡는 데 힘들어했다. 빛 좋은 개살구였다. 그럼에도 불구하고 강남 생활의 장점들이 많았다. 회사 출퇴근하기가 편했고 택시 잡는 것도 쉬웠고 공항 리무진도 편하게 이용할 수 있었고 대학로도 가까워졌으며 석촌호수를 내 집처럼 이용할 수 있었다. 남들이 사는 위치를 물으면 기분이 좋아졌는데 내가 성공한 사람이 된 것처럼 착각할 정도였다.

아내는 송파 생활을 하면서 롯데타워를 자주 이용했다. 쇼핑하기도 좋았고 석촌호수를 산책하기도 좋았으며 비 오는 날은 롯데타워 내에서 걷기 운동을 하기도 좋았다. 롯데타워 내에 있는 서점도 자주 이용했는데 커피 한 잔 시켜 놓고 공짜 책을 실컷 읽더라도 눈치 하나 주지 않는 그런 부유한 자들의 여유를 이용할 수 있었기 때문이었다.

롯데타워의 불꽃놀이는 장관을 연출했는데 이때까지 본 불꽃놀이 중에서 최고였다. 롯데타워 불꽃놀이는 우리 아파트에서도 잘 볼 수 있었는데, 불꽃놀이를 할 때면 아파트 내 전망 좋은 자리를 차지하기 위해 자리싸움이 치열했다. 타워 건물을 이용한 불꽃놀이를 하면 건물 안에 있는 입주민은 시끄럽겠다는 쓸데없는 생각을 했다. 불꽃놀이를 아파트 단지 내 산책로에 앉아서 보고 있을 때면 우리가 선택되고 구별된 강남 사람들 속에서 불안전하게나마 공존하고 있음을 축하해 주는 것 같았다.

아파트 단지 옆에 있는 송파제일교회를 다니기 시작했다. 1년의 기간만이라도 새중앙교회가 아닌 다른 교회의 생활을 경험해 보고 싶은 것도 있었고, 송파에서 평촌까지 주일마다 운전해서 가는 번거로움을 감수할 자신이 없기도 했다. 교회는 아담한 규모였고 새중앙교회와는 좋은 쪽으로 다른 점이 몇 가지 있었다. 우선 헌금은 예배 중에 드리는 것이 아니라 예배당에 들어오면서 헌금함에 넣도록 해서 좀 더 자율적인 분위기에서 헌금을 하도록 되어 있었다. 설교 말씀은 담임목사님만 하는 것이 아니라 한 달에 한 번은 부목사님이 하셨는데, 담임목사님의 설교는 정통적인 방식이었다면 젊은 부목사님의 설교는 파워포인트를 적극적으로 활용하는 신세대적인 방식이었다. 가끔씩 외식을 하는 그런 기분이었다. 구역 모임도 부부 구역 모임 위주였는데 여자 권사님이 구역장을 해서 그런지 더 정감이 있었다. 남자 집사님들 모임은 연령대별로 활성화가 되어 있었고 나는 6남 전도회로 소속이 되었다. 아마도 50~60대 집사님들 모임이었던 것 같다.

구역 모임에서 또다시 아내의 폭탄 발언이 일어났다. 나눔을 했던 내용이 구체적으로 기억이 나진 않지만, 다시 태어나면 지금 아내와 다시 결혼할 것인지에 대해서 얘기했던 것 같다. 아내 전에 내가 먼저 얘기를 했고 당연히 지금 아내와 너무 행복하고 다시 태어나더라도 지금의 아내와 다시 결혼하겠다고 당당히 얘기를 했다. 다음은 아내의 차례였는데, 갑자기 아내가 감정이 올라와서 눈물을 글썽였다. 그러면서 나와 살아온 시간들이 너무 힘들었다고 얘기를 하면서 마침내 울음을 터뜨렸다. 나는 너무 당황했고 구역 식구들도 당황해하는 모습이 역력했다. 중요한 부위에 털이 나기 시작할 때 목욕탕에 갔는데, 갓 자라기 시작한 털을 너무 신경 쓴 나머지 나체 상태에서 양말을 신은 채 탕에 들어간 사건 이후에 가장 당황스러운 상황이었다. 벧엘교회에서의 유사한 사건으로 당황했던 것보다 더 당황스러웠는데, 이 교회에서는 그때보다 구역원들과 친밀감이 적었던 이유였을 것이다. 왜 이런 상황에서 이런 사람들 앞에서 저런 이야기를 했는지 도대체 이해가 되지 않았다. 난 내가 한 말(우리는 너무 행복해요) 때문에 너무 부끄러워서 고개를 들지 못했고, 구역 식구들은 피해자를 위로하듯 아내를 위로하고 있었다. 나는 고스란히 가해자가 된 느낌이었다. 구역 예배가 끝나고 집으로 돌아와서 아내에게 물었다. 왜 그랬냐고. 아내는 모르겠다고 간단하게 대답했는데 아마도 갱년기 호르몬이 원인인 것 같다고 또다시 핑계를 대었다. 역시 여자는 너무 어려운 존재였다. 나를 가해자로 만든 아내가 그래도 싫지는 않았는데 **이슈는 오픈이 되면 해결하는 것은 쉽다**는 확신이 있었기 때문인 것 같다. 그런 상황에서도 침착함을 유지하게 했던 하나님께 감사하다.

   1년간의 송파에서의 생활을 끝내고 주인아주머니와 조기 계약 마무리를 했다. 부동산 중개업을 하는 송파제일교회 구역 식구 여집사님의 도움으로 무사히 진행했다. 나중에 그 집사님으로부터 들은 이야기인데, 우리가 집을 깔끔하게 사용하지 않았다며 짜증을 많이 냈다고 했다. 미국에서 하던 방식대로 벽에 구멍을 뚫고 액자들을 걸었는데 그것이 문제가 되었다. 미국에서는 계약 종료 시에 데미지를 확인해서 보상을 해 주는 것이 일상화되어서 큰 문제가 되지 않았지만 한국에서는 계약 마무리를 그렇게 꼼꼼하게 하는 것이 아니어서 세입자가 끼친 데미지를 보상하는 절차를 밟지 않는 것이 일반적이었다. 주인아주머니의 까탈스러움이 유별나다고 생각했지만 입장을 바꾸어서 생각해 보니 나의 분별력 없는 행동이 부끄러웠는데, 그 주인아주머니에게 사과를 하고 싶었지만 그럴 기회는 주어지지 않앉다. **기회는 우리를 위해 절대 기다려 주지 않는다는 것을 다시 느꼈다.** 1년의 강남 생활은 배운 것도 많고 좋은 경험도 많았지만 마치 짝퉁 명품 옷을 입고 있는 듯한 그런 느낌의 생활이었던 것 같다.

| **갈라디아서 6:2** "서로의 짐을 지라 그리하여 그리스도의 법을 성취하라"

무사시노

마치 에스겔 37장 14절의 '마른 뼈 환상'을 연상케 했는데, 아들의 재능들이 지나온 시절을 통해서 조각난 상태로 나타나다가 그 조각들이 뼛조각 맞추듯이 서로 맞추어지는 것을 그제야 비로소 알게 된 것이다.

아들은 우리 부부를 깜짝 놀라게 하는 재주가 있다. 주기적으로 우리를 놀라게 하는 재주가 있는 것 같다. 이번엔 아들이 제대하고 나서 복학할 때쯤이었다. 동국대 복학을 안 하고 미술대에 다시 들어가겠다는 것이다. 한 번도 그림 그리는 것을 본 적이 없는데 미대에 들어가겠다는 말에 놀라지 않을 부모가 있겠는가? 그것도 어렵게 서울 사대문 안의 대학에 들어갔는데, 아무리 학과가 적성에 맞지 않더라도 대학 입시를 다시 한다는 것이 쉬운 의사 결정은 아니고 우리 부부의 성격에는 더더욱 납득하기 쉽지 않았다. 그러나 예전 EAP 때 대치동 상담사가 아들이 하고 싶어 하는 것을 지원해 주라는 말이 기억났고, 내키지는 않았지만 충실히 그때의 상담사 말을 따르기로 했다.

목표는 일본에 있는 미대를 이미 검토하고 있었던 것 같았다. 강남에 있는 '틈아트'라는 일본 미대 유학 대비 반에 등록을 했다. 우리 부부는 학원 홈페이지에 들어가 봤는데, 매년 꽤 많은 학원생이 입학을 하고 있었고, 아들이 목표로 하는 무사시노와 타마라는 일본 Top 2, 3 미대에도 열 명 정도의 입학생을 배출하고 있었다. 학원에 다니면서 여러 가지 작품들을 만들어 냈고 우리 부부에게도 보여 주었는데 우리가 몰랐던 아들의 재능에 놀라울 따름이었다.

마치 에스겔 37장 14절의 '마른 뼈 환상'을 연상케 했는데, 아들의 재능들이 지나온 시절을 통해서 조각난 상태로 나타나다가 그 조각들이 뼛조각 맞추듯이 서로 맞추어지는 것을 그제야 비로소 알게 된 것이다. 초등학교 4학년 때 레고를 가지고 엄청난 집중력을 발휘한 것과 중학교 때 여자 인형 옷을 입히고 머리를 빗기고 해서 디지털카메라로 사진을 찍었던 취미 활동과 고등학교 때는 찍은 사진을 포토샵으로 이리저리 조몰락거리며 자기 방에 틀어박혀 있던 모습과 그 사진들을 동호회 같은 곳에 올리고 동호회 활동을 한다며 돌아다니던 모습이 떠올랐다. 특히 같은 동호회 사람들이라며 보여 준 사진 속의 사람들이 정상적으로 보이지 않고 찌질한 모습이라 더 걱정이 되었지만 내색을 하지 않았던 그 장면들이 파노라마처럼 스쳐 갔다.

그 하나하나의 장면들은 결코 좋은 기억이 아니었는데 미대에 들어가겠다며 미술 공부를 하는 과정에서 그 조각들이 맞추어지는 것을 목격한 것이다. 뼛조각들이 맞추어지고 나면 힘줄이 붙고 살이 붙어서 놀라운 역량을 발휘할 것이라는 믿음을 우리는 갖게 되었던 것 같다. 각각의 조각들이 나타날 때 우리 부부는 그 조각들을 아무에게도 말할 수 없었는데, 대학 입시를 위해 열심히 달리는 일반적인 자녀들의 모범적인 경로와 크게 이탈된 모습이었기 때문이었다. 그러나 뼛조각들이 맞추어져 가는 과정상에서는 우리의 자랑거리가 되었는데, 미국 생활로 원어민 수준의 영어 구사 역량조차도 일본 대학 진학에 많은 인센티브로 작용한다는 얘기를 들었기 때문이었다. 도움이 될지 몰랐던 미국 생활 자체도 또 다른 조각이 되어 맞추어지고 있었던 것이다. 뼛조각들이 맞추어지고 나서는 힘줄이 붙는 것과 같은 일이 일어났는데, 3D 모델링을 하는 소프트웨어를 가지고 이리저리 놀고 있는 것을 곁눈질로 알게 되었다. 3D가 아들에게 새로운 도전이었는지 많은 시간을 3D에 몰두했는데, 우리는 아들이 새로운 흥밋거리로 집중력을 발휘하는 것 자체에도 즐거워했다.

미대 입시 준비는 원활히 진행되었다. 우리 부부는 미대 입학은 확신하고 있었던 것 같다. 아마도 뼛조각들이 맞추어지는 것을 알고 있기 때문이었을 것이다. 다만 어떤 대학이 될지는 확신이 없었는데, 동경대는 내신이 낮아서 어렵다고 생각했고 무사시노나 타마에 합격하면 좋겠다는 희망을 가졌다. 일본 대학 입시도 외국인 전형과 일반 전형이 있었는데 학원생들 대부분 외국인 전형을 선택했지만 아들은 일반 전형을 선택했다. 아마도 나를 닮아서 남들과 다른 것을 선택하는 것이 더 좋았기 때문이고 일본어도 원어민처럼 잘해서 일반 전형으로도 충분히 입학할 자신이 있었기 때문이었던 것 같다. 시험을 치러 갈 때 아들은 당연히 혼자 갔고, 나의 조언대로 면접에는 정장을 입었다. 나중에 들은 얘기지만 정장을 입고 온 입시생은 아들 혼자라고 했는데, 미대에서 창의성을 강조할 터인데 정장을 입은 입시생을 좋게 보지 않았을 것이라는 우려로 내가 정장 입기를 제안한 것을 엄청 후회했다. 실제적으로 면접관들에게 좋은 쪽으로 영향을 줬는지 아닌지는 알 수 없었고 아들은 무사시노대학의 공예공업디자인학과에 당당히 합격을 했다. 학원에서 일반 전형으로 입학한 학원생은 아들이 유일했는데, 그 유일성이 우리를 더 기쁘게 했고 우리의 자랑거리가 되었다. 학원 홈페이지에 공개되는 합격자 명단을 수십 번 열어 보았던 것 같다. 아들이 자라면서 마음 놓고 자랑 한번 못 했던 아내에게는 더 큰 자랑거리가 되었을 것이다. 특히 무사시노가 이중섭 화가가 나온 대학이라는 것이 더 좋았다.

아들이 입학한 때는 코로나19가 시작된 해였기에 많은 시련이 있었지만 우리 부부는 아들이 학업 생활을 하면서 보내오는 작품들을 감상하면서 즐거운 시간들을 보냈다. 그러나 우리의 여망과는 다르게 자주 보내 주지는 않았는데, 학업 생활을 소홀히 해서 그런지 아니면 아들의 원래 성격 때문에 그런지는 알 수 없었다. 코로나19로 인해 해외여행이 어려운 상태에서 아들이 잘 살고 있는지 알 방법은 카톡이 거의 유일한 수단이었다. 우리가 카톡 메시지를 보내면 메시지에 표시되는 '1'이 사라지면 읽어 봤다는 표시이므로 아들의 안전을 확인하는 방법이었다. 비상 연락망을 위해서 친한 친구의 연락처를 알려 달라고 했는데 이유는 모르겠지만 결국 알려 주지 않았다. 대부분의 경우 '1'이 사라지는 데 일주일이 걸렸고, 가끔은 일주일이 넘을 때도 있었다. 그 외에도 아들의 카톡 프로필을 확인해 보고 아들의 생활을 가늠해 보고자 했으나 낚시 사진 이후로는 바뀌지 않았는데 우리 부부와 소통하는 계정과 친구들끼리 소통하는 계정을 달리했기 때문이었을 것이었다. 아들이 먼저 연락 오는 경우는 유일하게 수업료를 내는 시기였는데, 그나마 수업료 내는 보람이 있었다. 부모는 다들 그렇게 자식의 해바라기로 살아야 하는 운명인 것이다. 내가 대학생일 때 아버지와 소통한 경험을 떠올려 봤는데, 아들보다 더 좋은 아들은 아니었던 것 같다. 만약 엄마가 더 오래 살아 계셨더라면 더 좋은 아들이 되었을지 의문이다.

아들의 알 수 없는 작품

  한번은 아들이 등 뒤에서 찍은 작업을 하고 있는 사진을 보내왔는데, 어떤 내용인지는 알 수 없었고 알려 주지도 않았지만 참 멋있다고 생각했다. 나에게 등을 돌린 상태에서 자기 세계에 빠진 아들의 모습이었지만 그 모습이 싫지는 않았다. 이제 완전히 홀로서기를 위한 준비를 끝낸 성인의 모습이었다.

당연한 것이지만 우리 부부의 기도 제목에는 아들에 대한 것이 항상 있다. 그중 좋은 여자 친구를 만나게 해 달라는 것이 첫 번째였다. 나도 젊었을 때 연애에는 재주가 없었는데 혹시 나를 닮지 않을지 걱정이 되었다. 아들이 보내 주는 영상이나 사진을 통해서 여자 친구의 흔적을 찾아보려 했지만 찾을 수는 없었다. 여자 친구가 없거나 아들이 철저히 흔적을 노출시키지 않는 경우 두 가지 모두 가능했다. 하지만 우리가 아는 아들은 무엇을 숨기는 데 그렇게 철저하지는 않은 스타일임을 잘 알고 있다. 아내와 함께 미래의 며느리에 대해서 얘기를 나눈 적이 있는데, 누구를 데리고 오든 사랑하고 아끼자고 다짐을 했다. 하나님께서 인도하심을 믿고 있다.

에스겔 37:7-10 "이에 내가 명령을 따라 대언하니 대언할 때에 소리가 나고 움직이며 이 뼈 저 뼈가 들어 맞아 뼈들이 서로 연결되더라 내가 또 보니 그 뼈에 힘줄이 생기고 살이 오르며 그 위에 가죽이 덮이나 그 속에 생기는 없더라 또 내게 이르시되 인자야 너는 생기를 향하여 대언하라 생기에게 대언하여 이르기를 주 여호와께서 이같이 말씀하시기를 생기야 사방에서부터 와서 이 죽음을 당한 자에게 불어서 살아나게 하라 하셨다 하라 이에 내가 그 명령대로 대언하였더니 생기가 그들에게 들어가매 그들이 곧 살아나서 일어나 서는데 극히 큰 군대더라"

PART 5

코를 찌르는 아픔 속의 은혜들

코로나19(COVID-19)

우리의 염려에도 불구하고 아들은 너무 의연하게 잘 대응을 했던 것 같다. 어쩌면 아들은 코로나19에 잘 적응할 특성들을 모두 다 타고난 것일 수도 있다는 생각을 했다. 온라인상에서 온 세계를 돌아다니며 글로벌하게 소통하는 아들이 미래의 인재상이 될 수도 있겠다는 희망적인 생각을 하며 우리의 외로움을 달랬던 것 같다.

코로나19 사태가 심각하게 돌아갔다. 이전에 한 번도 경험해 본 적이 없는 팬데믹이 전 세계를 휩쓸고 있었다. 어떠한 통계조차도 어떠한 매뉴얼조차도 참고할 것이 없었다. 인간이 가장 두려워하는 '불확실성'이 우리를 공포로 몰아넣었다. 코로나19가 어떠한 경로로 감염될지에 대한 상상을 했다. 공기를 통해서 감염되지 않기만을 바랐다. 만약 공기를 통해서 감염이 된다면 우리가 숨 쉬는 동안은 감염을 막을 수 있는 방법이 없다고 생각했다. 그러나 감염 경로에 대한 뉴스 기사에는 비접촉 상태에서 감염된 사례들이 소개되었다. 최악의 상황으로 발전하고 있었다. 중국 입국자를 막아야 한다는 전문가 의견들이 많았지만 정부는 그렇게 하지 않았다. 국내의 감염자 수도 계속 늘어나고 있었고 매일 그 숫자를 공중파와 인터넷을 통해서 업데이트하고 있었다.

그러던 중 대구 신천지를 통해서 코로나19가 급속하게 번지는 이슈가 터졌다. 공중파에서는 어떻게 이단 종교 집회를 통해서 코로나19가 폭발적으로 늘 수밖에 없는지를 폭로하고 있었다. 교회에서도 대구 신천지와 같은 희생양이 되지 않기 위해서 비대면 예배를 결정했다. 굉장히 어려운 결정이었을 것이다. 인류 역사상 감염병으로 인해 예배당을 비운 적이 한 번도 없었기 때문이고, 감염병이 무서워 피하는 모습이 믿음이 작은 것으로 비추어지기 때문이었을 것이다. 하지만 신천지 효과가 교회 지도자들이 그런 의사 결정을 하는 데 도움을 주었던 것이 분명했다. 우리 교회도 대면 예배를 중지하고 비대면 예배로 전환하였다.

　코로나19의 감염 경로가 입에서 입으로 비말을 통해서 공기 중으로 전염된다는 것이 밝혀졌고, 비말 차단용 마스크 확보 전쟁이 일어났다. 폭증한 마스크 수요를 공급이 당연히 따라가지 못했고, 정부에서는 약국에서 인당 살 수 있는 수량을 제한하기에 이르렀다. 우리는 KF24 인증 마스크를 될 수 있는 한 많이 확보하려고 부단한 노력을 했었고, 그에 더해 방독면과 산업용 방독 옷도 구매했다. 코로나19가 수년 전에 끝난 현재, 우리 집 창고에는 그때 구매해서 재고로 남아 있는 마스크가 종류별로 몇 바구니에 나누어져 자리를 차지하고 있다. 만약 팬데믹이 다시 터진다면 돈벌이가 꽤 될지도 모르겠다. 우리가 기침을 할 때 어떻게 해야 하는지를 체계적으로 교육도 했는데, 우리의 비말이 공기 중으로도 전파되지만 손을 통해서도 전파되기에 손을 깨끗이 씻거나 기침을 할 때 손바닥으로 입을 가리는 것이 아니라 팔 쪽으로 기침을 하도록 하는 것이었다. 특히 기침을 할 때 손바닥으로 입을 가리는 우리의 습관이 꽤 오래갔는데, 팬데믹이 끝나고 나서야 그 습관을 완전히 바꿀 수 있었다.

　코로나19 의심 증상이 나타나면 병원에 가서 검사를 받아야 했는데, 초기에 확진이 된 사람들에게는 도시별로 지원금과 지원 물품이 제공되었다. 어느 정도 시간이 흘러서는 지원금과 물품 지원이 사라졌는데, 나는 지원이 사라질 즈음에 코로나19 확진을 받았다. 장인어른이 돌아가셨을 때였는데, 둘째 동서가 장례식에서 코로나19를 퍼트린 것으로 의심되었고 몇 주를 집 안에서 격리되어야만 했다. 나는 기저 질환자로 분류가 되어서 지자체로부터 특별 관리를 받았는데, 매일 두 번씩 보건소로부터 전화 연락을 받는 특권을 누렸다. 내가 발병을 하고 난 일주일 뒤에는 아내도 의심 증상이 나타났는데, 확진 검사를 받지 않고 자가 격리만 진행을 했다. 확진 검사 및 신고를 해 봐도 자가 격리 외에는 특별히 관리해 주는 것이 없다는 것을 나의 사례를 통해서 확인한 경험치가 있었기 때문이었다. 해열제는 내가 처방받은 것을 나누어 복용했는데 정부에 신고도 안 하고 몰래 숨어서 치료하는 것에 대한 죄책감이 아주 조금 들긴 했었다. 그리고 코로나19 검사 자체도 큰 고통이었는데, 코를 찌르는 아픔이 짜릿했다. 한 번도 경험한 적이 없는 코 찌름은 두 번 다시는 하기 싫은 경험이었다. 검사자가 엄청나게 긴 면봉으로 순간적으로 코를 찌를 때면 눈물이 핑 도는 경험이 필수였다. 그 느낌이 고통이었다기보다는 그 느낌 자체가 너무나 싫었다.

코로나19 때 그린 심심풀이 그림

백신 접종도 큰 이슈가 되었다. 우선 백신 개발과 공급이 문제였다. 러시아에서 백신 개발이 먼저 되었던 것 같은데, 그 신뢰성 문제로 인해 서방 국가에서는 러시아 백신을 기피했고, 중국의 백신도 마찬가지였다. 미국 백신이 개발되었을 때에는 공급이 문제가 되었는데, 모더나와 화이자의 주가는 천장 높은 줄 모르고 올랐다. 한국에도 백신이 공급되기 시작했을 때에는 연령대별로 순서를 정했던 것 같다. 우리에게 순서가 돌아왔을 때는 백신의 종류를 선택할 수가 없었고 모더나가 더 좋다고 소문이 났지만 화이자가 배정이 되었던 것 같다. 백신의 효능도 시간이 지남에 따라 떨어진다고 해서 어느 정도 지나서는 다시 접종을 해야 했다. 그때쯤에 앱이 개발되었고 나의 접종 상황을 통해서 몇 번 접종을 했고 다음 접종 시기를 알려주었다. 백신이 개발되고 공급이 원활해지면서부터 팬데믹이 수그러졌다.

회사에서는 원격 근무가 일상화되었다. 코로나19가 한창일 때는 모든 직원이 재택근무를 했었고 임원들은 출근을 했는데, 내가 코로나19 확진을 받고 나서는 재택을 할 수 있었다. 재택근무는 처음에는 좋았다. 출퇴근하는 시간을 아낄 수 있어서 좋았고, 회식을 안 해서 좋았다. 점심시간에는 낮잠도 잘 수 있었는데 30분 정도는 깊은 꿀잠을 즐겼었다. 그러나 지속되는 재택에 여러 가지 안 좋은 점도 생기기 시작했다. 우선 아내가 힘들어했다. 아내의 개인 시간이 줄어들었고 매일 세 끼를 준비해야만 했다. 나도 불편한 점이 있었는데, 골방에서 이탈하면 죄책감이 들었고 지속되는 영상 회의로 인해 귀가 많이 아팠다. 결론적으로 너무 피곤했다. 업무를 지시받는 입장에서는 효율적인 업무를 할 수 있었지만, 업무를 지시하는 입장에서는 직원들을 통제하는 데 효율이 떨어졌다. 어떤 직원들은 재택근무를 하면서 편법을 사용하기 시작했고 회사는 그 편법을 잡기 위한 방법을 고안해 냈는데, 재택근무의 가이드라인이 만들어졌고 많은 직원이 경징계를 받기까지 했다.

해외 현지 법인에서도 많은 시행착오를 거쳤다. 특히 미국 법인과 유럽 법인에서 여러 가지 고통이 많았다. 인도에서 Off-Shoring을 시작한 직후에 코로나19가 터졌고, 인도에서 원격으로 미국과 유럽의 시스템을 운영하는 것이 정착되지 않았는데, 인도 IT 인력의 인건비가 배로 뛴 것이 가장 큰 원인이었다. 그리고 인도에서도 사무실로 출근해서 일하는 것이 아니라 집에서 원격으로 근무하다 보니 어떤 사람은 이중 삼중 취업을 하고 있는 형태도 다반사였다. 그렇다 보니 비용 절감을 위해 진행한 Off-Shoring은

첫발부터 정상으로 동작하지 않았고 고객사들의 원성이 자자했다. 나중에는 다시 로컬 운영으로 되돌렸는데 그로 인한 비용 낭비와 우리 회사의 위상은 많이 떨어졌다. 실제 Off-Shoring을 기안한 자는 내가 아니었지만 Off-Shoring을 책임지는 자리에 있을 수밖에 없는 상황이 되었고 로컬 운영으로 롤백하는 것을 깔끔하게 처리하고서야 마음을 놓을 수 있었다.

그때 아들은 일본에서 혼자 유학 생활을 하고 있었는데, 수시로 마스크 확보 상황이며 백신 접종 상황을 모니터링했었다. 일본이라고 해서 우리나라와 특별히 상황이 다른 점은 없었으나 우리 눈으로 볼 수 없었던 점과 아들과의 소통이 원활치 못한 점이 우리를 괴롭혔다. 우리의 염려에도 불구하고 아들은 너무 의연하게 잘 대응을 했던 것 같다. 어쩌면 아들은 코로나19에 잘 적응할 특성들을 모두 다 타고난 것일 수도 있다는 생각을 했다. 온라인상에서 온 세계를 돌아다니며 글로벌하게 소통하는 아들이 미래의 인재상이 될 수도 있겠다는 희망적인 생각을 하며 우리의 외로움을 달랬던 것 같다.

아마도 코로나19 시기에 태어난 아이들과 대학 생활을 한 학생들은 특별한 특성들이 있을 것이다. 미래에는 코로나19 시대의 사람들을 어떻게 평가할까? 그들이 어른이 되었을 때 어떤 사회적 이슈들을 만들어 낼까? 원래도 아버지와 아들의 소통은 쉽지 않은데 코로나19 시대에 대학 생활을 한 아들과의 소통은 분명히 더 어려울 것이 자명할 것이다. 코로나19가 시작되고 몇 년이 지났지만 코로나19 시대와의 소통에 대한 강습 같은 것은 아직 없는 것 같다. 코로나19 시대의 사람들이 특별한 사회적 범죄나 이슈를 만든 것도 아직은 없는 것 같다. 어쩌면 코로나19가 생각보다 큰 영향을 주지 않을 수도 있고, 어쩌면 시간이 좀 더 지나 봐야 할 것 같기도 하다.

> **마태복음 6:34** "그러므로 내일 일을 위하여 염려하지 말라 내일 일은 내일이 염려할 것이요 한 날의 괴로움은 그 날로 족하니라"

엘센트로

그런데 아파트 가격이 올라갈수록 미안한 마음도 커져 갔는데, 우리에게 아파트를 팔았던 장애인 부부의 마음을 상상해 보았기 때문이었다. 우리가 특별히 잘못한 것은 아니지만 그분들에게 죄를 지은 듯한 느낌이 들어서 마음이 편하지는 않았다.

아내는 캘리포니아로 가기 전에 인덕원역 근처에 있는 농어촌공사 자리에 신규 아파트로 입주 예정인 엘센트로아파트를 지인들의 도움을 받아서 웃돈(Plus Fee)을 주고 구매했다. 기존에 살던 아파트를 전세 놓아서 여윳돈이 생긴 탓에 그 돈을 투자할 수 있었던 것이다. 울산의 리비에르아파트와 동해 고래불 농지의 악몽에도 불구하고 한 번 더 부동산에 도전을 했던 것이다. 투자를 결정하기 전에 나에게 몇 번이나 의견을 물어봤고 나도 흔쾌히 동의를 했다. 아파트가 들어설 부지가 너무 좋은 부지였는데, 감사원에 다니는 둘째 동서가 탐낼 만큼 신뢰가 갔기 때문이었다. 그리고 더 이상 학군을 고려할 필요가 없었기 때문에 학군이 좋지 않은 의왕 지역이어도 푸르지오에서 짓고 있고 인덕원역에서도 가깝고 용적률도 엄청 좋고 주위 환경도 좋은 점 등 장점이 많았다. 아내와 부동산에 가서 공인중개사가 설명하는 내용을 같이 들었는데, 아내는 잘하는 중개사라고 칭찬을 아끼지 않았지만 내 눈에는 사기꾼으로만 보였다. 아마도 내가 처음 보는 사람들을 부정적으로 보는 경향이 있기 때문이거나 부동산에 대한 실패의 경험으로 공인중개사에 대한 이미지를 안 좋게 생각했기 때문이었을 것이다.

웃돈은 1.4억을 줬는데, 아파트에 당첨된 집주인은 얼굴은 보지는 못했지만 장애인 부부라는 것을 알게 되었고 좀 더 일찍 계약을 해서 더 적은 웃돈으로 계약할 수 있는 기회를 놓친 점을 아쉬워했다. 코로나19 시대에 왜 집값이 천정부지로 올랐는지는 기억나지 않았는데, 우리가 준 가격 이후로는 웃돈이 더 이상 오르지 않았다. 아내는 또 한 번의 부동산 악몽을 두려워했고, 나는 어차피 우리가 살 집이면 집값이 떨어지더라도 염려할 것이 없다며 안심을 시켰다.

코로나19 때 공정이 차곡차곡 진행되는 아파트를 구경하는 것은 또 다른 즐거움이었다. 팸플릿에 있는 아파트 레이아웃을 보면서 우리 미래의 아파트 동을 상상하며 차를 길가에 잠깐 세워 놓고 건설 기중기가 우뚝하니 서 있는 모습을 보는 우리를 누가 봤다면 참 우스웠을 것이다. 그만큼 우리의 실질적인 첫 새 아파트에 대한 소망은 간절했다. 우리의 엘센트로 여행은 송파에 사는 동안 계속되었고 아파트 층수가 올라갈수록 그 즐거움은 더 커져 갔다. 그러나 층수가 올라갈수록 우리의 조바심은 더해 갔는데, 시간이 더 더디 갔기 때문이었다. 그렇게 2019년 겨울은 추웠지만 하나도 춥지 않았다.

더디게 기다리던 2월이 왔다. 엘센트로 입주가 시작된 것이다. 2천 세대가 조금 안 되는 규모였는데, 헬리오시티의 규모에 비하면 오 분의 일밖에 되지 않아서 단지가 생각보다 좁아 보였다. 다만 아파트 동 간 간격은 엄청 넓어서 헬리오시티에서의 프라이버시 침해 걱정은 안 해도 되었다. 상가도 장점이 많았다. 일반적인 신규 아파트와는 달리 집 앞의 상가가 이미 발전되어 있어서 아파트 내에 신축된 상가의 입주가 늦어지더라도 전혀 불편함이 없었다. 그리고 레이아웃도 잘 빠져서 구석구석 수납공간들이 많아서 우리의 물건들이 여유롭게 자리를 잡았다. 특히 미국에서 산 사이즈가 큰 벽시계와 아치형 거울이 거실에 잘 어울려서 기분이 좋았다. 다른 집들은 입주하기 전에 큰돈을 들여서 개조를 많이 했는데, 우리는 이해가 되지 않았다. 개조하지 않은 그 상태로도 아주 멋지게 보였기에 추가적인 개조 비용을 지출할 필요도 없었다. 이전에 산 가구들이 모두 이 집에 맞추어 산 가구인 양 조화를 잘 이루었다. 34층에서의 학의천을 넘어서 바라보이는 전망도 참 좋았다. 아파트 숲을 지나서 보이는 산들도 병풍처럼 둘러싸여 멋진 경관을 자랑했다. 커튼은 새로 해야만 했는데 기존의 커튼을 다 버려야만 했다. 집을 이사할 때마다 새롭게 커튼을 해야 하는 상황들이 이해는 가지 않았지만 딱히 내가 생각해도 방법이 있을 것 같지 않아서 더 이상의 짜증으로 발전하지는 않았다. 주문한 커튼이 와서 마지막 단장이 된 우리 집은 아주 멋진 집이 되어서 우리는 엄청 좋아했다.

우리 아파트가 의왕에서 대장 아파트로 여겨졌던 것도 즐거움이었다. 입주하고 나서 아파트 가격은 천정부지로 올랐고 기사에도 나올 만큼 화제가 되기도 했다. 나중에는 산 가격의 두 배까지 올랐는데 내가 노력해서 한 것도 아닌데 뿌듯했고 아내가 그렇게 예뻐 보일 수가 없었다. 한동안 아파트 매매 플랫폼에서 아파트 가격을 조회하고 우리 아파트를 조회하는 회원 수가 가장 많아서 앱상에서 우리 아파트에 왕관이 표시되어 있는 것을 보는 것이 즐거움이었다. 그런데 아파트 가격이 올라갈수록 미안한 마음도 커져 갔는데, 우리에게 아파트를 팔았던 장애인 부부의 마음을 상상해 보았기 때문이었다. 우리가 특별히 잘못한 것은 아니지만 그분들에게 죄를 지은 듯한 느낌이 들어서 마음이 편하지는 않았다. 그래서 그랬던 것일까? 기존에 보유하고 있던 꿈마을 현대아파트를 팔고 나서 가격이 크게 올라 그 죄책감은 조금은 상쇄가 되었다. 우리 중년의 재정 상태가 열심히 일한 것과 상관없이 운에 좌우되는 현실이 안타까웠지만, 그래도 그 운이 우리에게는 나쁜 쪽으로 치우지지 않음에 감사했다. 회사 임원들 중에서 안 좋은 쪽으로 풀려서 주재원 복귀 후 집도 없이 가난한 생활을 하는 경우도 꽤 많았다. 아내는 어쨌건 부동산 트라우마에 드디어 벗어날 수 있었다.

아파트 주위에 카페도 여러 개 있어서 좋았다. 브런치를 먹을 수 있는 '쎄봉'은 많은 사람이 방문해 책도 읽고 브런치도 먹었는데, 좋은 자리를 차지하려는 경쟁이 꽤 있었다. 스타벅스도 좋은 위치에 자리 잡고 있었는데, 젊은이들이 노트북을 펼쳐 놓고 열공을 하고 있는 한구석에 중년의 남자가 오랫동안 자리를 차지하고 있는 모습은 어색해 보였다. 나중에는 투썸플레이스와 '오픈커피'가 더 생겼고 작은 카페들을 몰살시켰다. 큰 카페가 4개나 있으니 나중에 내가 퇴직하면 하루씩 돌아가며 이용하면 되겠다는 생각을 했는데 실제로 그렇게 하지는 않았다. 어쨌든 집 앞에 좋은 카페가 4개나 있다는 것은 큰 장점이었다.

아파트 주위로 산책할 수 있는 공간이 좋았다. 아파트 내에서도 공간이 많아서 아이들이 안전하게 뛰어다닐 수 있었고, 세심하게 설계했는지 아니면 우연한 결과인지 겨울에 눈이 오면 눈썰매를 탈 수 있는 언덕도 있었다. 가장 좋은 것은 학의천과 백운호수로 연결된 산책로였다.

학의천(鶴儀川)은 학이 거니는 시내라는 의미인데 학은 없었지만 왜가리와 쇠백로들이 학을 대신해서 거닐고 있었다. 그리고 오리들이 많았는데 봄이 오면 오리 새끼 떼의 재롱을 한없이 볼 수 있었다. 한번은 고라니도 볼 수 있었는데, 어디에서 내려왔는지 알 수는 없었다. 아마도 주위 산에서 아주 먼 길을 돌아왔을 것인데, 어떻게 돌아갈지 걱정이 되었다. 학의천 주위로 시절 따라 피는 꽃을 보는 재미도 쏠쏠했다. 아주 흔한 벚꽃도 있었고 한 번도 본 적 없는 꽃도 있었다. 핸드폰 앱으로 꽃 이름을 찾는 것도 재미있었는데 잘 외워지지는 않았다. 아주 자유롭게 다양한 모습으로 학의천을 배경으로 살아가는 동식물들과는 달리 인간들은 정해진 길로 마스크 안에 어떤 표정이 숨겨져 있을지 모를 무표정한 표정으로 로봇처럼 걸어 다니는 모습이 참 대조를 이루었다. 우리도 학의천을 따라 산책하면서 다른 사람들로부터 코로나19가 옮을까 봐 될 수 있으면 숨을 멈추고 최대한 떨어져 빠른 걸음으로 걷곤 했다.

학의천을 따라 30분 정도 걸으면 백운호수(白雲湖水)에 다다를 수 있었다. 이름에 있듯이 아침이면 멋진 안개가 구름처럼 보이기도 했다. 호수를 둘러 산책로가 잘 조성되어 있어서 많은 사람이 코로나19의 힘든 시간들을 호수를 배경으로 견뎌 내고 있었다. 호수 주변에서는 텃밭도 구경할 수 있었는데, 계절 따라 텃밭의 꽃과 열매를 구경하는 재미가 있었다. 흰 오리 한 마리도 있었는데, 우리는 '순복'이라는 이름으로 불렀다. 나중에 그것이 오리가 아니라 거위였다고 알게 되었지만 순복이는 그대로의 순복이었다. 왜 순복이라고 불렀는지는 정확하지 않다. 백색의 털을 갖고 있기도 했고, 우리 둘의 이름이 들어간 듯하기도 해서 우리 둘만이 간직하기엔 최적의 이름이라고 생각했다.

몇 년 후에 순복이의 자취를 볼 수 없었는데, 짐승들에게 잡아먹혔는지 병들어 죽었는지 알 수는 없었다. 외롭게 보였지만 자살하지 않았다는 것은 분명했다. 순복이의 실종에도 불구하고 백운호수는 여전히 아름다웠고 많은 사람이 찾았다.

호수 주위에 맛집들도 많았는데, 장어구이 가게를 많이 이용했다. 장어가 당뇨에 좋지 않다는 말을 들은 후로는 갑오징어 가게와 두부 요리 가게를 주로 이용했다. 카페들도 많았는데 새로 생기는 카페들과 비교해서 그리 좋지는 않아서 많이 이용하지는 않았다. 코로나19가 지나서는 대형 쇼핑몰이 생겼는데 '타임빌라스'라는 멋진 이름의 아울렛으로 명품 브랜드는 적었지만 아이와 애완동물을 데리고 쇼핑하기에 최적의 공간을 제공했다. 우리는 쇼핑도 하고 걷기 운동도 할 수 있어서 자주 이용했다. 나중에 '타임빌라스'라는 이름을 다른 곳에 빼앗기고 말았는데, 그 이후에도 우리는 계속 타임빌라스라고 불렀다. '의왕 프리미엄 아울렛'이라는 새로운 이름은 영 마음에 들지 않았는데, 이름이 주는 이미지가 꽤 크다는 것을 느꼈다.

학의천을 왼쪽으로 따라가면 청계산(淸溪山)이 나오는데 맑은 개울이라는 의미가 있는 산이다. 청계산 아래에는 청계사라는 절이 하나 나오는데 한 번 가 보고는 다시 가 보지 않았다. 산 아래로 맑은 개울이 있어서 여름이면 더위를 식히는 사람들로 북적였다. 우리는 청계산 쪽보다는 백운호수 쪽을 더 선호했는데, 이유는 산책할 수 있는 거리가 더 적당(만 보 거리)했기 때문이고 더 다양한 볼거리가 있었기 때문이다.

우리 집은 아파트만이 아니라 아파트 주위의 상가들과 개울, 그리고 개울과 연결된 산과 호수, 쇼핑몰들이 다 함께 연합되어 구성되고 가치가 매겨지는 것 같다. 그동안 우리가 살았던 집들과 비교해 보면 가장 좋은 집이었고 그곳에서 많은 좋은 일이 일어난 것 같다. 코로나19 시기에 입주를 했고 기나긴 코로나19를 극복한 우리의 중년은 여유가 있었고 풍요로웠다. 아파트 주위의 환경들도 월판선, GTX-C 등을 포함해서 더 좋게 더 편리하게 가꾸어지고 있었다.

> **히브리서 13:3** "너희도 함께 갇힌 것 같이 갇힌 자를 생각하고 너희도 몸을 가졌은즉 학대 받는 자를 생각하라"

세 번의 일본 여행

아들은 두 가지 얼굴이 있다. 남들과 대화할 때면 참 멋있는 청년의 모습이었다. 목소리도 멋졌다. 특히 영어나 일본어로 얘기할 때면 더 멋지게 보였다. 그러나 우리와 대화하는 모습은 전혀 멋진 모습이 아니었는데, 그냥 사춘기 아들이었다.

우리의 기억은 정확하지 않을 때가 있다. 어쩌면 기억이 정확하지 않은 것이 더 자연스럽기도 하고 오히려 기억이 흐린 상태로 그대로 두는 것이 더 좋을 때도 있는 것 같다. 나는 좋은 기억은 그나마 정확하게 기억하는 반면 좋지 않은 기억은 기억에서 쉽게 사라지거나 명확하지 않게 기억되는 경향이 있는 것 같다. 아마도 나를 보호하려는 본능에 의한 것인지 그것조차도 흐린 기억 속에서 착각을 하고 있는지는 알 수 없다. 어떤 것들은 기억 속에서 아주 지워 버리고 싶은데, 또 어떤 경우는 그 기억이 정확하지 않아 곤란할 때도 있다. 이런저런 경우를 다 고려하더라도 과거에 대한 기억이 흐려진다는 것이 그리 나쁜 것은 아닌 것 같다. **어떤 사람은 "잊는 것이나 잊히는 것이 축복이다."라고까지 했다.**

가족 여행으로 일본 여행을 여러 번 갔는데도 기억들이 흐릿해지는데, 그 이유는 좋지 않은 기억 때문은 아니고 여러 번 다녀와서 순서와 장소들이 뒤죽박죽 섞여 기억되고 있어서인 것 같다. 일본 여행을 여러 번 다녀온 것은 당연히 아들 때문이었다. 아들이 중학교 다닐 때부터 일본 애니메이션에 관심을 가졌고 일본 문화에 관심을 가지게 되었기 때문이다. 사춘기를 상당히 호되게 보내던 아들과 가족 여행을 다녀올 수 있는 곳은 일본이

유일했을지도 모른다.

처음 여행은 도쿄였던 것 같다. 모든 일정은 내가 잡았고 아내와 아들은 내가 잡은 일정대로 움직였다. 아내들이 여행 일정을 잡는 가족이 참 부러웠다. 아내가 여행 일정 수립에 전혀 관여하지 않고 또 그럴 의사가 전혀 없음이 좀 아쉬울 때가 있다. 회사에서는 항상 수행하는 직원들이 있어서 세부 일정을 잡을 필요가 없는데, 가족 여행을 위해서 세부 일정을 잡는 그런 수고가 싫었다. 그러나 아내에게는 그런 달란트가 없었고 내가 리드하는 대로 따라오는 그런 재주는 많았다. 내가 실수를 하더라도 짜증 내지 않았고 내가 잡은 장소가 시시하더라도 얼굴 한 번 찌푸리지 않았다. 내가 아내를 위해 할 수 있는 것이 있을 때 그것을 즐기자고 다시 다짐을 했고, 그런 측면에서 여행 일정을 잡는 것이 즐거웠다. 아내들이 외식을 좋아하는 이유가 음식을 차리고 설거지하는 수고를 하지 않아서이고, 남편이 음식을 차린다고 할 때 좋아하는 이유가 남편이 해 주는 음식을 먹고 싶은 것이 아니라 음식 차리는 수고를 하지 않아서라는 그 단순한 이유와 비슷하게 아내는 내가 잡은 여행 일정에 감사했고 충분히 즐겼다.

도쿄의 유명한 곳은 대충 돌아봤던 것 같다. 하라주쿠, 아키하바라, 오다이바, 신주쿠 등을 간 기억이 난다. 우리 세 명 모두 일본어를 하지 못했는데 '스미마셍', '아리가토 고자이마스' 등 몇 가지 기본 단어만 알 뿐이었다. 길을 물을 때면 '스미마셍'을 멋들어지게 하고는 영어로 물었는데 시원하게 대답해 주는 경우는 별로 없었던 것 같다. 일본인들이 한국 사람들에게 친절하지 않은지 원래 낯선 사람들에게 부끄러움을 많이 타는지는 알 수 없었다. 음식점에서는 신용 카드를 받지 않는 경우가 많아서 항상 현금을 많이 들고 있어야 했고 거스름돈은 쌓여 가기만 했다. 지하철에서 여장을 한 남자를 본 기억이 나는 흐릿하지만 아내는 그 기억이 또렷했는지 내가 안다고 생각하고 여러 번 말했는데, 기억이 나지 않는다는 말을 하기가 싫어서 그냥 아는 척했다. 우리는 가끔 아는 척하는 경우가 있는데, 남을

속이려는 의도가 아니라 모른다고 했을 때 일어날 여러 가지 수고를 회피하기 위한 것이고 그것이 우리의 본능 속에 자연스럽게 프로그램으로 기록된 것 같았다. 아마도 에너지 효율을 높이기 위한 방법일지도 모른다.

도쿄에서

하루는 밤에 사람들이 기모노를 입고 한쪽 방향으로 걸어가길래 우리도 따라가 보았다. 아주 멋진 불꽃놀이를 하고 있었고 우리는 젊은 사람들이 기모노를 입고 즐기는 모습이 참 부럽다고 생각하며, 우리가 한복을 입고 불꽃놀이를 즐기는 장면을 상상해 보았는데 영 어색해 보였다. 문화라는 것이 그냥 남을 따라 해서는 되는 것이 아닌 것 같았다.

첫 일본 여행이 있고 한참이 지났던 것 같다. 아들이 자기 혼자 일본 여행을 할 거라며 비행기 표와 호텔을 예약해 달라고 했다. 집 앞 슈퍼도 혼자 가지 않는 부끄러움 많은 아들이 혼자 일본 여행을 한다고 했을 때 믿기지 않았고 걱정도 되었고 대견기기도 했다. 아직 중학생인데 혼자 일본 여행을 하는 것 자체가 가능한지도 모를 일이었다. 비행기는 보호자 없이도 탈 수 있는 것인지, 호텔에서는 미성년자 혼자 체크인을 허용하는 것인지 알 수가 없었다. 우리가 반대해도 소용이 없다는 것을 알고 있었고, 또 혼자 여행한다는 그 자체가 대견스러워 항공권과 호텔을 예약해 줬다. 내가 어렸을 때 우리 부모님은 너무나 수줍음이 많았던 내가 걱정이 되었고, 초등학생(그 당시는 국민학생) 때 멀리 떨어진 시장에서 물건을 사 오라는 심부름을 시킨 것이 기억이 났다. 수줍음을 극복하고 그 물건을 사서 집에 돌아왔을 때 기뻐했던 부모님들의 얼굴이 아들이 혼자 여행 간다는 이야기에 기뻐했던 우리의 얼굴과 오버랩되었다. 아들은 항상 우리의 상상력을 뒤로하고 놀라게 하는 것에 익숙해지는 것 같았다. 일본 가는 길에 내 신용카드를 쥐여 줬는데, 혹시나 모를 상황을 위한 대비용이기도 했고 또 많은 호텔이 신용 카드로 결제하는 상황을 알고 있기 때문이었다. 그리고 카드 결제 내용을 보면 아들의 행방을 알 수 있는 이점도 있기 때문이었다. 아들의 일본 단독 여행은 아무 탈 없이 끝났고, 자세한 이야기를 듣고 싶었지만 들을 수는 없었고 몇 장의 사진만 볼 수 있었다. 우리는 아들이 자랑스러웠다.

다음 여행은 아들이 고등학교 다닐 때 갔었던 것 같다. 이번에는 오사카로 갔는데 모든 일정은 아들이 정했다. 내가 일정을 잡지 않고 아들이 정한 일정에 따라 여행을 가는 것이, 아마도 아내가 외식을 좋아했던 것과 비슷한 느낌이었을 것이다. 가장 기억에 남은 것은 오사카 근교에 위치에 있는 난텐엔 료칸에서 하루를 보냈던 것이다. 일반실로 예약을 했는데 방이 2층으로 배정이 되어 마음에 들지 않아서 더 좋은 방으로 변경을 했다. 변경한 방은 완전히 별채로 된 독립 공간(패밀리룸)이어서 우리 가족이 오붓하게 보낼 수 있었다. 가격은 몇 배나 비쌌는데 그때 한국 돈으로 백만 원 정도 했던 것 같다.

욕실도 단독으로 노천탕이 마련되어 있었고, 야외에서 아내랑 뜨거운 물에 우리의 몸을 담그는 기쁨을 마음껏 누렸다. 노천탕의 묘미인 누가 훔쳐보는 듯한 두려움이 묘하게 그 즐거움을 배가시킨 것이다. 음식도 아주 좋았는데 같이 제공되는 사케와 더불어 음식이 마치 예술 작품 같아 보였고 그만큼 맛도 좋았다. 아들이 방을 바꾸는 과정에서 지배인과 일본어로 얘기를 나누었는데, 아들의 일본어 실력에 감탄을 했고 또 아들이 부쩍 성장한 모습에 우리 부부는 뿌듯해했다. 노천탕에서 샤워를 한 후 기모노를 입고 산책을 했는데, 우리 가족 모두 기모노가 잘 어울린다고 생각했다. 한복을 언제 마지막으로 입었는지 기억에도 없는데 기모노를 입고 있는 우리 모습이 참 우스웠다. 하룻밤은 짧았지만 좋은 기억으로 남기고 기차를 타고 오사카시로 이동을 했다. 시골길을 다니는 기차를 탔는데, 시골 역의 정겨움과 시골 기차의 여유로움을 마음껏 누릴 수 있었다.

오사카시에서 기억나는 것은 음식점에서 먹은 음식이다. 음식 그 자체보다도 음식을 내오는 작은 솥과 그 솥을 뜨겁게 달구는 초와 같은 것들이었다. 그것들이 너무 갖고 싶었었는데, 가게에서는 팔지 않았고 다른 곳을 추천해 주었는데 결국 사지는 못했다. 나중에 한국에도 그런 것들이 유행을 했고 몇 가지 사서 직접 해 보았지만 그때의 그런 정취나 맛은 나지 않았다. 역시 음식의 맛이란 것도 문화와 비슷해서 흉내 내서 될 수 있는 것이 아니었다. 그 음식 맛을 구성하는 것은 매장의 분위기와 사람들과 우리의 기분까지도 연합이 되는 것이다.

오사카성을 둘러봤는데 날씨가 얼마나 더웠는지 더웠던 기억밖에 없고, 유명한 오사카성은 다른 도시의 성들과 별반 다를 것이 없어 보였다. 더운 날씨에 시내에서 버스배를 타고 이동하면서 더위를 식힐 수 있어서 그나마 다행이었다. 오사카에서 지하철을 몇 번 탔었는데 참 신기했다. 서울의 지하철과는 분명히 구별되는 것이 있었는데, 한 플랫폼에 여러 경로의 기차들이 1분 간격으로 서고 가고를 반복했다. 바닥에 경로별 대기하는 곳이 표시되어 있었는데, 서울 지하철 경험만 있는 우리는 그 시스템을 이해하는 데 한참이 걸렸다. 그래도 아들은 적응을 쉽게 했는데 아들 없이 우리만 지하철을 탔을 때 몇 번의 시행착오를 거치고서야 호텔로 돌아올 수 있었다. 아들은 두 가지 얼굴이 있다. 남들과 대화할 때면 참 멋있는 청년의 모습이었다. 목소리도 멋졌다. 특히 영어나 일본어로 얘기할 때면 더 멋지게 보였다. 그러나 우리와 대화하는 모습은 전혀 멋진 모습이 아니었는데, 그냥 사춘기 아들이었다. **우리는 여러 가지 모습을 하고 있는 것 같다. 나 또한 어떤 사람에게는 몇 가지 모습이 있을 것이다.**

세 번째 여행은 홋카이도였고 아들이 대학생일 때였다. 물론 코로나19가 진정이 된 이후였고 모든 일정은 역시나 아들이 정했다. 우리는 인천에서 도쿄 나리타 공항으로 날아갔고 공항 내 호텔에서 아들과 조인을 했다. 나리타 공항에서 삿포로 공항으로 함께 동행했고 거기에서 차량을 렌트했다. 렌트 예약은 내가 했고 렌트 사무실에서 직원과 함께 영어로 힘겹게 여러 가지 사항을 확인하고 있었다. 내 생각으로는 아들이 좀 도와줄 것이라고 생각했지만 아들은 전혀 그러지 않았고, 내가 좀 도와달라고 했을 때 비로소 개입을 했다. MZ 세대의 특징 중 하나로 쓸데없는 간섭을 안 하는 경향이 있는 것 같았고, 같이 여행하는 부모의 렌터카 계약에 나서는 것도 쓸데없는 개입의 범주에 있는 것이었다. 렌터카 직원은 일본어 소통에 안도하는 모습이었고 아들의 목소리에는 어떤 힘이 있는 듯했다. 직원은 우리 가족을 이상한 가족쯤으로 보는 것 같았는데 그럼에도 불구하고 일본어로 소통하는 우리 아들의 모습은 너무 멋져 보였고, 나보다 더 커져 가는 모습이 보기 좋았다.

홋카이도는 미국 앨라배마 같은 느낌이 있는 곳이었다. 땅이 넓어 사람이 많이 보이지 않는 것과 가게들이 마치 미국의 상가들처럼 주차장이 넓었고 단층으로 여유롭게 지어져 있었다. 넓은 땅에 농사를 짓고 있는 모습도 마치 앨라배마의 농장과 흡사한 점이 많았는데 참 여유롭고 평화로워 보였다. 다만 시골이라 젊은 사람들이 많지는 않아 보였고 버려진 농가도 많아 보였다. 오른쪽 운전석으로 운전하는 것은 의외로 헷갈리지 않았다. 일본 운전자들의 운전 매너가 엄청 좋아서 오히려 한국에서 운전하는 것보다 더 쉬웠다. 차를 타고 홋카이도 해변을 둘러봤는데 일본이 왜 외부의 침략을 당하지 않았는지 조금이나마 이해가 되었다. 해변이 높은 절벽으로 되어 있었고 파도도 높아서 외부에서 적들이 접근하기 쉬워 보이지 않았다. 그러나 그런 이점들이 여행자들에게는 불리하게 작용을 했는데 강한 바람으로 인해 제대로 휴식을 취할 만한 곳을 찾는 데 어려움이 많았다.

홋카이도 어느 공원에서 거친 바람을 맞으며

아들이 알아본 곳 중에서 한 곳을 방문했는데 공동묘지였다. 공동묘지였지만 공원같이 꾸며 놓아서 일반 방문객들도 많았다. 공동묘지 정중앙에 부처상 같은 건축물이 있었는데 작가가 안도 다다오였다. 아내가 안도 다다오를 엄청 좋아했는데, 일본에서 우연히 안도 다다오 작품을 감상할 수 있어서 너무 좋았다. 누가 공동묘지에서 안도 다다오 작품을 보리라고 예상했겠는가? 또 모아이 석상 같은 석상도 세워 놓았는데 일본 사람들은 공동묘지를 참 예쁘게 꾸민다는 생각을 했다. 일본 드라마에서 본 일본의 공동묘지 모습과는 완연히 다른 모습에 본토와는 다른 홋카이도만의 풍습일지도 모른다는 생각을 했다.

숙소는 세 군데 예약을 했고 하루 또는 이틀을 묶고 다른 곳으로 이동했는데 마지막 날에 머물렀던 곳이 기억에 남는다. 홋카이도 동쪽 해변을 바라보고 있는 리조트형 호텔이었고 숙소와 음식이 패키지 형태로 제공되었다. 체크인이 쉽지는 않았는데, 특히 음식 관련해서 여러 가지 옵션이 많았고 그 옵션에 대해 설명을 듣고 선택을 마무리하는 데 30분 이상이 걸렸다. 물론 아들의 도움으로 체크인은 순조롭게 진행되었다. 우리가 체크인을 하고 있을 때 한국 사람으로 보이는 다른 가족이 있었는데 일본어를 못 하는 것 같아 보였고 속으로 엄청 고생하겠다는 생각에 나는 은밀한 웃음을 지었다. 저녁에는 아내와 마사지를 예약했고, 커플 마사지라고 몇 번이나 확인을 했지만 별도의 방에서 마사지가 진행되었다. 옆방에서 들리는 아내의 일본어 목소리를 들을 수 있었는데, 일본 여행을 가면 사용하려고 일본어 공부를 엄청 열심히 한 아내였는데 아들이 일본어를 잘해 일본어를 구사할 기회조차 없었고 드디어 기회가 생겨 마사지사와 미친 듯이 일본어 수다를 떨고 있었다.

홋카이도는 일주일의 시간으로 충분히 즐기기에는 부족한 점이 있었고, 특히 겨울에 한 번 오면 좋겠다는 생각을 했다. 홋카이도의 눈을 한 번은 경험해 보고 싶었고 인공 눈이 아니라 천연의 눈으로 덮인 곳에서 스키도 타 보고 싶었다. 눈이 몇 미터나 와서 고립되는 상황도 경험해 보고 싶었다. 그런 아쉬움을 남기고 아들과 공항에서 헤어지는 시간이 왔고, 우리는 인천으로 아들은 도쿄로 가는 항공편으로 각자의 자리로 돌아갔다. 공항에서 한동안 보지 못할 아들과 깊게 포옹을 했고 아들도 화답을 해 주었다. 그렇게 우리의 인생은 장밋빛으로만 보일 것 같았다.

| **골로새서 3:21** "아비들아 너희 자녀를 노엽게 하지 말지니 낙심할까 함이라"

약할 때 강함 주시는 하나님

고린도후서 12장 10절
"그러므로 내가 그리스도를 위하여 약한 것들과 능욕과 궁핍과 박해와 곤고를 기뻐하노니 이는 내가 약한 그 때에 강함이라."

하나님은 세상과 다르게 약한 자를 더 쓰신다고 한다. 나의 강함은 오히려 하나님의 일하심에 방해가 된다고 한다. 내가 나약하고 무기력할 때 하나님은 나를 들어 쓰신다고 한다.

강함을 자랑하기보다는 약함을 자랑하게 해 달라고 매일 기도한다. 31년 직장 생활 이후의 나는 가장 약할 때일지도 모른다. 뒤돌아보면 내가 약할 때 함께하셨고 내가 강하도록 도와주셨다. 사도 바울도 몸의 가시 때문에 더 강해졌을 것이다.

고혈압, 고지혈 약을 먹고 있고 당뇨 수치가 한계치까지 올라갔다. 특별히 건강 관리에 소홀했거나 술을 많이 마셔서 그런 것도 아니다. 부모님으로부터 물려받은 것인지는 알 방법이 없다. 하지만 그 약함으로 인해 나는 더 강해지고 있다. 식단 조절을 과할 정도로 하고 있는데, 탄수화물의 섭취를 최대한 줄였다. 운동도 꾸준히 해서 몸무게를 10kg 정도 줄였다. 결론적으로 아랫배에 식스팩은 없지만 또래의 남자보다도 더 건강한 체력을 유지할 수 있었다. 항상 나의 약함(고혈압, 고지혈, 당뇨)을 자랑하고 있는데, 그것이 나의 강함의 비결일지도 모른다. 우리는 약함을 인정할 때 더 강해지는 것 같다. 건강과 관련해서는 고혈압과 고지혈 진단으로 그 누구보다도 더 건강한 삶을 살 것이다.

엘센트로 입주할 때가 생각난다. 엄밀히 말하면 입주 때는 아니고 입주를 위한 사전 답사 때였다. 입주 예정자와 더불어 인테리어 사업자 등 여러 사람이 혼잡하게 뒤엉켜 있었다. 그 혼란 속에서 굉장히 당황한 표정의 최○숙 전도사님을 만났다. 사냥꾼에 쫓기는 사슴 얼굴을 한 전도사님은 구세주를 만난 듯 나를 반겼다. 뜻하지 않은 상황에서 전도사님을 만난 나도 당황했는데, 전도하러 나온 전도사님이 아파트 경비에게 쫓기는 상황임을 본능적으로 알 수 있었다. 태연한 척 전도사님을 구했고 우리 아파트에 잠시 피신을 시켰다. 몇 년 전 내가 간증했을 때 만난 후 처음 만난 것이었지만 전도사님은 나와 아주 친한 것처럼 대했고 하나님의 인도하심에 감사했다. 그 이후 우리는 같은 교구에서 전도사와 교구장으로서 같이 동역하는 인연으로 만나게 되었다.

우리는 전도할 때 우리의 약함을 인정하지 않을 수 없다. 지나가는 사람들에게 전도지를 잠깐 건네는 것조차 감당할 능력이 없다. 식당 전단지를 돌리는 아주머니에게 살갑게 대하지 못한 나를 원망하면서 그분들과 나를 비교하기도 한다. 그러나 어떤 방법으로도 답을 찾을 수 없다. 오직 하나님께 의지할 수밖에 없다. 그제야 비로소 얼굴에 철판이 깔리고 어떤 두려움도 물리칠 수 있게 된다. 아파트 경비에게 쫓기던 최○숙 전도사님은 너무나 강한 분이다. 그 여리고 작은 몸에서 어떻게 그런 용기가 나오는지 신기할 따름이다. 그분이 전도 대상자를 대할 때면 거부할 수 없는 힘이 있는 것 같다. 하나님께서 약할 때 강함을 주시기 때문이다.

구역장을 할 때 나는 한없이 약해짐을 느낀다. 나의 어떤 노력에도 흔들리지 않는 집사님들을 보면 벽 앞에 서 있는 듯하다. 20명에게 연락을 취해도 제대로 된 응답을 주는 분은 거의 없다. 반응이 전혀 없는 분도 많다. 다른 구역은 잘만 되는 것 같다. 그나마 구역 예배에 나오는 분들은 자기 자랑하기에 온갖 기술을 사용한다. 했던 이야기를 무한 반복할 때면 고함을 지르고 나가고 싶을 정도이다. 그분들 앞에서 나는 너무나 연약한 존재이다. 그분들의 노리갯감이다. 하지만 하나님은 포기하지 않게 힘을 주신다. 모든 실패에도 격려해 주신다. 끝까지 버틸 수 있도록 충분한 강함을 주신다. 내가 포기하더라도 비난할 사람은 아무도 없다. 가성비(ROI)를 따지면 안 하는 것이 더 효율적이다. 그러나 결코 포기하지 않도록 우리에게 강함을 주신다. 나의 그런 약함 때문에 어떤 어려운 상황을 당하고 당황스러운 상황에서도 견딜 수 있는 힘을 얻게 된다.

우리는 다른 사람들의 강함 자랑으로 시기와 질투심이 생기는 것 같다. 그 강함 자랑을 또 다른 강함 자랑으로 반격하지만 후련하지는 않다. 서로에게 상처만 줄 뿐이다. 마치 긴 창으로 마주 서서 방어는 하지 않고 상대방을 찌르는 싸움처럼 피가 낭자한 상처만 남길 뿐이다. 우리의 구역 모임이 그렇다. 앞에서는 태연한 척한다. 나는 상처받아서 아프다고 말하고 싶은데 다른 사람들은 태연해 보이기 때문에 그렇게 말할 수 없다. 나만 잘 견디면 된다고 착각한다. 그런데 모임은 계속 작아지고 있고 언제 사라질지 모른다는 위기가 있다. 그리고 뒤에서 들리는 소리를 듣고서야 우리의 상처가 심각한 것임을 깨닫게 된다. 그래도 포기할 수는 없다. 견디다 보면 돌파구가 생길 것이다. 하나님이 도움을 주실 것이기 때문이다.

살다 보면 나 외에 다른 주위 사람들은 다 잘 살고 있는데, 나에게만 어려움이 닥치는 듯한 생각이 들 때가 주기적으로 생긴다. 그럴 땐 내가 한없이 작아진다. 그런데 나의 연약함을 자랑하다 보면 그 사람들도 그들의 약함을 공개하고 나와 별다르지 않다는 것을 알게 된다. 오히려 나보다 더 약한 사람들이 있는 것을 안다. 그것은 내가 나의 약함을 자랑할 때만 알 수 있는 것이다. 그제야 비로소 나만 약한 것이 아니라는 생각을 하게 되고 강하게 될 가능성이 생긴다. 우리의 안 좋은 생각들은 우리의 마음을 갉아먹는다. 그렇게 마음이 갉아먹히면 악순환이 되어 최악의 상황을 맞이할 수도 있다. 그렇게 무너지는 것은 순식간이다. **우리의 약함을 자랑할 때 비로소 우리는 강하게 된다. 마치 이슈는 오픈될 때 더 이상 이슈가 아닌 것처럼.**

나는 나의 약함을 자랑하기를 꺼리지 않는다. 그래서 나는 강하게 되는 것이다.

앨라배마에서 주재원 생활을 하기 시작했을 때 Books Million에서 저렴하게 파는 책들 중에서 몇 권의 책을 마구잡이로 골랐는데, 그중 《Murder by Family》라는 책이 따라왔다. 그 책을 왜 골랐는지 알 수는 없다. 결코 그런 제목의 책을 의도적으로 고를 가능성은 없었다. 하나님의 인도하심 아니면 해석할 수가 없다. 그 책을 통해서 아들에 대한 나의 나약함의 밑바닥을 가늠하게 되었다. 실화를 다룬 내용인데, 나쁜 친구들과 어울려 마약을 하게 된 아들이 마약에 취해 가족들을 총으로 쏴 죽였는데 아빠만 살아남고 엄마와 형제는 현장에서 즉사하게 된다. 중상을 입은 아빠는 다행히도 회복하게 되고 그 이후 감옥에 투옥된 아들을 위해 헌신적인 사랑을 쏟는 내용이다. 이 책을 읽고 나서 나의 삶의 방식 중에 중요한 변화가 있었다고 생각한다. 주로 사람들은 안 좋은 일에 대해서는 생각하지 않으려고 한다. 괜히 생각만 해도 부정이 탄다고들 생각하기 때문인 것 같다. 나도 그랬었다. 그러나 그 책을 읽고 나서부터는 최악의 상황들을 미리 생각해 보는 습관이 들었다. 그 최악의 상황이 일어났을 때 나는 어떻게 행동할까 시뮬레이션까지 해 본다. 예를 들면 내가 탄 비행기가 바다에 추락했고, 구명보트에 탈 수 있는 자리가 하나만 남았는데 나는 곧 죽어 가는 임신한 여자를 위해 그 자리를 양보할지 말지에 대한 것이다. 우리 아들이 만약에 최악의 범죄자가 되었을 때 나는 어떻게 행동할 것인가? 이 책을 읽어 보고 나서 나도 시뮬레이션을 해 보았고 어떻게 행동할지에 대해서도 마음을 명확히 정했다. 물론 그 아빠처럼 그렇게까지 행동하기란 쉽지 않을 것이지만 최소한 고민은 적을 것이다.

아마 우리 아들도 약한 존재이고 조금만 운이 없다면 최악의 상황에 처할 수 있다는 것을 알기 때문일 것이다. **그런 최악의 상황 시뮬레이션은 많은 장점이 있다. 그런 최악의 상황은 일반적으로 일어나지 않기 때문에 웬**

만한 안 좋은 상황들에 대해서 그리 당황하지 않을 수 있고 의연하게 대처할 수 있다. 그리고 그런 상황 속에서도 감사할 수 있고 하나님의 의도하심을 생각하게 만든다.

　최악의 상황 시뮬레이션은 다른 용도로도 활용을 한다. 예를 들면 복권을 살지 말지에 대한 의사 결정에 대한 것이다. 내가 로또(당첨금 50억 원)에 당첨되었다는 가정을 하고 그 이후에 일어날 일들에 대한 시뮬레이션을 해 보고는 복권을 사지 않기로 했다. 물론 다른 사람들이 가끔 복권을 선물로 주는 경우는 절대 사절하지는 않는다. 시뮬레이션 결과 나는 여전히 30평대 아파트에 살 것인데 좀 더 좋은 지역(강남의 어느 곳)으로 이사할 뿐이고 나와 친했던 사람들과는 관계가 멀어질 것이고 친척들과는 인연이 끊긴다는 결론에 다다른 것이다. 그 시뮬레이션에는 일부 오류가 있을 수도 있다고 생각한다. 하지만 큰 오류는 없다고 확신한다. 경제적으로는 좀 더 부유하게 살겠지만 내가 소중하게 생각하는 사람들과 관계가 멀어진다는 것은 중년 이후의 내 삶에서 결코 선택할 수 없는 길이다. 골프에서 드라이브 티샷을 할 때 드라이브가 아주 잘 맞으면 230m 이상 나가는데, 그런 경우는 열 번 중 한 번의 확률이다. 230m 지점에 해저드가 있다면 나는 결코 드라이버를 잡지 않고 우드로 티샷을 한다. 확률적으로 떨어지더라도 아주 잘 맞은 샷이 최악의 상황이 되는 선택은 하지 않고 대안을 선택하는 것이 지혜롭다고 생각하기 때문이다. 물론 수식적으로 계산해서 어느 경우가 더 효율적인지 계산해 보지는 않았고, 그것을 계산할 수 있는 것인지도 모른다. 그러나 최선의 경우가 최악의 결과로 연결되는 선택은 결코 현명하지 않은 것임은 본능적으로 알 수 있다. 이유는 우리의 마음은 그런 상황에서 가장 약해지기 때문이다. 복권을 사는 것도 그런 상황의 극한의 경우일 뿐이다.

　TV 프로그램 중 〈이혼숙려캠프〉라는 프로가 있는데, 이혼의 위기에 있는 부부를 대상으로 조언과 상담을 해 주는 프로그램이다. 거기에 나왔던 프로 축구 선수 출신의 강○용 씨 부부가 있었는데, 조금만 코치를 하면 너무나 행복한 삶을 살 것 같은 너무나 아름다운 사람들이었다. 프로그램 끝에서는 서로 이해하고 잘 살겠다는 결심을 하고 끝이 났는데, 갑자기 강○용 씨가 자살을 했다는 기사를 접했다. 너무 슬펐다. 약함이 강함으로 변화되기에는 인간의 힘만으로는 한계가 있을 것이다. 하나님의 도움이 필요할 것이다. 그들의 얼굴이 계속 떠올라 쉽게 사라지지 않았다.

> **로마서 8:28** "우리가 알거니와 하나님을 사랑하는 자 곧 그의 뜻대로 부르심을 입은 자들에게는 모든 것이 합력하여 선을 이루느니라"

아내의 사생활 2

새 옷 산 것을 알아차리고 물어보면 아내는, "이거는 만 원 주고 산 것~"이라며 자랑스럽게 이야기하곤 했다. 그런 아내가 너무 사랑스러워서 큰마음을 먹고 백화점에 가서 비싼 옷을 사 주기 위해서 옷을 입혀 보았으나 좀처럼 사지는 않았다. 그래도 고속버스 터미널 상가에서 산 옷들은 잘 어울렸고 아내를 더 젊게 만들었다.

엘센트로 생활과 아들의 일본 유학 생활 중의 코로나19 시대를 전후해서는 아내의 취미 생활도 양상이 좀 다른 패턴으로 진행됐다. 우리의 생활이 경제적으로 더 안정되었기 때문에 경제적으로 보탬이 되는 활동보다는 본인의 취미 활동에 집중하려는 활동이 주를 이루었다.

아내는 아들이 일본 유학을 하는 동안 일본어를 배워 보기로 작정했다. 아들로 인해 일본에 자주 갈 일이 있을 것이라고 확신한 아내가 일본어를 미리 공부해 놓아야겠다는 생각을 하게 된 것은 놀랄 만한 일이 아니다. 어쩌면 일본인 며느리도 볼 수 있겠다는 아주 장밋빛 전망을 한 것이다. 학원은 범계역 근처에 있는 시사일본어학원에 다녔고 내가 퇴근하고 집에 올 때면 그날 있었던 일본어 표현을 연습하거나 학원생들에 대한 이야기 또는 일본인 강사에 대한 이야기를 한다고 부산을 떨었다. 일본어를 복습한다고 집중할 때의 아내 모습은 엄청 예뻤다. 안경을 쓰고 올림머리를 하고는 스마트 폰 두 개를 가지고 한쪽 다리를 소파에 올린 채 열공하는 모습은 나에게는 오드리 헵번같이 귀여운 모습이다. 그런 아내를 몰래 훔쳐보는 즐거움은 나에게 덤으로 주어지는 보너스 같은 것이다. 부엌이며 냉장고며 아내가 눈이 가는 곳마다 메모지를 붙여 놓고 있는 것을 보노라면 안심이 되었는데, 일본어 공부에 집중함으로써 외로움을 달랬기 때문이었다. 일본 사람들이 남들에게 폐를 끼치는 것을 극도로 싫어하고 연인들끼리도 한국처럼 매일 연락을 안 하는 것도 서로에게 폐를 끼친다고 생각하기 때문이라는 것을 일본인 강사로부터 배웠다고 얘기해 줬는데 일본인을 이해하는 데 도움이 된 것 같다. 양념을 아주 진하게 한 것 같은 관계에 집착하는 한국인들보다 일본인들의 겉절이 같은 그런 관계가 나는 더 정감이 갔다.

　일본어 바람이 어느 정도 지나간 다음에는 연극이 그 자리를 차지했다. 그 시점은 코로나19에 인간들이 어느 정도 적응을 했을 때였던 것 같다. 전에 연극에 대한 관심이 있다는 얘기를 한 번도 들어 본 적이 없었는데, 연극을 하고 싶은 마음이 생긴 이유는 정확히 알지 못하지만, 아내와 잘 맞겠다는 생각이 들었다. 학원은 산본역 근처에 있는 극단 '창○'이라는 곳이었는데, 학원 밖에서 보면 건물이 연극 학원이 있을 만한 장소는 아니었고 처음 가는 사람이 찾아가기도 쉽지 않았다. 2층으로 올라가는 계단에 적힌 글씨를 보지 않는다면 학원을 소개하는 안내 명판 하나 없는 기묘한 장소 같아 보였다. 그런 학원의 모양새가 좋아 보이지 않았고 코로나19로 인해 어려움을 겪는 상황을 온몸으로 표현하고 있는 것 같았다. 주위 동네도 안전해 보이지 않아서 아내를 가끔씩 차로 데려다주었는데 저녁 늦게 학원 밖에 차를 세워 놓고 아내를 기다리는 것이 왠지 모르게 즐거웠다. 아내를 보호하고 있다는 느낌 때문이기도 하고 아내를 위해 내가 무엇을 한다는 느낌 때문이었다. 아내도 내가 데려다주는 것을 즐기는 것 같았다.

　연극을 같이하는 사람들 이야기를 듣는 것도 즐거웠다. 같이 등록한 사람들이 몇 달의 연습을 거쳐서 공연을 하면 해체가 되고 다음 작품에서 또 모집을 하고 그런 식으로 운영이 되었다. 각 공연마다 모이는 사람들도 다양해서 그 다양성을 경험하는 것도 참 흥미로울 것 같았다. 대부분 직장이 있는 사람들이 취미 활동으로 하는 것이어서 주로 일을 마치는 늦은 저녁 시간대에 연습을 하는 것이 단점이라면 단점이었다. 첫 번째 공연은 회사 일로 가 보지 못했는데, 아내도 첫 공연이라 부끄러웠던지 나를 적극적으로 초대하지는 않았다. 첫 번째 공연 이후에 뮤지컬 공연 제안이 왔다고 했다. 아마도 극단 사장의 지인이 배우가 급하게 필요해서 추천 요청이 왔던 것 같았다. 극단 사장은 아내를 추천했는데 아내를 추천한 이유는 알 수 없었다. 아마 아무도 할 의사가 없었고 아내가 시간도 많고 해서 선뜻 수락을 한 것처럼 보였다. 뮤지컬을 하려면 노래를 잘해야 하는데 아내가 잘할 수 있을지 엄청 걱정이 되었다. 공연은 〈빨래〉였고 아내 혼자 독창을 하는 부분이 아주 조금 있었다. MR로 노래를 불러야 했는데 연습조차도 쉽지 않았다. 들어가는 박자 맞추기가 쉽지 않고 내가 조언해 줄 수 있는 부분도 아니었다. 아마도 수백 번은 연습을 했던 것 같다.

슬플 땐 빨래를 해

빨래가 바람에 제 몸을 맡기는 것처럼
인생도 바람에 맡기는 거야
시간이 흘러 흘러 빨래가 마르는 것처럼
슬픈 네 눈물도 마를 거야
자, 힘을 내!

이런 가사의 노래였는데 가사가 너무 좋았다. 엄청 힘든 일을 겪은 중년의 여자가 빨래를 하며 그 슬픔을 견뎌 낸다는 이야기가 너무 좋았다. 우리 모두는 빨래가 필요하다. 나의 빨래는 무엇일까? 나는 슬플 때 무엇으로 눈물을 말리고 있는가? 기도가 나의 빨래이기도 하고 혼자만의 독백이 빨래이기도 하다. 혼자 독백하는 것을 누가 들었다면 병원에 가 보라고 할지도 모르는데 그리 좋은 빨래는 아닌 것 같아 자제를 하고 있다. 아내의 빨래는 무엇일까? 침묵일까? 혼자만의 이불 속 눈물 흘리기일까?

뮤지컬 공연은 당연히 보러 갔다. 아내는 안 와도 된다고 했지만 꼭 가 보고 싶었다. 군포에 있는 공연장을 대관해서 공연을 진행했는데, 관객은 주로 배우의 가족들 같아 보였다. 젊은 성악을 하는 친구들이 자기 경력을 위해 공연을 올리는 것 같았고, 자리가 부족해서 아마추어들을 중간중간에 끼워 넣은 형태였다. 물론 성악을 전공한 친구들은 노래를 잘했는데 중간중간에 끼어 있는 깍두기들은 아마추어 냄새를 물씬 풍겼다. 특히 젊은 여자 한 분이 있었는데, 실력에 비해 분량이 많았다. 그러다 보니 계속해서 가사도 까먹고 노래도 실수하고 했는데 차라리 그 역할을 아내가 했더라면 더 좋았겠다는 생각을 했다. 하지만 정식 무대에 참여하는 것 그 자체로 의미가 컸고 경력보다는 경험으로서 충분한 가치가 있었다. 아내도 아무나 할 수 없는 그 경험을 쌓았다는 것에 만족하였고, 조마조마한 마음으로 지켜본 나도 아내가 자랑스러웠는데 근처 꽃집에서 산 꽃다발로 마음껏 축하해 주었다.

극단 창○의 공연 〈택시 드라이버〉

PART 5 코를 찌르는 아픔 속의 은혜들

세 번째 공연이 하이라이트였다. 연습 과정은 기존 작품들과 별반 다른 점이 없었는데 공연의 결과물은 차원이 달랐다. 아마추어 공연이 아니라 전문 배우들의 공연하고 비교하더라도 손색이 없었다. 대학로 코믹 연극을 여러 번 보았는데 그 공연들과 비교해 보더라도 손색이 없어 보였다. 적어도 나에게는 그랬다. 아내는 일인 다역을 맡았는데 공연에서 입을 옷도 여러 벌 준비해야 했다. 저 옷들을 갈아입을 때 어떻게 갈아입을지 걱정이 되었지만 자세히 묻지는 않았다. 공연을 준비하는 동안 동생뻘 되는 약사 아저씨에 대한 이야기를 많이 했는데, 부정적인 이야기를 많이 들어서 당연히 연극을 잘 못할 것이라고 생각했는데 너무 잘해서 놀랐다. 행동과 대사에 자신감이 묻어 있었다. 이번 공연은 혼자 보기 아까워서 부천에 사는 대학 친구 부부도 초대했다. 자랑하고 싶었기 때문이었다. 배우들 중 아내가 가장 나이가 많아 보였고, 젊음 때문인지 모르겠지만 다들 멋있게 보였다. 그날 공연을 촬영해 놓지 못해 아쉬움이 많다. 공연이 끝나고 거금 10만 원도 후원을 해 주었는데 아마도 뒤풀이 회식용으로 사용될 것이 분명했다. 아내의 공연 팀과 함께 찍은 사진은 카카오톡 프로필 사진에 올리면서 마음껏 은밀한 자랑을 했고 친하지 않은 여러 사람이 아내에 대해 더 신비로움을 갖게 된 것 같다.

　세 번째 공연 이후에 한 번 더 공연을 했는데, 〈세상에서 가장 아름다운 이별〉이라는 공연이었다. 토요일 공연을 해서 골프 약속 때문에 가 보지는 못했다. 아마도 더 재미있을 것임이 분명했다. 그 공연에서는 엑스트라 배우 출신의 동생뻘 되는 아주머니가 있었는데, 아내와 마음이 잘 맞아서 따로 연락도 했다. 그 배우는 주로 엑스트라 역할을 하는 것 같았고 운 좋을 땐 대사가 조금 있는 역할도 하는 것 같았다. 배우 말고도 여러 가지 일을 했는데, 아내는 그분의 에너지를 높이 샀고 칭찬을 아끼지 않았다. 나도 아내가 그분에 대한 이야기를 하는 것이 좋았고 외모는 차갑게 생겼지만 정감이 가게 되었다. 그 배우가 TV에도 나왔는데 건강 관련 프로그램이었다.

그런데 우스웠던 것은 TV에 나오는 내용 중 사실과 다른 부분이 많았다는 것이다. 그로 인해 TV에 나오는 일반인들의 이야기가 사실과는 다르고 작가에 의한 픽션이 있음에 적잖은 실망을 하게 되었다. 꾸미지 않은 일반인들의 이야기는 아무래도 상품성이 떨어지기 때문인지 시청자들이 더 자극적인 것들을 원해서인지는 알 수 없다. 그분의 성은 모르고 또 아내에게 물어보지도 않았다. 이름이 연결해 준다는 의미의 이름인데, 이름 그 자체가 너무 멋있어 보였기에 어떤 성을 붙이더라도 잘 어울리기 힘들다고 생각했기 때문이다. <u>우리는 가끔 불완전한 상태로 남는 것이 더 완벽할 때가 있는 것 같다.</u>

 아내는 가끔씩 고속버스 터미널 상가에 가서 옷을 사곤 했다. 새 옷 산 것을 알아차리고 물어보면 아내는, "이거는 만 원 주고 산 것~"이라며 자랑스럽게 이야기하곤 했다. 아마도 아내는 자신이 경제적인 도움을 주지 못하는 것에 미안한 마음이 있어서 내가 벌어 온 돈을 헤프게 쓰지 않으려고 엄청 노력하는 일환으로 그렇게 자랑스럽게 이야기하는 것 같았다. 그런 아내가 너무 사랑스러워서 큰마음을 먹고 백화점 가서 비싼 옷을 사 주기 위해서 옷을 입혀 보았으나 좀처럼 사지는 않았다. 그래도 고속버스 터미널 상가에서 산 옷들은 잘 어울렸고 아내를 더 젊게 만들었다.

 송파에서 살 때 롯데타워와 석촌호수는 또 다른 쉼터였다. 롯데타워에서 쇼핑하는 것도 즐거움이 있었지만 롯데타워 안에 있는 서점이 참 좋았던 것 같다. 그 서점에서는 마음껏 책을 공짜로 보더라도 눈치 주는 사람이 없었고 라떼 한 잔 시키면 하루 종일 앉아 있을 수 있기 때문이라고 했다. 혼자 조용히 시간을 보내기에 최적의 장소라고 했고, 책을 통해서 배우는 것을 좋아하는 아내는 수많은 책 중에서 좋은 내용을 발견하면 스마트폰으로 찍어서 나에게 공유해 주는 것을 즐겼다. 서점에서 앉아 있는 것이 힘들어질 때면 나와서 석촌호수를 한 바퀴 돌면 마음과 몸이 모두 정화될 수 있는 장점이 있다고 했다. 우리가 송파에서 의왕으로 이사한 후에도 아내는 가끔씩 그런 즐거움을 즐겼다.

아내는 노트에 글 쓰는 것을 좋아했다. 집 안 구석구석 수많은 노트가 빼곡히 아내의 예쁜 글씨체를 담은 채 뒹굴고 있다. 아마도 아내의 빨래는 그 수많은 노트일지도 모른다. 그 수많은 노트 덕분인지는 모르겠지만 아내가 나에게 해 주는 조언에는 많은 주옥같은 말이 많다. 물론 내게도 많은 긍정적인 영향을 준다. 그런 아내에게 고맙다. 그리고 음악에 재능은 없지만 클래식 음악도 나름대로 즐기는 것 같다. 클래식 음악이 흘러나오면 누구의 몇 번 교향곡이라고 말할 정도이다. 처형에게도 클래식 음악을 소개해서 지금은 처형도 심취해 있다고 한다. 음악 그 자체를 즐기는 것인지 천재 음악가들의 스토리가 좋아서 음악을 외우는 것인지는 알 수 없다. 아내는 재능도 많고 여러 가지 장점이 많은 사람이다. 게으른 나에게 많은 자극도 준다. 가끔씩 고속도로가 되면 힘들지만 그래도 자주 있는 일이 아니어서 감사하다. 대부분 우리 나이대가 되면 아내와 같이 시간을 보내는 것을 힘들어하는데, 그런 모습을 볼 때면 우리 부부의 함께함의 축복이 더 감사해진다.

에베소서 5:25 "남편들아 아내 사랑하기를 그리스도께서 교회를 사랑하시고 그 교회를 위하여 자신을 주심 같이 하라"

분홍색 샤넬 백

아내는 가방이나 옷을 살 때, 특히 명품을 살 때 브랜드 표시가 없는 제품을 선호했다. 아마도 남들 시선을 의식했을 것이다. 부자도 아닌데 그런 제품을 가지고 있는 것을 부끄러워했던 것 같다. 아니면 브랜드 표시가 없어도 어차피 알아볼 사람들은 다 알아볼 것이고 그런 면이 더 세련되었다고 생각했을지도 모른다. 그 두 가지 모습 어느 것이라 할지라도 나는 그런 아내가 좋다.

결혼 25주년을 은혼식이라고 부른다고 한다. 금혼식은 결혼 50주년이라고 하는데 아마도 금혼식보다는 은혼식이 더 중요할 것이다. 이유는 결혼 50주년이면 살아 있더라도 거동이 어렵기 때문일 것이다. 현실적으로 은혼식 때가 인생에서 가장 부유한 때이면서 건강할 때이다 보니 그 의미가 커진다고 볼 수 있다. 우리의 은혼식도 2021년에 찾아왔다. 아내는 기념일에 대한 집착이 거의 없는 것 같다. 우리 결혼기념일을 그냥 지나쳐도 모를 것이다. 그러나 나는 매년 입춘(2월 4일) 때마다 선물과 카드를 준비했고 아내는 조용히 받아 주었다.

은혼식은 특별해야 했다. 그러나 내가 특별하게 준비할 수 있는 것은 별로 없었다. 고민 끝에 생각해 낸 것이 명품 백이었다. 그리고 명품 중에서 샤넬이 되어야 한다고 생각했다. 그 이유는 정확히 모르겠는데, 샤넬 백이 없어서이기도 했고, 비싸기도 했고, 일반적으로 잘 들고 다니지 않기 때문일 것이었다. 아무래도 샤넬 백은 서울의 번화가나 가야 볼 수 있는 백이었고, 그 외 지역에서는 가지고 다니는 것을 흔히 볼 수 없었다. 매장은 자연스럽게 송파에서 살 때 자주 다녔던 롯데타워점으로 정했다. 언론 매체를 통해 '오픈런'이라는 말을 많이 들었지만 그럴 수고를 할 만큼 우리는 젊지 않았다. 물론 오픈런을 할 만큼 시간의 여유는 있었는데, 명품 백을 사겠다고 아침 일찍부터 줄 서 있을 만큼의 용기가 나지 않았기 때문이었다. 샤넬 매장은 우리 둘 다 한 번도 가 보지 않았었다. 상상했던 대로 바로 들어갈 수는 없었고 스마트폰으로 대기자 표를 받았던 것 같다. 대기자 표를 받고 다른 볼일을 보면 좋았을 것인데 그럴 수는 없었다. 혹시 대기자 순번이 왔는데 그 순간을 놓치면 다시 대기자 표를 받아야 한다는 두려움 때문만은 아니었다. 다른 일은 손에 잡히지 않는 설렘 때문이었을 것이다.

한참을 기다렸고 드디어 우리의 차례가 왔다. 매장 안의 사람들은 서로 부딪히지 않을 만큼 북적였지만 우리같이 처음 온 사람들의 어색함이 드러날 만큼 혼잡하지는 않았다. 우리는 원하는 백을 찾기 위해 매장 전체를 다 둘러봤지만 그 백을 도무지 찾을 수 없었다. 하는 수 없이 점원에게 물어보았고 점원은 퉁명한 태도로 현재 재고가 없다고 했다. 당연히 언제 재고가 들어오는지, 예약을 할 수 있는지 물었고 대답은 알 수 없다는 것이다. 매장에 직접 와서 확인할 수밖에 없다고 했다. 그 말에 오픈런을 안 한 것이 후회가 되었고, 또 샤넬이라는 브랜드에 화기 치밀었다. 돈을 주고도 못 산다는 것이 이런 것이었나? 나중에 그것이 브랜드 전략이라는 것을 알고는 더 짜증이 났다. 고객을 가지고 논다는 것이 나를 더 짜증 나게 만들었고, 대기업 임원인 내가 명품 백 하나 사지 못한다는 무능함에 바보가 된 느낌이었다. 당황하고 황당해하는 우리들의 표정이 가관이었을 것이다. 이 부분은 기억이 명확하지 않은데, 점원이 인기 있는 제품은 구매 히스토리가 어느 정도 있어야 살 수 있다고 한 것 같다. 그게 무슨 말인지 정확하게 이해를 하지 못했지만 우리가 그 자격이 안 된다는 것은 쉽게 알 수 있었다. 그리고 우리 얼굴에 히스토리가 적혀 있는지 궁금했고, 점원이 어떤 질문으로 우리의 구매 히스토리를 간접적으로 파악했을지에 대해 궁금했다.

그런 수많은 생각으로 멍한 모습의 우리에게 매장 점원이 원하는 제품을 사기 위해서는 더 저렴한 제품을 구매해서 이력 관리를 해야 한다며 초등학생에게 선생님이 인생 조언을 하듯 말했던 것 같다. 그러면서 조심스럽게 말을 이어 갔다. 다른 색깔의 제품은 있다는 것이다. 당연히 제품을 보자고 했고 흰 장갑을 끼고 조심스럽게 보여 준 제품에 한 번 더 당황하고 말았다. 우리가 원하는 것은 당연히 검은색이었는데 재고가 있는 제품은 조금 다른 색의 제품이 아니고 영화에나 볼 수 있는 분홍색이었다. 초보 고객을 노련한 점원이 놀리고 있는 것이 분명해 보였다. 아니면 이것 또한 브랜드 전략이었을 것이다. 순간 나는 한 가지 생각만 했었고 아내는 수많은 계산을 하고 있었을 것이다. 나는 언제 재고가 있을지 모를 가방을 사기 위해 오픈런을 하는 위험과 수고를 감수해야 할지에 대한 고민이었고, 아내는 분홍색 가방과 매칭을 해야 하는 옷이며 신발이며 집에 있는 것들로 시뮬레이션을 하고 있었을 것이며, 이번 기회가 아니면 또 이런 기회가 주어질지에 대한 걱정과 다른 옵션에 대한 생각들로 가득 차 있었을 것이었다.

나는 우리의 은혼식을 망치고 싶지 않았고, 다른 날로 지연시키고 싶지도 않았다. 아내를 설득했다. 우선 분홍색을 먼저 사고 검은색은 기회가 되면 사자고 했다. 그리고 은밀히 말했다. 분홍색 백을 메고 다니면 분명 다른 사람들이 검은색 백도 있다고 생각할 것이라며 분홍색 백의 장점을 강조했다. 마치 사기꾼들이 하는 것처럼 나는 아내를 유혹하고 있었다. 여전히 아내는 고민하고 있었는데 아직도 머릿속에서는 수많은 계산이 끝나지 않은 것 같았다. 그래서 나는 카드 하나를 더 제시했는데, 루이뷔통 가방 하나 더 사자고 제안했다. 그 제안이 꽤 설득력이 있었던 것이 분명했다. 아내는 분홍색 샤넬을 샀고 우리의 히스토리 하나를 남겼다. 우리의 히스토리가 제대로 보관되고 있을지 걱정은 되었는데, 히스토리가 필요한 시점이 또 올지에 대한 의문도 들었던 것 같다.

우리는 다시 루이뷔통 매장에 갔다. 다행스럽게도 대기는 길지 않았던 것 같다. 샤넬 매장에서 산 가방을 포장한 종이 백의 화려함과 그 크기에 우리의 사기는 크게 업되었고, 세상을 다 가진 것처럼 자랑스러웠다. 우리를 대하는 루이뷔통 점원의 태도도 달라 보였다. 우리의 기분 탓으로 그렇게 생각되었을지도 모르지만 분명히 우리의 태도는 달라져 있었을 것이다. 아내는 이전 매장에서보다는 덜 조심스러운 모습으로 이런저런 가방을 마음껏 감상하고 있었다. 편안해 보이는 모습이었다. 고민하는 가방들은 샤넬 가방보다는 20~30% 정도의 가격대였고 의사 결정이 쉽지 않아 보였는데 그 순간을 즐기고 있었다. 그 모습이 너무 사랑스러워 보였다. 한참을 즐기고 난 후에도 두 개의 가방을 가지고 여러 가지 고민을 하고 있었는데, 두 개 다 사자고 제안했고 아내는 생각지도 못한 나의 말에 날아갈 듯 좋아했고 매장 점원도 좋아했다. 분홍색 샤넬 백으로는 완벽해지지 못할 은혼식을 루이뷔통 가방 두 개를 추가하면서 드디어 완벽해지는 기분이 들었다. 아내는 나와의 25년 결혼 생활에 대한 기여를 생각하면 충분한 자격이 있고도 남는다고 생각했고 나는 명품 가방 세 개로 나의 감사함의 표현이 충분히 된다고 생각해서 기분이 좋았다.

아내는 가방이나 옷을 살 때, 특히 명품을 살 때 브랜드 표시가 없는 제품을 선호했다. 아마도 남들 시선을 의식했을 것이다. 부자도 아닌데 그런 제품을 가지고 있는 것을 부끄러워했던 것 같다. 아니면 브랜드 표시가 없어도 어차피 알아볼 사람들은 다 알아볼 것이고 그런 면이 더 세련되었다고 생각했을지도 모른다. 그 두 가지 모습 어느 것이라 할지라도 나는 그런 아내가 좋다. 우리가 산 샤넬 가방은 그 유명한 샤넬 로고의 잠금장치가 없는 모델이었다. 샤넬 가방에 대한 조예가 없는 사람은 샤넬 가방인지도 모를 것이고, 샤넬 가방에 대한 조예가 깊은 사람은 샤넬이라는 것을 단번에 알 수 있을 것이다. 그런 면이 그 가방의 가치를 더 높여 주었다. 적어도 우리의 생각으로는 그랬다. 그리고 분홍색 가방에 어울릴 만한 옷도 샀는데, 그 옷은 분명히 싸구려였고 고터에서 샀을 것이 분명했다. 하지만 분홍색 가방과 아주 잘 어울렸고 그 옷마저도 명품이 된 것 같았다. 하지만 분홍색 샤넬을 자주 들지는 않았는데 아주 특별한 날에만 드는 것 같았다. 그런 특별한 날을 나는 특정할 수는 없었지만 분명한 것은 분홍색 샤넬을 드는 날은 아내의 기분이 아주 좋은 날인 것이고 내 마음도 아주 편안해지는 날인 것이다. 샤넬 매장에 다시 들러 검은색 샤넬을 살 자신은 더 이상 생기지 않는 것 같다. 돈의 문제가 아니라 그런 수고를 하고 싶지 않은 것이다. 그러나 분홍색 샤넬에 대한 미안함은 검은색 샤넬이 아울렛의 팝업 스토어에 가끔씩 전시될 때마다 생겨난다. 그럴 때마다 아내에게 검은색 하나 사자고 권하지만 아내는 조금의 동요함도 없이 지나치고 마는데, 분홍색 샤넬로 충분히 만족을 해서인지, 검은색 샤넬에 대한 환상이 더 이상 없는 것인지, 나의 경제적 상황을 고려해서인지 알 수는 없다. 그래도 나는 평생 그런 제안을 반복할 것 같다.

　루이뷔통 가방 두 개는 좀 실용적으로 이용하는 것 같다. 반달 모양의 작은 가방과 아래로 길쭉한 박스형 가방인데 상황에 따라 다르게 사용하는 것 같다. 작은 가방은 좀 더 젊게 보이고 기분이 좀 더 좋을 때 드는 것 같다. 기분이 좋아서 영화를 보러 갈 때라든지, 판교 현대백화점이나 쇼핑몰에 기분 전환을 하기 위해서 갈 때라든지, 그럴 때는 가방 본연의 기능인 물건 보관용이 아니라 액세서리로서의 기능이 더 강조되는 것 같다. 박스형 가방은 그 외에 편하게 외출할 때 드는데 물건 보관용 기능이 더 필요할 때인 것 같다. 어느 경우이든지 절대로 교회 모임에는 가지고 가지 않았는데 그 이유는 잘 모르겠다. 하지만 성경책과 찬양집을 넣어 다니기에 부족한 점 때문이 아닌 것만은 확실하다.

　처음에 이상하게 보였지만 눈에 익숙해지면 좋아지는 것들이 있고, 우리가 투자한 것에는 진실이 무엇이든지 무조건 지지하는 경향이 있는 것 같다. 분홍색 샤넬 백이 그렇다. 처음엔 참 촌스럽게 보였는데 지금은 검은색 샤넬 백보다 더 세련되게 보인다. 분홍색 색깔도 흔한 분홍색이 아니라 굉장히 세련된 분홍색으로 변한 것 같다. 그 가방은 그대로일 터인데 우리 눈이 그렇게 변화된 것은 왜일까? 아마도 거금을 투자한 이유도 있고 돈으로도 살 수 없는 가치를 알고 난 후 샤넬 백에 대한 우리의 태도가 변했기 때문일 것이다. 인간은 절대 논리적이고 이성적으로 움직이지 않는 것 같다. 그런 점이 참 미련하게 보이지만 그것이 현실이다. 정치에 있어서는 더욱 그런 것 같다. 내가 한번 지지하는 정치인은 어떤 잘못을 저질렀더라도 온갖 변명을 창조하면서까지 여전히 지지를 하는 것을 보면 무서울 정도이다. 어쩌면 그런 점 때문에 인생이 더 재미있는 것인지도 모른다. **우리가 논리적이고 이성적이라면 로봇과 다를 바가 없을 것이고 단조로운 인생일 것인데, 하나님은 우리에게 자유의지를 주시면서 감정적인 면을 주셨기에 더 다양하고 더 의미 있는 인생을 경험하게 해 주시는 것 같다.** 그런 점이 짜증 날 때도 있지만 결국 더 좋은 면이 있는 것을 알게 된다. 그런 세상이 더 좋아지고 하나님께 더 감사하게 된다.

> **요한계시록 3:20** "볼지어다 내가 문 밖에 서서 두드리노니 누구든지 내 음성을 듣고 문을 열면 내가 그에게로 들어가 그와 더불어 먹고 그는 나와 더불어 먹으리라"

아내는 고속도로

그날 고속도로에서 아내의 마법과 유사한 점을 깨닫고 나서는 한결 아내의 마법을 대하는 데 여유가 생겼다. 그렇다고 해서 완전히 마음이 편안한 것은 절대 아니다. 마치 고속도로 차 막힘을 수없이 겪고도 매번 적응이 안 되는 것과 마찬가지이다. 그냥 해소가 되면 쉽게 지나칠 수 있다는 것이다. 고속도로 차 막힘이 이유는 반드시 있겠지만 누구의 잘못도 아니듯이 아내의 마법도 반드시 이유는 있겠지만 누구의 잘못도 아닐 것이다. 그냥 우리 삶의 일부인 것이다.

올해로 29년째 결혼 생활을 하고 있고, 아들이 분가한 후로는 신혼처럼 살고 있다. 아들이 독립을 일찍 했고 아들 동생이 없기 때문에 내 나이 또래 중년 남자들보다는 여유로운 생활을 할 수 있는 것 같다. 거의 30년 가까이 아내와 한방에서 살고 있는데 여전히 어려운 점이 하나 있다. 가끔씩 마법에 걸린다는 것이다. 아내가 마법에 걸리면 침묵에 빠진다. 나의 어떤 노력에도 그 침묵을 깰 수는 없다. 적어도 29년간의 노력의 결과는 그렇다. 젊을 때는 그 마법이 이해가 되지 않아 혼자 열받곤 했다. 다행스러운 것은 그 마법의 빈도는 현격히 줄어들었다는 것이고, 더 다행스러운 것은 내가 어느 정도는 적응했다는 것이다. 하지만 그 마법이 편해졌다는 것은 결코 아니다. 그냥 예측 가능해진 것과 아내가 그 마법으로 인해 자신에게는 큰 해가 되지 않는다는 확신이 들기 때문에 어느 정도 안심할 수 있는 상태이다. 그럼에도 불구하고 마법에 들 때면 힘든 것은 여전하다.

내가 그 마법에 대해 적응을 하기 시작한 것은 어느 날 고속도로를 달리면서 차가 막히고 다시 풀리고 할 때였다. 흔히 일어나는 일이지만 그날따라 아내의 마법과 고속도로 차 막힘에 대해 유사한 점을 발견하게 되었다. 첫째, 예측이 되지 않는다. 언제 차가 막힐지, 마법이 시작될지 예측이 안 된다는 것이다. 어쩌면 좀 더 민감하게 관찰하거나 집중력을 최대한 높여서 관심을 가지면 예측할 수도 있겠지만 일상에서 매번 그런 집중력을 발휘한다는 것은 현실적으로 불가능한 일이다. 둘째, 해소가 언제 될지 모르지만 반드시 해소된다는 것이다. 고속도로에서 차가 막히면 우리가 할 수 있는 것은 기다리는 것 외에는 별수가 없다. 가끔씩 다른 길로 가 보려고 시도해 보지만 부질없는 짓이라는 것을 금방 알 수 있다. 아내의 마법도 기다리는 수밖에 없다. 아내와 대화를 시도해 보거나 다른 사람을 개입시켜 보는 노력은 부질없는 짓임을 다년간의 경험으로 알게 되었다. 그리고 기다리다 보면 언제 그랬냐는 듯이 막힘이 해소되고 만다. 셋째, 이유를 알 수 없다는 것이다. 고속도로 막힘이 풀리면 차가 달리기 시작한다. 가끔씩 차 파편의 흔적을 볼 수 있는 경우도 있지만 아무 흔적도 발견하지 못하는 경우가 더 많다. 어디 물어볼 데도 없다. 아내의 마법도 마찬가지이다. 몇 번 물어본 적은 있는데 대답은 들을 수 없었다. 아마도 아내도 그 이유를 알지 못하거나 너무 유치해서 말하기 부끄럽거나 그 이유가 아무 의미가 없어졌기 때문일 것이다. 이유를 말한다고 해도 미래에 개선될 것에 대한 기대가 없는지도 모른다. 마지막으로 나에게 미치는 해는 크게 없다는 것이다. 막상 그 시점에는 큰일 난 것처럼 짜증도 나고 온갖 잡념으로 머리가 복잡해지지만 막상 나에게 미치는 해는 거의 없다는 것을 깨닫게 된다. 오히려 나를 되돌아볼 수 있는 기회가 주어진다는 순기능도 있다.

그날 고속도로에서 아내의 마법과 유사한 점을 깨닫고 나서는 한결 아내의 마법을 대하는 데 여유가 생겼다. 그렇다고 해서 완전히 마음이 편안한 것은 절대 아니다. 마치 고속도로 차 막힘을 수없이 겪고도 매번 적응이 안 되는 것과 마찬가지이다. 그냥 해소가 되면 쉽게 지나칠 수 있다는 것이다. 고속도로 차 막힘이 이유는 반드시 있겠지만 누구의 잘못도 아니듯이 아내의 마법도 반드시 이유는 있겠지만 누구의 잘못도 아닐 것이다. 그냥 우리 삶의 일부인 것이다. 톱니바퀴가 잘 돌아가다가 찌꺼기가 끼어 멈추면 그냥 주기적으로 찌꺼기만 제거해 주면 다시 잘 돌아가는 것과 비슷한 것이다. 물론 공학적으로는 찌꺼기가 끼지 않도록 설계를 변경하든지 구조 변경을 하든지 해 볼 수는 있지만 그 큰 비용과 변경에 따른 리스크를 감수를 할 필요가 없는 것이다. 내가 친구들이나 지인들에게 고속도로 비유를 얘기하면 많은 공감을 얻는다. 그들에게도 아내는 고속도로 같은 경우가 있는 것 같다.

　의문이 들었다. 왜 이런 이야기를 나에게 미리 해 주는 사람이 없었을까? 왜 시행착오를 거쳐서 겪어야만 깨달을 수 있는 것일까? 나는 성경을 읽으면서 어느 정도 답을 들을 수 있었다. 구약을 보면 이스라엘 백성들은 하나님의 수많은 이적을 경험하고도 여전히 하나님이 가장 싫어하는 우상 숭배를 했고, 그 결과 벌을 받는 일을 반복했다. 어쩌면 그런 것이 인간의 속성일지도 모르겠다. 우리는 스스로 할 수 없는 것이 많다. 배움이라는 것도 마찬가지이다. 간접적인 배움이나 가르침을 통한 배움은 인간에게 비효율적일지도 모른다. 다만 우리가 시행착오를 통해 직접 경험해 봤을 때 시너지를 일으키는 데는 가르침이 도움이 될 것이다. 아니면 위기 상황에서 발빠르게 의사 결정을 하는 데에만 가르침이 효율적일지도 모른다. 만약 우리 아버지가 아내와의 생활에 대해 구체적이고 실제적인 이야기를 했다고 하더라도 내가 이해를 제대로 할 가능성은 매우 낮았을 것이다. 더욱이 나의 행동이 변화로 연결되는 것은 불가능에 가까운 것이다. 직접 경험을 했더라도 시간이 지나면 휘발성이 있어서 금방 잊어버리기 쉬운 것을 깨닫게 된다면 그것이 인간의 나약함인지 축복인지 헷갈리기까지 한다. 결국 우리 선배들은 <u>**미리 알려 줘도 효과성이 없다는 것을 경험적으로 알기 때문에 그냥 내버려두는 것이 더 효율적임을 안 것이다.**</u> 다만 우리는 그런 갈등이 있을 때 그 갈등을 대응하는 자세가 중요한 것이다. 성경에서도 가르침의 핵심이 갈등 해소 또는 이슈 해결을 위한 우리의 자세이다.

어렸을 때 아버지가 술에 취하는 날은 부부 싸움이 있는 날임을 어린 나이임에도 불구하고 경험적으로 알 수 있었다. 나의 불만은 부부 싸움 그 자체에 있지는 않았다. 우리 부모님이 그 갈등을 해소하는 방법에 불만이 많았다. 특히 어머님은 아버지의 주사에 말로는 지지 않았다. 그래서 부부 싸움이 더 길어졌다고 생각했다. 어머니에게 말대꾸하지 말고 맹물 한 모금 머금고 5분만 참으라고 조언을 했지만 어린 나의 말이 먹힐 리는 없었다. 나중에 어른이 되면 나는 다르게 대응할 것이라고 다짐을 했던 기억이 난다. 그 때문인지 나는 갈등이 길어지는 것을 극도로 싫어한다. 그 갈등에 적극적으로 개입하고 여러 가지 방법으로 해소하려고 한다. **특히 사람과의 갈등이 있을 때는 더 큰 가치를 생각하려고 노력한다.** 아내와 갈등이 있을 때 나는 아내를 사랑하는지를 묻고 사랑한다면 내 자존심이 중요한지를 묻는다. 그러다 보면 내가 어떻게 행동해야 할지 알 수 있다. 그리고 그렇게 행동한다. 아들과의 이슈도 그렇고 일과 관련된 이슈에 대해서도 더 큰 가치에 집중하려고 노력한다. 물론 그런 나의 행동이 항상 좋은 결과로 연결되는 것은 아니지만 내 생각을 단순하게 정리할 수 있어서 내가 일관성 있는 행동을 할 수 있다는 것이 좋다.

나는 머리가 그리 좋은 편에 속하지는 않는다. 특히 외우는 것은 잘 안된다. 그래서 국사와 사회 과목이 정말 싫었다. 하지만 나의 장점은 복잡한 것을 단순화하는 것이다. 복잡한 이슈를 해결할 때 큰 장점이 있는데, MES 실장일 때 여러 가지 장애를 개선하는 데 많은 도움이 되었다. 보고서 요약하는 데도 나만큼 잘하는 사람을 잘 보지 못했다. 단순화의 핵심은 본질에 충실한 것인데, 사소한 것들을 벗겨 내는 것이다. 그런 성격이 인간관계에 있어서 안 좋게 작용할 수도 있다. 특히 아내에게는 그런 것 같다. 여자들은 사소한 것들도 중요하게 취급을 하는 것 같은데, 나는 사소하면 무시하는 경향이 있기 때문이다. 아내가 마법으로 빠져드는 트리거가 나의 사소함에 대한 태도 때문일 수도 있다고 생각한다. 나의 표정 하나 또는 말투 때문에 트리거가 될 수 있는데, 나는 알 수 없는 것이고 아내는 그 이유를 말하기도 애매할 것이다. 그러나 아내에게는 중요한 것이고 시간만이 유일한 방법일 것이다. 신기한 것은 아내의 마법과 고속도로 막힘의 유사점을 알고 난 후 아내의 마법을 더 이해할 수 있게 되었을 뿐만 아니라 고속도로 막힘도 더 잘 대처하게 되었다는 것이다.

29년 결혼 생활 동안 고속도로에서 사고 한번 없었다. 물론 수많은 막힘을 경험했다. 오히려 수많은 막힘 때문에 사고가 나지 않았을 수도 있다. 최근에는 막힘의 빈도도 줄고 해소되는 데 걸리는 시간도 줄어들었다. 막혔을 때 유튜브가 기다리는 데 많은 도움이 된다. 어쩌면 누군가의 유튜브가 막힘의 원인이 될지도 모르겠다.

> **시편 37:7** "여호와 앞에 잠잠하고 참고 기다리라 자기 길이 형통하며 악한 꾀를 이루는 자 때문에 불평하지 말지어다"

참돔 9짜리

우리가 상상하지 못하는 상황을 대하게 되면 느끼는 그런 경험을 우리 모두 동시에 했던 것이다. 우리에게 상상하지 못한 일이 일어나면 갑자기 시간이 멈춰지는 경험을 하게 되는데, 아인슈타인이 상대성 이론에 고려하지 못한 것임이 분명하다.

코로나19가 정점을 지나고 백신이 보급되어 예측 가능한 상태가 되었을 때 제주도로 가족 여행을 갔다. 아들은 일본 유학 중이라 한국으로 들어왔고 완도에서 카페리를 타고 같이 제주도로 갔다. 둘째 처형 부부가 은퇴 후 제주도에 살고 있기도 했고 코로나19로 인해 해외로 나가기는 부담이 되기도 하는 상황이어서 제주도가 최적의 장소로 자연스럽게 선정되었다. 완도에 새벽에 도착해야 배를 탈 수 있어서 대구 형님 집에서 하룻밤을 자고 새벽에 이동했다. 기름을 넣어야 했고 내려가는 길에 넣어도 될 것이라고 생각했는데, 내비게이션이 국도로 안내를 했고 국도에는 새벽에 오픈한 주유소가 없어서 기름을 넣을 수가 없었다. 다행히 엥꼬는 나지 않았고 연료 경고등이 켜진 상태로 차를 배에 실을 수 있었다. 한국에서는 선진국처럼 늦게 또는 이른 아침에 가게를 오픈하는 경우를 거의 찾아볼 수 없게 된 것 같다.

숙소는 제주시에 있는 그랜드하얏트 호텔로 잡았는데, 제주에서 가장 좋은 호텔에서 묵고 싶었기 때문이다. 아마도 코로나19로 인해서 한동안 여행을 가 보지 못한 설움을 보상해 주려는 심리가 작용했기도 했고, 오랜만에 아들과 같이 여행을 가는데 아들에게 숙소 때문에 핀잔을 듣고 싶지 않은 이유도 있었다. 아들이 바다낚시를 해 보고 싶다고 해서 바다낚시를 미리 예약했는데, 예약한 전날 태풍이 제주도를 지나갔고 다행히 낚시는 예정대로 진행할 수 있었다. 예전에 앨라배마에 살 때 데스틴으로 바다낚시를 간 경험 때문에 아들이 바다낚시를 하고 싶어 했던 것 같다. 일본 유학 중에도 친구들과 도쿄 바다에서 낚시를 한 것을 보면 그때의 추억이 얼마나 강하게 남았는지 알 수 있다.

데스틴에서의 낚시는 배(Charter)를 2,000달러 주고 빌렸는데, 딥시피싱(Deep Sea Fishing)이라는 이름의 낚시였다. 배에는 10명이 탔는데 전임 주재원 가족과 출장자들 그리고 어린 아들을 포함한 우리 가족이었다. 2시간 배를 타고 가서 미끼를 잡고 다시 2시간 나가서 낚시를 4시간 정도 하고 돌아오는 12시간 정도 걸리는 프로그램이었다. 멀미약을 미리 먹었음에도 불구하고 모두 장시간의 이동으로 인해서 다들 토를 했는데 다행히 나는 멀쩡했다. 선장은 젊은 청년 두 명이었는데, 아마도 아버지 배인데 아버지가 급한 일이 있어 아들과 아들 친구가 대신해서 운행하는 듯 보였다. 고기는 아주 많이 잡혔는데 문제는 도무지 끌어 올리지 못한다는 것이다. 선장이 미숙하였었던 것 같았다. 낚싯줄을 얇은 것을 사용해서 마지막 순간에 낚싯줄이 다 끊어져 버렸던 것이다. 그래도 운 좋게 두 마리는 잡을 수 있었는데, 참돔(Red Snapper)과 방어(히라스)였다. 크기도 상당히 컸고 참돔은 즉석에서 회를 쳐서 먹었는데, 멀미로 지쳐 있던 사람들이 모두 달려드는 모습이 마치 좀비 영화에서 살아 있는 인간을 향해 달려드는 좀비들 같았다. 방어는 가지고 왔는데, 멋지게 사진도 찍고 항구에서 포를 떠서 호텔에 남아 우리를 기다리던 식구들과 즐거운 회식을 했다. 그때 아들의 나이가 초등학교 4학년 나이였다. 배에서 내리는 우리를 지역 신문사에서 인터뷰도 하고 사진도 찍어 갔는데, 아들에게는 아주 좋은 추억으로 각인 되어 있는 것이 분명했다.

우리가 예약한 낚싯배는 서귀포 위미항에 있는 '그○○루'라는 배였다.

선장은 건장한 체구의 퉁명스러워 보이는 60세 정도로 보이는 분이셨다. 전날 지나간 태풍 때문인지 파도가 꽤 높았는데, 선장에게 배를 띄울 수 있냐고 몇 번이나 물었고 선장은 퉁명스럽게 문제없다고 했다. 아마도 파도 때문에 며칠 운항을 못 했고 어떤 일이 있더라도 이번엔 배를 띄울 것을 작심한 것 같아 보였다. 수영을 못 하는 우리 부부는 겁이 났던 것 같다. 높은 파도가 우선 무서웠고, 선장에게 쓸데없는 질문을 계속하면 바다에 빠트려 죽이거나 아무도 모르는 무인도에 버려둘 것 같았고, 선장이 덩치가 커서 우리 가족이 모두 덤벼도 이기지 못할 것 같아 더 두려웠다. 하는 수 없이 우리는 미래에 대한 두려움을 안은 채로 바다 한가운데로 끌려가고 있었다. 배는 우리 가족 3명만 전용으로 예약을 했고 비용은 60만 원이었다. 낚시 시간은 이동 시간을 포함해서 6시간 정도였던 것 같다. 아침에 출항해서 점심때까지 낚시하는 스케줄이었다. 낚싯배는 6명 정도 탈 수 있는 작은 규모였는데, 데스틴에서 탔던 크고 멋있는 배와 비교해서는 그 가격만큼이나 크기와 시설에서 차이가 있었다.

다행히도 1시간 정도 바다로 나가서 낚시를 시작했는데, 선장만의 스팟이 있는 듯했다. 이번에도 멀미약을 미리 챙겨 먹었는데 1시간의 이동 시간임에도 불구하고 높은 파도 때문인지 아내와 아들은 멀미로 힘들어했고 나는 멀쩡했다. 본격적으로 낚시를 하기 전에 선장이 설명을 했다. 우리가 하려고 하는 낚시는 '흘림낚시'라고 했다. 바다 200m 밑에는 수초가 큰 것이 3개가 있는데 거기에서 참돔이 놀고 있다는 것이다. 3개의 수초 위로 조류가 흐르는 방향에 배를 정박시키고 새우 미끼를 끼우고 릴낚싯줄을 수초 방향으로 흘려보내야 한다는 것이다. 낚싯줄은 200m 정도 되는데 줄을 다 풀면 다시 감아서 다시 풀기를 무한 반복한다는 것이다. 낚시에 달린 미끼와 함께 바늘에 달지 않은 새우들도 같이 흩뿌려서 흘려보내는데 참돔이 낚싯바늘에 끼지 않는 새우들을 먹다가 낚시에 끼인 새우도 같이 먹게 된다는 것이다. 선장의 흘림낚시에 대한 설명이 좀 황당했다. 선장은 어떻게 200m 아래에 있는 수초와 바다 상황들을 다 알고 있는 것일까? 어쨌든 덩치에 상대가 되지 않는 우리는 순한 양의 모습으로 시키는 대로 낚싯줄을 풀고 감고를 무한 반복했다. 내가 상상한 것은 우아한 모습으로 낚싯대를 드리우며 생각에 잠긴 모습이었는데, 그것과는 완전히 다른 모습이었다. 흘림낚시를 한다고 미리 얘기해 주지 않은 것을 따지고 싶었지만 그러지 못했다. 1시간이 지나도록 입질 한번 없었고 높은 파도를 보면서 바다를 보는 것이 아내와 아들의 멀미를 더 악화시켰다. 그로 인해 두 명은 낚시를 포기하고 그늘이 지는 배 앞부분의 조그마한 공간에 누워서 힘들어하고 있었고 나는 열심을 다해 풀고 감고를 반복했다. 선장이 원망스러웠지만 우리는 할 수 있는 것이 없었다.

　선장도 문제의 심각성을 인지했던 것 같았다. 갑자기 내 낚싯대를 달라고 하더니 낚시 추를 바꾸는 것이다. 선장의 설명으로는 내가 낚시 실력이 부족해서 물고기들이 놀고 있는 깊이에 미끼를 흘려보내야 하는데, 그 위치보다 높은 위치에 미끼가 흘러간다는 것이다. 그래서 추의 무게를 높여서 미끼가 더 가라앉게 한다는 것이다. 그 말이 더 황당하게 들렸고 힘들어하는 두 명이 안쓰러워 빨리 시간이 지나가길 바랐다. 6시간 중 아직 2시간밖에 지나지 않았는데 앞으로 4시간이 걱정되었다. 앞으로 1시간이 지나도 아무런 변화가 없으면 낚시를 포기하고 그냥 되돌아가는 것도 고민했던 것 같다. 그러던 찰나에 묵직하고 분명한 입질을 느꼈다. 17년 전 데스틴에서 느꼈던 그 느낌임을 분명히 알 수 있었다. 나는 바로 낚싯대를 날렵하게 채고 줄을 감기 시작했다. 선장은 바로 상황을 인지했고 순간 이동해서 내 곁으로 와 있었다. 분명 대물이었다. 줄을 당기는 데 온몸을 사용해야 했고 혼자 힘으로는 감당하기 힘들었다. 그런 나를 선장은 "그러다 물고기 놓쳐~"라며 반말을 하며 낚싯대를 가로채서 자기가 감기 시작했다. 순간 기분이 좋지 않았는데, 나는 손님인데 저런 말투를 들어야 하는 상황의 짜증과 대어를 잡았다는 기쁨이 묘하게 중첩되었다. 선장은 자기가 어느 정도 하고는 다시 나에게 주었고, 다시 아들에게 경험을 해 보라고 주었다. 아내에게도 해 보라고 했지만 멀미로 지친 아내는 할 엄두를 내지 못하고 놀란 모습으로 우리의 모습을 사진으로 담기만 했다. 대어와의 실랑이는 30분 정도 했던 것 같다. 정확한 시간은 알 수 없는데 느낌이 그 정도였던 것을 보면 10분의 짧은 실랑이였을지도 모른다. 마지막 순간에 물고기를 들어 올려야 하는데 나의 실력으로는 할 수가 없었고 선장만이 할 수 있는 기술이었다. 그 부분에 있어서 선장의 권위를 인정하지 않을 수 없었다.

 선장이 어렵지 않게 물고기를 배 갑판 위로 던졌는데 우리는 놀라고 말았다. 30센티 정도의 물고기로 생각했었는데 그 이상의 물고기는 우리의 상상 밖의 크기였다. 갑판에서 허우적거리는 물고기의 모습은 마치 돌고래로 착각할 정도의 크기였다. 우리 가족 모두는 순간 얼어 버렸다. 우리가 상상하지 못하는 상황을 대하게 되면 느끼는 그런 경험을 우리 모두 동시에 했던 것이다. 우리에게 상상하지 못한 일이 일어나면 갑자기 시간이 멈춰지는 경험을 하게 되는데, 아인슈타인이 상대성 이론에 고려하지 못한 것임이 분명하다. 선장도 흥분한 것 같았다. 수십 년의 선장 경험으로도 이런 대어는 자주 있는 일이 아님에는 분명했다. 상기된 모습의 선장은 우선 길이를 쟀다. 90센티의 참돔이었다. 선장이 왜 그랬는지 그때는 몰랐는데, 물고기의 피를 뺐고 피를 뺀 상태에서 무게가 7kg이었던 것 같다.

서귀포에서 잡은 참돔 9짜리

그 이후 낚싯대는 내버려두고 사진 찍기에 정신이 없었고 우리는 각자의 SNS에 찍은 사진을 올리며 댓글 달기를 한참을 했다. 마치 복권에 당첨된 것 같은 상황이었다. 사진 찍고 SNS에 올리기를 한 시간 정도 하고 나서야 현실로 되돌아올 수 있었다. 그 한 시간 동안의 환희 속에서도 기분이 좋지 않은 순간은 있었는데, 선장이 사진을 찍으면서 물고기를 팔을 뻗어서 똑바로 들라며 반말을 썼기 때문이었다. 사진으로 보이는 물고기의 크기를 극대화하기 위해서 팔을 뻗으라고 하는 것인데 물고기의 무게를 감안하면 엄청 힘든 일이었다. 그제야 선장이 물고기의 피를 먼저 뽑은 이유를 알게 되었다. 아내는 참돔을 잡고 찍은 사진이 없는데, 그 무게를 감당할 수 없었기 때문인지 선장의 핀잔을 두려워했기 때문인지 멀미로 인해 힘들었기 때문인지 알 수 없지만 한사코 사진 찍기를 거절했다.

사진 찍기를 마무리했을 때 선장이 자기의 전문성을 자랑하듯 얘기했다. 이런 정도 크기의 물고기는 쌍으로 다닌다는 것이다. 즉, 동일한 크기의 물고기가 한 마리 더 있다는 것이다. 그 말에 고무가 된 나는 다시 낚싯대를 잡았고 풀고 감고를 반복하기 시작했다. 그런데 선장의 태도가 이상함을 감지했다. 괜히 짜증을 내는 듯했다. 낚시를 하면서 선장의 태도에 대해 생각을 해 보았다. 아직 잡지 못한 한 마리를 내가 잡아 버리면 다음 손님을 위해 활용할 수 없겠다는 생각과 대어를 잡았으면 예약한 시간을 다 채우지 않는 것이 예의라는 생각이 들었고 그로 인해 선장이 짜증을 낸다고 결론을 낼 수 있었다. 그리고 목표 이상의 성과를 거둔 상태에서 그 낚싯대는 이전의 낚싯대와는 달라져 있었고, 나의 열정도 이미 식어 있었기에 어차피 오랜 시간을 끌지는 못할 형편이었다. 선장에게 시간이 남았으나 이것으로 충분하니 항구로 돌아가자고 했다. 그 말에 선장도 좋아했고 아내도 좋아했다.

　그날 저녁에 처형 부부와 식사하기로 약속이 되어 있어서 동서에게 연락을 했더니, 잡은 참돔을 회로 먹자고 제안이 왔다. 배가 항구에 도착해서는 선장이 소개해 주는 횟집에서 회를 떴다. 회 뜨는 비용만 3만 원을 받았다. 아직 12시가 되지 않은 시간이어서 횟감은 처형 집 냉장고에 보관을 했고, 대어를 잡은 여운을 즐기며 관광을 하며 시간을 보냈다. 약속 시간이 되어서 처형 집에 갔고 각종 야채와 더불어 회를 먹을 준비를 마쳤다. 기대에 찬 마음으로 첫 젓가락을 입에 가져갔고 맛을 보았는데 맛이 좀 이상했다. 마치 물기가 다 빠져나간 스펀지 같은 느낌의 푸석한 맛이었다. 처형 부부도 당황하는 눈치였는데, 그 실마리를 찾기 위해서 인터넷에 찾아보았다. 문제는 회를 보관하는 방식에 있었다. 회를 잘게 썰어 놓을 때는 바로 먹어야 하고 어느 정도 보관이 필요하면 큰 덩어리로 잘라서 젖은 수건으로 말아서 냉장 보관을 해야 한다는 것이다. 그 많은 양의 푸석한 회는 다 먹지도 못하고 매운탕 속으로 들어갔고, 에어프라이어로 튀긴 머리는 그래도 제맛을 다 해 주었다. "잔칫집에 먹을 게 없다."라는 말이 이런 거였다 보다.

회 맛은 실패했지만 우리의 무용담은 그 빛이 바래지 않았고, 그 이후에 수없이 반복할 스토리로 즐거운 시간을 보냈다. 무용담에는 선장의 퉁명스러움도 포함이 되었는데, 제주도 사람이 원래 그런 말투라는 처형의 말에 전혀 눈치도 채지 못했을 선장에게 쓸데없는 미안한 마음이 들었다. 우리는 실패로부터 더 많은 것을 배우는 것 같다. 회를 맛있게 먹었다면 갖지 못했을 회의 보관 방법에 대한 지식을 평생 가지게 되었으니 말이다.

나중에 확인해 보니 선장님이 그○○루 인스타그램에 우리의 사진을 자랑스럽게 게시하였는데 우리의 얼굴을 이모티콘으로 가린 부분이 아쉬웠다. 아마도 이전에 손님의 얼굴을 가리지 않아서 곤란한 상황에 처한 경험이 있었던 것이 분명해 보였다. 사진 밑에 쓴 글을 보면 선장님이 직접 올린 것 같진 않고 누군가의 도움을 받았을 것인데 따님이나 손녀가 아닐까 혼자 상상을 했다. 코로나19의 기나긴 터널 끝에서 우리 가족은 큰 이정표로 남을 추억을 만들었다. 마치 코로나19로부터 살아남아 재회한 우리 가족에게 주는 포상과 같은 것이었다. **추억이라는 것이 우리가 생각하는 것보다 큰 가치가 있는 것 같다. 그 가치를 정확하게 설명할 수는 없지만, 고생한 크기만큼 비례해서 그 가치는 커지고 실패한 숫자만큼 비례해서 그 가치의 깊이도 더 깊어지는 것 같다.** 수십 년에 걸친 바다낚시의 추억은 우리 부부의 생명 길이보다도 더 길게 살아남을 것이 분명하다.

| **시편 77:11** "곧 여호와의 일들을 기억하며 주께서 옛적에 행하신 기이한 일을 기억하리이다"

PART 6

하나님의 부르심

골프로 배우는 인생

골프를 더 즐기려면 스코어에 집착하면 안 되고 나의 성장에 집중해야 하고 주식을 즐기려면 시장을 예측하려고 하지 말고 시장의 흐름에 관심을 가져야 하는 것 같다. 주식보다 더 심한 심리 게임은 전도인 것 같다. 전도는 나의 멘탈을 철저히 파괴하는데, 나의 힘만으로는 도저히 버틸 수가 없다. 그렇지만 다행히도 하나님은 우리에게 버틸 힘을 주신다.

2003년 앨라배마 첫 출장을 다녀온 후 골프를 처음 치기 시작했는데 올해로 22년의 경력을 가지고 있다. 투자한 시간이나 비용을 감안하면 실력이 늘지 않은 게 상당한 스트레스일 수도 있다. 하지만 나에게 골프는 인생 선생이나 마찬가지이다. 어쩌면 데일 카네기의 《데일 카네기 인간관계론》 책을 읽는 것보다 더 깊이 있는 인간관계를 배우게 된다. 그런 측면에서 골프 실력이 늘지 않더라도 나를 위로할 수 있는 것 같다. 골프를 치게 되면 내가 깊숙하게 숨겨 놓은 더러운 성질들을 다 드러내게 된다. 그냥 서로의 발가벗은 모습을 보는 것이 좋다.

힘들다고 재미없는 것은 아니다. 오히려 힘들수록 더 재미있는 것이다. 골프를 배우기 전에는 그런 생각을 해 보지 않았던 것 같다. 골프는 참 힘든 운동임에는 틀림이 없다. 22년 동안 쳤으면 연습한 시간을 포함하면 만 시간은 더 투자했을 것인데, 전문가는커녕 백돌이 가까이 칠 때도 있으니 말이다. 라운딩을 하면서 웃는 얼굴을 하는 경우보다 찡그리는 표정을 하는 경우가 더 많은 것 같다. 그렇지만 엄청 재미있다. 쉽게 정복하지 못하기 때문에 더 재미있는 것 같다. 주식도 비슷한 속성이 있는 것 같은데, 골프보다 더 높은 레벨인 것 같다. 주식보다 더 높은 레벨이 '전도'인 것 같다. 어렵지만 그 어려움을 극복하는 그 기분의 크기로 인해 또 도전하게 만드는 묘한 마법이 있는 것이다. 지인과 이야기하다가 내가 주식이 어렵지만 재미있다고 했는데, 그런 말을 하는 사람은 처음이라며 나를 이상하게 쳐다보는 그분의 표정이 생각난다. 내가 이상한 사람일 수도 있다.

나 스스로 부끄러움이 없어야 더 즐길 수 있다. 골프를 치다 보면 수많은 유혹에 빠지게 된다. 만약 고귀한 성직자분들이 골프를 하더라도 나와 별반 다르지 않을 것이다. 골프공을 더 좋은 자리에 놓고 싶은 충동, 내 공이 아닌데 내 공인 것처럼 치고 싶은 유혹, 오비 라인을 넘어갔는데 아니라고 우기고 싶은 심정, 스코어를 줄이고 싶은 마음 등 내 양심에 반하는 모든 것이 해당된다. 나도 그런 유혹에 못 이기는 경우도 당연히 있는데, 될 수 있으면 양심을 지키려고 노력한다. 어떤 사람들은 우리가 선수도 아닌데 굳이 그렇게 엄격하고 재미없게 할 필요가 있는지 반문하기도 한다. 대부분의 경우 상대방의 스타일에 맞추어 플레이를 하는데 나에게 기회가 주어지면 이렇게 대답한다. "더 엄격할수록 더 즐길 수 있습니다." 이런 나의 말에 공감하는 사람은 많지 않은 것 같다.

동일한 가르침인데 그 표현은 수만 가지이다. 아마도 가르치는 사람마다 다르게 가르치는 것 같다. 하지만 본질은 동일한 내용임을 어느 경지에 가서야 알 수 있다. 그 본질을 알기 전까지는 혼란만 가져다주는데, 결국에는 그 모든 가르침을 다 따라 해 봐야 본질을 알 수 있다. 최고의 스승은 가르치려고 하지 않고 그냥 내버려두고 스스로 깨우치기를 기다리는 것일 수도 있다. 나는 다른 사람에게 될 수 있으면 골프 스윙에 대해 조언을 하지 않으려고 노력한다. 나의 몇 마디로 해결되지 않는다는 것을 알기 때문이고, 22년간의 노력에도 불구하고 나도 잘 안되는 것을 가르칠 염치가 도무지 나지 않기 때문이다. 결국 골프 실력은 공을 때리는 횟수에 비례하지 레슨을 받는 횟수에 비례하지 않는 것이다. 천재성이라는 것도 잘 맞지도 않는 공을 많이 때리더라도 지치지 않고 지속할 수 있는 끈기를 가진 사람이지, 스윙을 잘하는 데 천부적인 재능이 있는 사람이 아닐 수도 있다.

중간에 포기할 수 없다. 다른 운동은 중도 포기를 할 수 있지만 골프는 현실적으로 중도 포기를 할 수 없다. 컨디션이 최악이어도 모든 분노와 수모를 견뎌 내야 끝낼 수 있다. 그렇기에 인내를 배우지 않을 수 없다. 매번 포기하고 싶은 마음이 굴뚝같지만 그래도 버텨 낼 수 있다. 아니 버티지 않을 수 없다. 예전에 나보다 골프를 더 잘 치는 선배가 있었는데, 그날 컨디션이 좋지 않았고 성격이 다혈질이었던 선배는 나에게 지고 있는 상황을 견디지 못해 경기를 중단하겠다며 간곡히 양해를 구했는데, 선배의 비참한 상황을 감지한 내가 동의했음에도 불구하고 경기를 중단하지 못하고 꾸역꾸역 쳤던 것이 기억에 남는다.

화려함과 실속은 다르다. 남자들은 드라이브 거리에 많이 집착한다. 스크린 골프가 활성화되면서 그 현상이 더 강화되는 것 같다. 센서로 감지되는 여러 가지 지표들이 수컷의 본능을 더 자극한다. 볼 스피드, 백스핀 등이 실시간으로 측정되는데, GDR 연습장에 가서 남자들의 미친 듯한 야성을 보면 마치 괴물들을 보는 듯하다. 스크린의 화면에 부딪히는 소리가 또 다른 자극제가 되는데 가장 운이 없는 경우가 옆 라인에서 장타자가 연습할 때이다. 그럴 때면 나는 평소 거리를 내지 못하고 더 주눅이 드는데 마치 사우나에서 대물 앞에서 머리를 말리는 나의 모습과 흡사하다. 그러나 드라이브 거리가 핸디와 비례하지 않는다는 것이 우리 평범한 자들에게는 다행스러운 일이고, 드라이브 거리가 늘어날수록 정확도는 떨어질 수밖에 없는 사실을 알지 못하는 사람들이 많다는 것이 나에게는 위로가 된다. 골프 핸디에 영향을 가장 많이 주는 것이 실제로는 퍼트인데, 나는 퍼트를 대충 치면서 컨시드를 후하게 주는 것을 싫어한다. 마치 소주로 1, 2차를 마시고 취한 상태에서 발렌타인 30년산을 3차로 맥주와 폭탄주로 만들어 마시는 꼴 같기 때문이다. 어쨌건 그날 아무리 드라이브가 잘되더라도 퍼터가 잘되지 않으면 잘되던 드라이브가 망하게 되고, 아무리 다른 샷이 안 좋더라도 퍼터가 잘되는 날은 안 좋던 샷들도 살아나는 경우를 흔하게 보는데 실속은 역시 퍼터에 있는 것이다.

자만심은 금물이고 자신감은 필요하다. 골프는 자만심이 일어나는 순간 무너지게 된다. 골프 약속이 있는 전날은 연습장에 가지 말라고 하는 것도 비슷한 맥락인 것 같다. 즉, 연습장에서 공이 잘 맞으면 몸에 힘이 들어가고 잘 맞을 것이라고 확신한 볼은 나를 철저히 배신한다. 22년 동안 거의 예외 없이 일어나는 현상이다. 그렇다고 자신감이 없으면 안 된다. 특히 짧은 거리에서 더욱 그러하다. 자신감이 없으면 공도 힘이 사라지고 쉬운 샷도 아슬아슬하게 벗어나고 만다. 그럴 때면 아슬아슬한 정도에 비례해서 우리 멘탈의 무너짐의 깊이도 깊어진다. 그러면 자만심과 자신감의 차이는 무엇일까? 우리가 마음으로 느끼는 것은 비슷한 것 같지만 본질적인 차이가 있다고 생각한다. 막연함과 준비됨의 차이라고 나는 나름대로 해석한다. 자만심은 막연한 기분이다. 즉, '어제 연습장에서 잘되었으니까 오늘도 잘될 거야. 저 사람에게 한 번도 진 적이 없으니까 오늘도 내가 이길 거야.'와 같이 경험의 기억에 따른 막연한 감정이다. 그러나 자신감은 철저한 준비를 통해 갖추어진 확신의 마음이다. 자신감을 유지하기 위해서는 충분한 연습이 필수이고 여러 가지 점검과 신중함이 필요하다. 그렇기 때문에 그런 것들을 루틴으로 만들어서 빼먹지 않으려고 하는 것 같다. 아이러니하게도 자만심과 자신감 사이의 경계는 모호한 부분이 있어서 자신감이 자만심으로 쉽게 바뀌기도 하는데, 자만심이 어떤 몸부림을 치더라도 결코 자신감으로 바뀌지는 않는다.

지나간 홀은 잊어버리고 다음 홀을 생각하라. 많은 사람이 지나간 홀에 미련을 둔다. 특히 가정법을 많이 쓰는 사람들이 그렇다. 다음 홀에 도착하기 전까지 미련을 버리지 못한다. "조금만 더 세게 쳤으면 버디인데~", "캐디가 거리를 제대로 알려 줬다면 파를 했을 건데~" 나는 그런 지나간 홀에 대해서 집착하지 않으려고 노력한다. 특히 캐디 핑계는 절대 대지 않는다. 최종 결정은 내가 한 것이고 나의 책임이다. 그냥 지나간 홀은 빨리 잊어버리고 다음 홀에 대해서 집중한다. 물론 그렇더라도 지나간 홀에 집착하는 사람들보다 더 잘 치게 되는 것은 아닌 것 같다. 오히려 그들이 더 잘 치는 경우가 많다. 아마도 지나간 홀에 대한 미련의 말들이 나의 플레이에 영향을 줬을지도 모른다. 그냥 지나간 홀에 대한 미련을 보이는 모습이 절대 멋있어 보이지 않기 때문에 나는 다음 홀에 집중하려고 노력한다.

룰보다 더 중요한 것은 배려심이다. 나는 될 수 있으면 룰을 지키려고 노력한다. 그렇게 하는 것이 골프를 더 즐길 수 있기 때문이다. 나의 그런 면을 대충 아는 사람들은 내가 모든 상황에서 룰을 지키려고 집착한다고 착각하는 것 같다. 골프에서 가장 중요한 것이 동반자들에 대한 배려심이라고 생각한다. 골프는 혼자 즐기는 운동이 아니다. 기본적으로 4명이 함께 즐거워야 하고, 넓게는 내 티 타임 앞뒤의 사람들까지 최소한 12명이 같이 즐거워야 한다. 그렇기에 동반자들의 성향에 맞추어서 배려하는 것이 중요하고, 앞뒤 팀의 페이스를 고려한 플레이가 중요한 것이다. 모든 상황이 만족스럽다는 조건에서 나는 룰을 철저히 적용하려고 한다. 가끔씩 룰 때문에 실랑이를 할 때도 있지만 실랑이 자체도 게임의 일부이고 재미의 요소이다. 하지만 상대방이 룰에 대해서 나와 반대되는 의견을 강하게 내면 나는 좀 물러서 준다. 그것도 배려심 때문이다.

골프는 결국 심리 게임이다. 그렇지 않은 것 같은데 골프는 심리가 많이 작용한다. 멘탈이 약한 사람은 실력이 잘 늘지 않는다. 멘탈이 약한 사람들 중 많은 사람은 자신의 핸디 목표가 있고 그 핸디에 맞추어서 어떻게 해서든 점수가 조정된다. 내기가 크게 걸린 경기일수록 멘탈의 영향을 더 많이 받고 인간의 연약함이 더 드러난다. 멘탈이 강한 사람들은 점수와 내기 자체에 연연하지 않는다. 점수와 내기 금액도 더 즐기기 위한 수단이지, 목표가 아니기 때문이다. 파5에서 양파를 하더라도 자신에게 실망하지 않고,

바위 위에 공이 올라가 있더라도 무벌타 드랍을 요청하지 않고 그런 상황에 대하여 원망하지 않는다. 그냥 경기의 일부이고 극복해야 할 도전으로만 생각한다.

카드 게임도 결국에는 심리 게임인데 골프보다는 심하지 않다. 골프보다도 더 심한 심리 게임은 주식인 것 같다. 골프보다도 더 많은 변수가 존재하기에 더 어렵고 복잡한 상황들을 마주한다. 수많은 정보가 돌아다니지만 어느 것이 진실인지는 쉽게 분간이 되지 않고 수많은 조언이 있지만 결국에는 나의 의사 결정의 힘을 키울 수밖에 없다. 그래서 더 재미있는 부분이 있다. 골프를 더 즐기려면 스코어에 집착하면 안 되고 나의 성장에 집중해야 하고 주식을 즐기려면 시장을 예측하려고 하지 말고 시장의 흐름에 관심을 가져야 하는 것 같다. 주식보다 더 심한 심리 게임은 전도인 것 같다. 전도는 나의 멘탈을 철저히 파괴하는데, 나의 힘만으로는 도저히 버틸 수가 없다. 그렇지만 다행히도 하나님은 우리에게 버틸 힘을 주신다.

고린도전서 10:13 "사람이 감당할 시험 밖에는 너희가 당한 것이 없나니 오직 하나님은 미쁘사 너희가 감당하지 못할 시험 당함을 허락하지 아니하시고 시험 당할 즈음에 또한 피할 길을 내사 너희로 능히 감당하게 하시느니라"

아들의 비자

그리고 아들이 선택한 평범하지 않은 삶이 잘못된 삶도 아닌 것이 명백하다. 그래서 결론 내린 것이 우리의 사랑을 많이 표현하자는 것이었다. 어떤 상황에서도 우리는 아들의 편에 있고 여전히 사랑할 것임을 기회가 있을 때마다 표현하자고 했다. 그리고 열심히 기도 제목에 올려서 하나님과 동행하는 형통의 삶을 살아가도록 중보하자고 했다. 그리고 아들이 앞으로도 우리를 더 놀라게 할 것인데 항상 준비하자고 했다.

'새옹지마'라는 말이 현실과 너무 잘 맞아떨어지는 것 같다. 좋은 일이 있을 때는 안 좋은 일에 대한 준비를 해야 할 정도이다. 미국 주재원의 기회가 좋은 일이었다면, 그로 인해 아들의 사춘기는 더 어려운 시기를 보냈다. 아들의 사춘기 시기의 방황으로 인해 영어와 일본어를 원어민처럼 사용하게 되었다. 이후에 아들에게 일어난 일들은 좋은 일이 안 좋은 일로 연결되고, 그것이 다시 좋은 일로 연결되는 상황이 반복되었다. **어쩌면 좋은 일과 안 좋은 일이 반복되는 것보다는 모든 일에는 양면성**(좋은 것과 안 좋은 것이 공존)**이 있기 때문일 것이다.**

무사시노 미대에 4년째 다니던 해였다. 한 해만 더 다니면 졸업하게 되고 좋은 직장에 취업해서 안정된 생활을 하기까지 얼마 남지 않았다. 그렇게 순조롭게만 흘러가던 우리 가족의 생활에 생각지도 못한 변수가 일어났다. 아들이 휴학을 했다는 것이다. 나이도 다른 애들보다 많고 군대도 다녀왔기 때문에 휴학을 할 이유가 전혀 없는 상황이었는데 휴학을 했다는 소식에 또 한 번의 아들이 주는 충격을 차분하게 받아들일 수밖에 없었다. 한국에서도 휴학은 흔히들 하는 것이었고 학자금에 대한 걱정도 없던 터라 큰 걱정으로 생각하지는 않았다. 결국 아들은 성인이고 모든 의사 결정은 자신이 하고 책임져야 하는 나이였다. 우리가 뭐라고 조언을 하더라도 아들의 의사 결정에 변화를 주지 못한다는 것을 우리는 너무나 잘 알고 있었다. 다만 아들이 거쳐야 할 시행착오를 우리의 도움으로 덜 겪게 할 수도 있는데 그런 기회가 주어지지 않음을 안타까워할 뿐이었다. 우리가 알던 4학년의 해는 3학년의 해가 유지되었고, 그다음 해는 진짜 4학년의 해가 되기를 소망했다.

그다음 해가 되어서 아들에게 더 큰 충격적인 말을 들었다. 비자 문제가 있다는 것이다. 내용을 들어보니, 아들이 아르바이트를 해서 돈을 많이 벌었고 그 아르바이트 때문에 휴학을 했던 것이고 그 돈을 번 것 때문에 학생 비자 갱신에 문제가 생길 것이라고 했다. 일본 학생 비자는 2년에 한 번씩 갱신해야 하는데, 학업에 열중하지 않으면 비자 갱신이 안 될 수 있는데 많은 경우 취업 활동 때문에 비자 갱신이 안 된다는 것이다. 3학년 올라갈 때 한 번 비자 갱신을 무사히 했는데 정상적이면 추가적인 비자 갱신이 필요 없이 졸업하면 되는 상황이었다. 하지만 아르바이트 때문에 1년 휴학을 하면서 졸업하려면 한 번 더 비자 갱신이 필요했고 돈을 많이 번 덕분에 비자 갱신이 안 된다는 것이다. 우리는 한 번도 아들이 졸업을 못 한다는 상상을 해 본 적이 없었다. 그런 사람을 본 적이 없었기 때문인데, 그런 사람이 있었더라도 굳이 우리에게 알려 주는 행운이 없었기 때문일 것이다. 우리가 상상한 안정된 생활은 산산조각이 나서 날아가 버렸다. 현실적으로 비자 갱신을 할 방법은 없는 것 같았고, 아들도 학업에 그리 미련이 있어 보이지 않았다. 아마도 우리가 가장 걱정했던 부분은 아들의 미래이기보다는 지인들에게 대학 졸업 못 한 사실을 어떻게 말해야 하며 그들이 보여 줄 반응이 었는지도 모른다.

우리는 아들의 1년 동안의 휴학 기간에 벌어진 일들에 대해서 더 자세히

들을 수 있었다. 아르바이트에 대한 것이었다. 3D 캐릭터를 만들어서 온라인 플랫폼을 통해서 판매를 했고, 판매가 잘 되어서 큰돈을 벌었다는 것이다. 그 큰돈을 벌었다는 말을 들었을 때 우리 부부는 믿기지 않았지만 엄청 기쁜 마음으로 벅차올랐다. 그런 거금을 학생이 벌었다는 것 자체가 믿기 힘든 것이었고, 그런 것이라면 졸업하지 못하더라도 흠이 전혀 되지 않을 만한 것이라고 생각했다. 그 외에는 자세한 내용을 알려 주지 않았는데, 아마도 3D 캐릭터를 일본에서는 버튜브(버추얼 유튜브)에 사용하든지 게임의 캐릭터로 사용한다는 것 같았다. 하나에 6만 원 정도 하는데 팔리는 만큼 월 단위로 계좌로 송금된다는 것이다. 경험의 미숙으로 인해 돈은 많이 벌었지만 학생 신분으로 번 돈을 처리하는 데 문제가 있었고 일부는 스타트업에 투자도 하고 남은 돈은 많은 세금을 내야 하는 시행착오를 겪어야 했다.

아들은 비자가 허용하는 기간까지 일본에 머물렀는데 그 기간에 많은 고민이 있었을 것이다. 자신이 의도했던 것도 있었을 것이지만 의도하지 않게 흘러갔던 것들도 많았을 것이다. 졸업을 못 하는 상황은 분명히 의도하지 않은 것임이 분명해 보였다. 당장은 큰돈을 벌어서 그 자체만으로도 기쁨이 되었겠지만 미래에 대한 불확실성의 두려움은 감당하기 쉽지 않았을 것이다. 그런 수많은 변화를 혼자 감당해야 했을 아들이 대견하기도 했고 걱정되기도 했다. 그런 상황에서 아빠로서 도움을 전혀 줄 수 없다는 것과 그럴 기회조차 가지기 쉽지 않다는 사실이 안타까웠다. 내가 아들 나이 때는 상상도 하지 못할 경험들을 한 아들은 경제적으로는 실속이 없었지만 부쩍 성장하였던 것 같다. 우리는 그런 아들이 아쉬움은 있었지만 자랑스러웠고 이 이야기는 한동안 큰 자랑거리가 되어 주었다. 특히 아르바이트로 내 전성기에 받은 연봉만큼의 돈을 번 것과 미대 졸업을 못 한 아쉬움을 자랑삼아 얘기했고, 모두 요즘은 대학 졸업장이 그리 중요하지 않다는 것을 강조하며 위로와 부러움을 동시에 표현했다.

한번은 아들에게 작품을 만드는 과정에 대해서 물어봤는데, '쪼물락의 무한 반복'이라고 했다. 나는 그 말이 참 마음에 들었는데, 작품(보고서)이 마음에 들 때까지 사소한 것까지 끊임없이 만지작거렸던 내 성격을 물려받은 거 같았기 때문이다.

아들의 최근 작품 Uruki

이것(3D 캐릭터) 또한 창작 작품이었다. 예술 하는 사람들이 그러하듯이 좋은 작품을 만드는 과정은 쉽지 않은 과정이고 혼자만의 고독한 싸움을 벌여야 한다. 그런 과정상에서 수많은 고뇌와 번뇌가 반복되면서 작품으로까지 반영되어야 좋은 결과가 나오는 것이다. 결코 우리 같은 평범한 삶을 원하는 사람들에게는 추천할 만한 직업이 아님에는 틀림없다. 아들의 삶도 그러한 것이 가장 걱정이 된다. 그 엄청난 심리 게임을 혼자 견뎌 낼 수 있을지가 걱정되는 것이다. 이런 일에는 또 넘을 수 없는 존재가 항상 경쟁자로 존재하기 때문에 그 심리 게임을 더 힘들게 한다. 아들에게도 이미 그런 존재가 있는 것 같다. 자신도 톱클래스이긴 하지만 최고의 존재와는 판매 수에 있어서 차이가 크고 넘을 수 없는 실력 차이가 있는 것이다. 마치 살리에리 앞의 모차르트 같은 존재인 것이다.

우리 부부는 아들의 그런 상황과 앞으로 벌어질 삶에 대하여 어떻게 행동해야 할지에 대해서 많은 고민과 논의를 했었다. 이미 부모의 품에서 벗어났고, 경제적으로도 완전히 독립한 아들에게 우리의 어떤 조언도 실제적인 효과가 없을 것이 분명했다. 우리가 걸어 보지 못한 예술 세계에 대해 조언하는 것 자체가 어불성설이었다. 그리고 아들이 선택한 평범하지 않은 삶이 잘못된 삶도 아닌 것이 명백하다. 그래서 결론 내린 것이 우리의 사랑을 많이 표현하자는 것이었다. 어떤 상황에서도 우리는 아들의 편에 있고 여전히 사랑할 것임을 기회가 있을 때마다 표현하자고 했다. 그리고 열심히 기도 제목에 올려서 하나님과 동행하는 형통의 삶을 살아가도록 중보하자고 했다. 그리고 아들이 앞으로도 우리를 더 놀라게 할 것인데 항상 준비하자고 했다.

아들은 한국으로 귀국했고 강서 신월동에 월셋집을 마련했다. 위치가 마음에 안 들었지만 내가 할 수 있는 것은 없었다. 우리 집과 가까운 곳에 집을 구했다면 여러 가지 장점이 있었겠지만, 이것 또한 아들이 오롯이 시행착오를 통해 터득해야 할 것들이다. 동네 분위기가 마음에 들지 않았고, 교통이 좋지 않은 것이 더 마음에 들지 않았다. 도무지 장점이라고는 없는 듯했다. 그런데 시간이 지나고 경험을 해 보니 서서히 장점들이 보이기 시작했다. <u>**사는 곳도 사람 사귀는 것과 비슷하게 시간이 지나고 익숙해져야 장점들이 보이는 것 같았다.**</u> 우리가 방문했을 때 공용 주차장이 가까워서 안전하게 주차할 수 있고, 김포공항 쇼핑몰이 가까워 쇼핑하기 편하고, 마곡과 가까워 여러 가지 다양한 외식을 할 수 있다는 것이 큰 장점이었다.

아들이 아직 여자 친구가 없어 아쉬운 점이 있지만 한편으로 생각해 보면 여자 친구가 아직 없기 때문에 우리가 자주 방문해서 아들을 볼 수 있는 큰 장점이 있다. 조만간 여자 친구가 생길 것이고 그때가 되면 우리는 거의 남남의 사이만큼 자주 보지 못할 게 자명한 일이다. 일주일에 한 번 정도 아들의 허락을 받고는 신월동에 방문한다. 아들과의 살가운 대화는 없지만 하고 싶은 대화를 할 수 있고, 우리가 사랑한다는 표현을 마음껏 할 수 있고, 집으로 돌아갈 때는 허그를 하는데 나보다 더 벌어진 어깨를 안는 그 기분은 이루 말할 수 없다. 그리고 가끔씩은 준비된 성경 말씀으로 복음을 전하기도 하고 헤어지기 전에는 아내와 내가 번갈아 가며 기도를 해 주는데 마지못해 하는 것이지만 같이 손을 잡아 주는 아들이 너무나 사랑스럽다. 아마도 아들은 앞으로 어떤 시련이 생기더라도 우리에게 오픈해서 이야기할 것이며 우리가 가족으로서 같이 해결해(또는 받아들여) 나갈 것이라는 확신이 든다. **그런 확신이 들기에 아들이 조금 삐끗하더라도 화를 내지 않을 수 있고, 아들을 사랑한다며 포용해 줄 수 있을 것 같고, 그 이슈로 인해 주실 다른 복을 기대하며 차분히 그 이슈를 대할 수 있을 것 같다.**

이사야 41:10 "두려워하지 말라 내가 너와 함께 함이라 놀라지 말라 나는 네 하나님이 됨이라 내가 너를 굳세게 하리라 참으로 너를 도와 주리라 참으로 나의 의로운 오른손으로 너를 붙들리라"

31년의 회사 생활

변화는 항상 어려운 것 같다. 이때까지의 삶을 보더라도 모든 변화의 중요한 순간마다 하나님이 동행하셨고, 가장 안전하고 좋은 길로 인도해 주셨고, 때로는 피할 길을 주신 것을 알고 있다. 그럼에도 불구하고 현재의 이 변화가 버거운 것은 사실이다. 불확실성에 대한 두려움 때문일까? 아니면 그 변화를 위해 거쳐야 하는 수고들이 싫은 것일까? 아마도 두 가지 모두일 것이다.

대학 졸업 후 취업을 위해 원서를 두 군데 넣었다. 삼성전자와 H 사였는데, 두 군데를 고른 이유는 정확히 기억나지 않는다. 당시 통신 회사가 인기 있었는데 통신 회사는 내 학점으로 합격이 어렵다고 생각했던 것 같다. 원서를 낸 두 군데에 모두 합격을 했고 하나를 골라야 하는 행복한 순간을 가졌다. 큰 고민 없이 H 사를 선택했는데 선배들이 많이 있는 삼성전자가 좀 더 싫었던 것이 가장 큰 이유였다. 나는 남들이 많이 하는 것을 항상 피했던 것 같다. 아니 정확하게 말하면 다른 사람이 가지 않은 길을 가는 것을 더 즐겼던 것 같다.

그렇게 해서 10년의 울산 생활이 시작되었다. 사원일 때 24시간 가동되는 현장에 설치한 시스템 때문에 엄청 힘들었다. 자다가도 삐삐 호출이 오면 현장에 전화해 보고 현장으로 자전거를 타고 달려가기를 반복했다. 결혼 후에는 집으로 전화도 왔는데, 아내가 받으면 "껐다가 켜 보세요."라는 말을 할 정도로 흔히 있는 일상이었다. 지금은 근무 환경이 많이 좋아졌는데, 그 당시만 하더라도 야간 근무를 하는 IT 인력이 없었던 것이 가장 힘들었다. 우리가 설치한 시스템들이 늘어났고, 그 시스템들이 우리의 한계를 넘어서는 장애가 발생한 후에야 조금씩 투자가 되어 근무 환경이 개선되었다. 시스템 장애가 크게 발생할수록 당장은 더 힘들었는데, 큰 장애는 투자로 연결되는 장점이 있어서 그나마 견딜 수 있었다. 우리가 너무 열심히 일해서 장애가 나지 않는 것이 오히려 회사에 손해를 끼치는 일인 것 같았는데, 열심히 막는 장애는 언젠가는 터질 수밖에 없기 때문이다. 그래서 장애가 나더라도 자책하지 않을 수 있었다. 울산에서의 10년은 복잡한 생각 없이 하루하루를 앞만 보고 달렸던 것 같다. 누가 봤더라면 미련하다고 했을 것이다. 이해타산을 생각했더라면 결코 견디지 못했을 것이다.

그 이후 거의 8년간의 앨라배마 생활을 했는데, 그때가 리더로서 준비되는 과정이었다. 나 스스로 일을 해서 성과를 내는 것이 아니라 남들을 시켜서 성과를 내야 하는 그런 경험을 본격적으로 하게 되었다. 그리고 알○조의 사태를 경험하면서 **큰 위기 가운데에서도 반드시 돌파구는 있고, 그 돌파구는 최선은 아니더라도 차선이라도 괜찮다**는 것을 배우게 되었다. 그리고 법인장으로부터 비합리적인 지시를 받았을 때 많은 고민을 했던 기억이 있다. 내가 처리할 수 있으면 좋았겠지만 현지 직원들을 통해야만 할 수 있는 지시 사항이었다. 혼자 고민을 하다가 현지 직원에게 솔직히 털어놓았다. "나도 비합리적인 지시라는 것을 알지만 법인장 지시라서 따를 수밖에 없는데 어떻게 해야 할까?"라며 솔직히 털어놓았는데, 의외로 현지 직원은 이해한다며 빠르게 대응해 주었던 기억이 난다. **우리는 혼자 해결하려고 하다가 많은 고민에 빠지는 경우가 많다. 오픈하고 도움을 요청하면 의외로 쉽게 해결되는 경우가 많은 것 같다.** 만약 그때 솔직히 오픈하지 않고 내 의지인 양 그 지시를 이행하려 했다면 많은 질문과 반대에 부딪혀 제대로 이행하지 못했을 것이고 현지인과의 관계도 소원했을 것이다. 그리고 그 원인을 문화적인 차이로 치부하고 내 책임이 아닌 체하고 있었을 것이다. 하지만 부하 직원에게 내 리더십이 훼손될 것이라는 두려움 속에서도 솔직하게 대응하는 것이 최선이라는 마음을 하나님이 주셨고 아주 간단하게 해결할 수 있었다.

앨라배마에서 한국으로 귀국한 후의 4년간은 본격적인 리더로서의 역할을 했다. 그룹장 1년, 팀장 2년, 실장 1년의 숨 가쁜 시간들이었다. 세 개 모두 가장 일을 많이 하고 역할이 중요한 보직이었는데, 나는 운 좋게도 짧고 굵게 그 보직들을 통과했다. 팀장일 때는 거의 일 년 동안 혼자 점심을 먹었다. 팀원들이 모두 해외 프로젝트 때문에 출장을 갔고, 대부분 혼자 사무실을 지키고 있었다. 우리 팀 바로 옆에 있는 팀장과 같이 먹으려고 시도는 했는데 결국은 혼자 먹는 게 낫다고 판단했다. 옆 팀장이 유난히 점심시간에 회의를 늦게 마치곤 했는데 언제 마칠지도 모르는데 마냥 기다리는 것도 하기 싫은 일이었다. 혼자 점심을 먹으면 남들 시선이 신경 쓰이지만 그래도 메뉴를 마음껏 고를 수 있었고 더 시간을 절약하는 등의 편한 점도 많았다. 리더로 산다는 것은 외로움과의 싸움이라는 것을 그때 느끼기 시작했고 나중에는 외로움을 즐기기로 마음을 먹었다. 그때의 경험 때문에 나중에는 혼자 있는 것이 그렇게 불편하지 않았고 오히려 집중할 수 있는 일을 하는 시간으로 활용을 하였다. 실장으로 있었던 1년은 잊을 수 없을 일을 겪었다. 체코 공장에 시스템 문제로 장애가 발생해서 12시간 공장이 멈춘 이슈가 발생했고, 나의 리더십으로 슬기롭게 해결할 수 있었다. 그 공로를 인정받아서 결국에는 임원으로 진급까지 했는데, 부장 2년 차에 임원 진급이라는 아주 예외적인 케이스였다. 이슈를 피하기보다는 맞서는 전략이 유효했던 것 같다. 실제로는 인프라 장애였고 현지 법인 IT의 귀책이었지만 본사 표준 시스템의 애플리케이션 책임자였던 나는 서비스 총괄 책임자의 역할이 나에게 있다고 생각했고 내가 자진해서 장애 보고 및 대책 마련까지 진행을 했던 것이다. 12시간의 장애 시간은 사상 최대로 기록될 만한 큰 장애였고 웬만큼 간이 크지 않은 사람은 감당할 수도 없는 정도의 사건이었다. 나에게 그런 용기가 어떻게 생겼는지는 알 수 없지만 당연히 내가 감당해야 한다고 생각했다. 1시간 장애가 발생하면 장애 대책 보고에 1

달이 걸리는 것이 거의 룰이었는데, 내가 장애 대책을 마무리하는 데 그 룰도 그대로 적용이 되어 꼬박 1년이 걸렸다. 그 사건이 계기가 되어 나의 이름이 그룹의 IT 내부에 아주 강력하게 알려지게 되었다.

9년의 임원 생활은 즐거움 그 자체였던 것 같다. 매년 마지막 해가 될지도 모른다는 긴장감이 있었지만 전혀 두렵지는 않았다. 9년 중 마지막 몇 년 동안은 블라인드에서 권두부라는 별명으로 불리며 직원들의 신랄한 비판을 받기도 했는데 그리 기분 나쁘지는 않았다. 리더로서 조직의 변화를 추진하는 데 있어서 그런 정도의 비판과 저항은 당연한 것으로 생각했다. 오히려 그런 비판과 저항을 내가 주도하고 있는 변화에 대한 좋은 신호로 생각했다. 그런데 권두부라는 별명은 누가 지었을까? 내 영어 이름의 이니셜이 DB여서 두부를 우연히 붙였던 것일까? 아니면 내가 두부를 좋아한다는 것을 알고 붙인 별명이었을까? 나는 권두부라는 별명이 전혀 싫지 않았고 오히려 나를 잘 아는 사람이 선물한 것처럼 생각되어 좋았고, 이 책의 제목으로 사용하기까지 했다.

앨라배마에 있을 때 법인장님이 부사장이 되는 비결이라며 해 주신 **"오늘 할 일을 내일로 미루지 않으면 최소한 부사장까지는 올라갈 수 있다."**라는 말이 임원 생활을 하는 동안 큰 도움이 되었는데, 실제로 쉽지는 않았고 어쩌면 불가능한 일일지도 모른다. 그래도 임원 생활 9년이 대단한 것은 아니지만 노하우를 묻는 후배들에게 "성과에 너무 연연하지 말고 욕먹는 일을 두려워하지 말라."라고 말하곤 했다. 실제로 나는 그렇게 살았다. 누군가 하기를 피하는 일들을 처리하는 데 주저하지 않았다. 문제 사원들을 대응하고 처리하는 일을 피하지 않았고 오히려 내가 직접 소통하였다. 누군가는 해야 했고 쉽지 않지만 회사에서는 중요한 일들이었기 때문이다. 9년 중 가장 재미있게 일한 시기는 우리 회사 미주 법인장 역할을 한 1년 동안의 기간이었다. 해외 법인장은 할 수 있는 것이 참 많았다. 본사의 간섭도 많이 받지 않았고, 핵심 주재원과 현지 임원들과 논의해서 의사 결정을 하고 내가 책임지면 되는 것들이 많았다. 내가 판단하고 내가 책임지는 것에 대한 즐거움이 아주 컸다. 본사에서는 인사, 재무 조직으로부터 간섭도 많이 받고 위로 보고도 많이 해야 해서 나에게 주어진 재량이 크진 않아 진짜 하고 싶은 일들은 제대로 해 보지 못하는 한계가 있었는데, 해외 법인장은 그렇지가 않았다. 나는 그 기회를 십분 활용했고 즐기기까지 했다. 현지 직원들과 소통하는 것도 참 재미있었고, 그들에게 경영자로서 책임감 있고 진정성 있는 진짜 대답을 해 줄 수 있어서 행복했다. 4명 정도로 그룹을 만들어서 현지인 직원들과 돌아가면서 점심 식사를 했는데, 한 직원이 자기 평생에 CEO와 식사해 본 경험은 처음이라며 상기된 표정으로 말하던 그 모습이 잊히지 않는다. 우리가 어떤 대화를 했는지 기억은 나지 않지만 그 직원이 참 열심히 일했던 것은 기억에 또렷이 남는다. 나도 과거를 회상해 보았다. 직장 생활을 하면서 가장 크게 자부심을 느끼거나 보상을 받았다고 생각한 때를 말이다. 여러 가지가 있었지만 과장 시절에 울산에서 서울 본사 사장에게 팀장 대신 보고를 해서 크게 칭찬받았던 일이 가장 생각난다. 물질의 보상도 중요하지만 정신적인 보상이 우리를 더 열심히 일하게 하는 원동력이 되는 것은 분명한 것 같다. 적어도 나는 그랬다.

　내가 정의하고 싶은 리더의 삶은 이런 것이다. 우선, 외로움을 즐겨야 한다. 리더가 외롭지 않으려고 하면 부하 직원들이 힘들 수 있고 그렇게 하더라도 외로움은 피할 수 없기 때문이다. 둘째, 욕먹는(비난받는) 것을 두려워하지 않아야 한다. 중요한 일에는 항상 저항이 있고 비판이 있기 마련이기 때문이다. 셋째, 성과보다도 성장에 집중해야 한다. 성과는 대부분의 조직에서 측정하기 참 힘들고 왜곡과 부풀림이 많다. 조직의 성장과 직원들의 성장에 집중하다 보면 성과는 뒤따라오는 것이라고 생각한다. 특히 조직의 성장과 직원 개인의 성장의 균형이 중요한 것 같다. 그 균형이 없으면 성과는 따라오지 않거나 그 성과들이 단기 성과에 그칠 것이다. 되돌아보면 나는 조직의 성장에 더 집중했던 것 같다. 나중에는 직원의 성장도 중요하다는 것을 인식하게 되었고, 그 균형을 맞추려고 많은 노력을 했던 것 같다.

31년간의 H 사 그룹 생활을 마무리하고 나는 1년간의 안식년 같은 시간(비상근, 자문)을 보내고 있다. 이 시간은 나의 삶을 되돌아볼 수 있는 소중한 시간이기도 하고, 아내와 함께 많은 시간을 보내면서 아름다운 사랑을 할 수 있는 시간이기도 하고, 새로운 변화에 대한 준비와 온실 밖의 세상으로 본격적으로 나아가기 전에 여러 가지 현실을 맛볼 수 있는 기회이기도 하다. 변화는 항상 어려운 것 같다. 이때까지의 삶을 보더라도 모든 변화의 중요한 순간마다 하나님이 동행하셨고, 가장 안전하고 좋은 길로 인도해 주셨고, 때로는 피할 길을 주신 것을 알고 있다. 그럼에도 불구하고 현재의 이 변화가 버거운 것은 사실이다. 불확실성에 대한 두려움 때문일까? 아니면 그 변화를 위해 거쳐야 하는 수고들이 싫은 것일까? 아마도 두 가지 모두일 것이다. 오늘 성경 통독은 욥기이다. 온몸에 종기가 나서 벽돌로 긁고 있는 욥에게 그 아내가 차라리 하나님을 원망하고 죽으라고 하는 장면이 눈앞에 선명하게 보인다.

> **빌립보서 4:6-7** "아무 것도 염려하지 말고 다만 모든 일에 기도와 간구로 너희 구할 것을 감사함으로 하나님께 아뢰라 그리하면 모든 지각에 뛰어난 하나님의 평강이 그리스도 예수 안에서 너희 마음과 생각을 지키시리라"

췌장암

홍해가 갈라지는 기적을 포함한 수많은 기적을 체험한 이스라엘 백성들은 하나님이 가장 싫어한 우상숭배를 끊임없이 저질렀는데, 오늘 내게 하나님이 나타나 수백조 원의 부자가 되게 하더라도 금방 잊어버릴 나는 그 이스라엘 백성과 조금도 다름없는 우상숭배자일 것이다. 하지만 내가 이스라엘 백성과 다른 점은 그 연약함을 너무 잘 알기 때문에 나 스스로 회개할 수 있다는 점이다.

2024년 10월 중순, 서울아산병원에서 해마다 하는 건강 검진이 예약되어 있었는데, 9월 중순에 10월 1일부로 퇴직 통보를 받았다. 예약된 서울아산병원의 건강 검진은 사용할 수 없다는 짜증 나는 이야기를 총무팀장으로부터 받았다. 계속해서 서울아산병원에서 관리를 해 오던 터라 다른 곳에서 건강 검진을 하기는 싫었는데, 굳이 하려면 내 개인 돈으로 해야 했다. 아내와 같이 하는 것이라 인당 180만 원의 거금이 들어가는 거였고, 그럼에도 불구하고 서울아산병원에서 하려고 마음을 먹었다. 그런데 총무팀장이 청담동에 있는 ○○병원에 9월 30일 예약을 했다고 연락이 왔고, 병원은 마음에 들지 않았지만 개인 비용이 들지 않기에 급하게 검진을 받기로 했다.

아내와 함께 예약된 일정에 맞추어 ○○병원에서 건강 검진을 받았고 검진 결과 상담을 2주 후 금요일로 예약을 하고 집으로 되돌아왔다. 검진을 받고 난 이틀 뒤에 ○○병원에서 느닷없이 전화가 왔다. 여자 간호사 목소리였는데, 조금은 긴장한 목소리로 췌장에 1.4cm 혹이 발견되었으니 빨리 정밀 검진을 해야 한다고 통보하는 것이다. 나는 '췌장'이라는 단어만으로도 압도가 되어 당황해하고 있었고, 옆에 있던 아내는 애써 외면하고 있는 듯했다. 간호사는 서울아산병원과 분당서울대병원 중 하나를 선택하면 좋겠다는 의견을 제시했고 나는 서울아산병원으로 예약해 달라고 했다. 만일 문제가 심각해지더라도 해당 병원 시스템을 구축한 회사 동료를 통해서 좋은 의사를 수배할 수 있을 것이라는 생각이 번개처럼 스쳐 갔기 때문이다. 전화를 끊은 간호사는 10분 뒤에 다시 전화를 했고, 서울아산병원은 암 확진이 안 되면 예약이 안 된다며 분당서울대병원으로 예약하겠다고 했다. '암 확진'이라는 더 구체적인 단어가 나를 더 공포에 몰아넣었고 하나 남은 나의 선택권도 사라지고 말았다.

○○병원에서의 검진 결과 상담이 2주 후였고, 분당서울대병원에서의 재검사가 3주 후로 예약된 상황이었다. 2주간의 시간은 나에게 많은 것을 고민하게 하는 시간이었다. 임원 동료 중 췌장암으로 돌아가신 분이 계셔서 췌장암이 얼마나 무서운 병인지 잘 알고 있었다. 그리고 췌장암이 아닐 가능성에 대해서도 생각해 봤는데, 여러 가지 정황상 췌장암일 가능성이 상당할 것이라는 결론을 내렸다. CT 촬영으로 1.4cm 되는 혹이 발견된 사실이 명확했기 때문이다. 애써 별일 없을 것이라고 생각했던 아내는 퇴직 이후 한 달 동안 같이 있는 시간이 길어짐에 따른 갈등이 생길 즈음에 나에게 짜증을 냈고, 나는 아내에게 사태의 심각성을 일깨워 주었다. 그제야 정확한 상황(췌장암)을 알게 된 아내는 당황하였고 혼자 살아가기 위한 준비(운전, 컴퓨터)를 하게 되었다. 간호사부터 전화를 받고 난 후부터 갑자기 허리가 아프기 시작했는데 아무래도 췌장암과 연관이 있을 것이라고 생각했다. 새벽 예배를 다니면서 첫 번째 기도 제목은 당연히 나의 췌장암에 대한 내용이었다. 아내는 췌장암이 아니기를 기도했을 것이고, 나는 췌장암에 걸리는 최악의 상황에서도 믿음을 잃지 않도록 기도했다. 어차피 사람은 병들어 죽을 수밖에 없는 운명인데, 병들지 않고 건강하게 살아가도록 기도하는 것이 아무래도 논리에 맞지 않아서 병들지 않도록 하는 기도는 하지 않

는다. 지금 병들지 않게 기도하려면 분명한 목적이 있어야 할 것 같았고, 나는 그 목적을 찾지 못했다. 우선 내가 관리하고 있는 금융 자산과 보험을 깔끔하게 정리했고 아내에게 알려 주었다. 생각보다 부족하진 않아서였는지 아내는 당황하는 모습이 수그러들었고, 시간이 며칠 지나서 그런지 아주 진지하게 혼자 살아갈 준비를 하는 것 같았다. 2주 동안 머리는 복잡했지만 두렵거나 세상을 원망하고 싶은 그런 마음은 들지 않았고 평안한 마음을 유지했는데, 아마도 성령님의 도우심 때문이었던 것 같다.

검진 결과를 듣는 날이 왔고 아내와 나는 엄숙한 마음으로 청담동 ○○ 병원에 갔다. 안내를 받고 들어간 곳에는 키가 크고 예쁜 여자 의사가 있었다. 10여 년 전에 있었던 코가 빨갛게 변색된 중년의 돌팔이 같던 의사 선생님은 더 이상 계시지 않는 것이 다행이라면 다행이었다. 여자 의사 선생님은 내 것은 뒤에 설명하고 아내 것부터 먼저 설명하겠다고 했다. 순간 나는 내 검진 결과가 심각한 것이니 가벼운 아내의 결과부터 먼저 설명하는 것이라고 생각했고, 내 마음은 더 무거워졌다. 아내의 검진 결과 설명이 끝나고 내 결과에 대해서 설명을 할 차례였다. 의사 선생님은 간호사로부터 1.4cm 혹이 발견된 것에 대해서 연락을 받았는지 확인을 먼저 했고, 연락을 받았다고 간단하게 답변했다. 그리고 CT로 촬영한 그 혹을 보여 주며 설명을 해 주었다. 혹은 완벽한 원의 형태를 하고 있었는데 의사는 1.4cm의 크기를 화면을 통해서 확인시켜 주었다. 그 이후에 내가 알아듣지도 못할 여러 가지 설명을 했는데 감각적으로 이상한 점을 느꼈다. 그래서 내가 의사 선생에게 물었다. "이 부위가 혹시 췌장이 맞는 건가요?" 의사는 퉁명스럽게 대답했다. "누가 췌장이라고 했어요? 이건 맹장인데요." 그 말을 듣는 순간 흑백 영화가 갑자기 천연색으로 변하는 것처럼 갑자기 우리가 앉아 있는 방의 분위기가 바뀌어 버렸다. 그리고 머릿속에 온갖 생각들이 있었지만 별로 해 준 것이 없는 의사 선생에게 감사하다는 말을 연신 하고 있었다. 맹장이라면 정밀 검사에서 암으로 확진이 되더라도 잘라 내면 될 것이라는 생각을 했고, 의사 선생님도 악성은 아닐 것이라는 설명이 있었기에 췌장암은 해프닝으로 끝나는 상황이었다. 아내는 하나님이 기도의 응답을 주셔서 췌장이 맹장으로 바뀌었다고 했고, 나의 허리 아픔은 바로 깨끗이 사라졌다.

  1주일 뒤에 정밀 검사를 위해 예약한 날이 왔고, 별로 심각하지 않은 기분으로 분당서울대병원에 갔다. 외과 전문의와 상담을 하는데 표정이 묘했다. 마치 건강검진센터가 하는 짓들이 한심하다는 표정이었는데, 나의 기분 때문에 그렇게 느꼈을 것이다. 서울대 의대를 나왔을 의사는 CT를 다시 찍어야 한다고 했고, 다른 병원에서 찍은 CT를 왜 못 믿는지 알 수는 없지만 CT를 찍기 위해서 2주 후로 예약을 했고 그 1주일 후에 다시 CT 결과 상담 예약을 했다. 그럴 거였으면 왜 다른 병원에서 CT 촬영을 한 것을 업로드하는 번거로움을 요청했는지 이해가 되지 않았다. 그렇게 또 3주가 흘러서 CT 결과 상담을 했는데, 의사가 맹장이 아니라 대장이라고 하는 것이다. 하나님이 맹장에서 다시 대장으로 바꾸어 주신 이유는 알 수 없었다. 차라리 맹장이 더 좋았을 것 같았다. 대장암으로 유명을 달리한 후배 생각도 나고 형님이 대장암으로 고생한 일도 생각나고 해서 그런 생각을 했을 것이다. 주기적으로 대장 내시경을 통해서 검진하고 있었던 터라 대장 내부일 리는 없었다. 다소 통통한 의사 선생님은 퉁명하게 대장 외부라고 설명을 해 주었다. 양성 지방 덩어리 같은 것인데 복통의 증상이 없으면 6개월 관찰을 해 보고 결정하자고 했다. 즉, 6개월 뒤에 크기가 그대로이면 그냥 두면 되고 크기가 커졌으면 잘라 내면 된다는 것이다. 그렇게 해서 5월 중순에 다시 CT 촬영과 결과 확인 예약을 하고 기쁜 마음으로 집으로 돌아왔다.

  그 이후 췌장암 해프닝은 나의 간증 소재가 되었고, 틈만 나면 열심히 간증을 했다. 나의 간증을 들은 분들은 다들 병원을 비난했지만 난 절대 그러지 않았다. 그들은 ○○병원의 실수라고 정의를 내렸기 때문이고, 나는 그렇게 생각하지 않기 때문이다. ○○병원이 허술한 것은 맞는 것 같다. ○○병원의 입장에서 많이 양보를 해서 갓 입사한 간호사의 실수로 맹장을 췌장으로 잘못 말했다고 인정하더라도 의사가 대장을 맹장으로 오인한 것은 사실이기 때문이다. 하지만 나는 단순한 실수라고 생각하지 않는다. 2주간의 시간을 주신 목적이 분명히 있다고 생각한다. 그리고 그 2주간의 경험이 나에게는 아주 소중한 경험이 된 것은 분명했다. 언젠가는 나에게 그런 일이 또 일어날 것이고 마지막 한 번은 기적이 일어나지 않을 것이다. 그런 날을 위해서 미리 경험해 본 것이 앞으로 인생을 살아가는 데 있어 우리 가족에게 많은 도움이 될 것이기 때문이다.

6개월이 지난 지금 CT를 또 찍었다. 이번에 CT를 찍을 때 이상하게도 조형제가 들어갈 때 몸이 많이 반응을 했다. 몸이 너무 뜨거워져 암 때문이 아니라 조형제 때문에 잘못되는 게 아닌가 걱정이 될 정도였다. 물론 CT 검사를 중단할 정도는 아니었고 검사는 무사히 진행되었다. 또 1주일 후에 검사 결과를 확인하러 갔고, 그 통통한 의사는 혹의 크기 변화가 전혀 없다며 그대로 두는 것이 좋을 것이며, 혹시 염증이 생길 수 있는데 그때는 복통이 있을 것인데 그때 복강경 수술을 하면 될 것이라고 했다. 즉, 문제없다는 것이다. 그렇게 해서 나의 췌장암 해프닝은 완전히 종결이 되었고, 우리 부부는 조용히 기념을 했다. 기념을 하기 위해 여주에 있는 세종대왕릉에 방문했는데, 무슨 연관이 있어서 그런 것이 아니라 그냥 나중에 기억에 조금이라도 남을 뭔가를 하고 싶었고 그것이 세종대왕릉이었다. 628년 전 5월에 태어난 세종대왕이 조용한 여주시 시골에 잠들어 있는 것을 나의 죽음과 새 생명이 교차한 2025년 5월과 억지로 연결할 수 있을지도 모른다.

7개월간의 엄청난 해프닝을 나에게 전화한 그 간호사는 상상이나 했을까? 그 간호사는 췌장이 아니라는 것을 알기나 할까? 혹시 내가 이미 죽었거나 심각한 상태일 것이라고 짐작만 하고 있지는 않을까? 나에게 췌장암이 실제로 있었는지 단순 실수였는지는 사실 크게 중요하지 않다. 나에게는 실제로 일어난 일이고 나는 지금 기적적으로 건강하게 살아 있다. 간호사로부터 전화를 받고 난 후 2주간은 내 인생에서 가장 힘든 시기였고 그래도 의외로 평안한 마음을 유지할 수 있었다. 우리 부부는 그 이전의 어떤 기도보다 더 열렬히 기도를 드렸고, 그 응답을 받았다. 29년 전 뱃속의 아들이 유산되었다는 소식에 기도 응답을 받은 것과 지금의 기도 응답은 비교할 만한 것이다. **우리는 어쩌면 수많은 기적을 경험할지도 모른다. 많은 경우 그 기적을 인지하지 못하거나 우연으로 여기고, 또 기적이라고 인정하더라도 그 효과가 오래가지 못하는 것 같다.** 그것이 인간이고 인간의 연약함이다. 홍해가 갈라지는 기적을 포함한 수많은 기적을 체험한 이스라엘 백성들은 하나님이 가장 싫어한 우상숭배를 끊임없이 저질렀는데, 오늘 내게 하나님이 나타나 수백조 원의 부자가 되게 하더라도 금방 잊어버릴 나는 그 이스라엘 백성과 조금도 다름없는 우상숭배자일 것이다. 하지만 내가 이스라엘 백성과 다른 점은 그 연약함을 너무 잘 알기 때문에 나 스스로 회개할 수 있다는 점이다.

> **시편 40:5** "여호와 나의 하나님이시여 주는 우리를 위해 수많은 기적을 행하셨습니다 주께서 우리를 위해 생각하시고 계획하신 그 놀라운 일은 아무도 헤아릴 수가 없습니다 내가 그 모든 것을 말하려고 하지만 너무 많아 일일이 다 열거할 수가 없습니다"

웨이드와 샤니

웨이드와 샤니가 우리 가족을 끈끈하게 묶어 주는 것 같다. 물론 그 두 애들이 없었어도 우리 가족은 행복하게 잘 지내고 있었을 것이다. 그러나 그 둘 때문에 더 자연스럽고 더 활기찬 모습이 된 것은 분명하다. 아들이 예술 하는 직업이어서 외로울 수밖에 없는 환경인데, 아무것으로도 채울 수 없는 공간을 두 애들이 채워 주고 있는 것 같다.

    아들이 고양이를 입양했다. 평상시 고양이에 대한 이미지가 그리 좋지 않았는데, 태어난 지 두 달 된 새끼 고양이를 보니 너무 귀여웠다. 연애는 안 하고 애완동물을 키운다는 것이 마음에 들지는 않았지만 살아 있는 생명과 인연을 맺는다는 것 자체가 신비롭고 은혜로운 일인 것 같다. 2024년 3월에 입양된 러시안블루종의 아주 우아한 자태를 뽐내는 웨이드가 처음 우리를 보고는 조심스러워하는 모습이 눈에 선하다. 웨이드의 생일은 2월 3일인데, 우리의 결혼기념일과 하루 차이가 나서 평생 까먹을 일은 없을 것이다. 일주일에 한 번 손자 보러 가는 마음으로 아들 집에 가는 우리는 즐거웠고, 웨이드가 보고 싶다고 하면 우리의 방문을 흔쾌히 허락해 주는 아들을 또 어색하지 않은 모습으로 볼 수 있어서 또 행복했다. 아직 어미의 젖을 빨고 있을 나이인 어린 웨이드는 혼자 대소변을 다 가리고 밥도 알아서 먹고 그루밍도 혼자 잘 하는 모습이라 참 신기하기도 했다. 한참을 놀다가 집으로 돌아가려고 집 문을 나설 때면 웨이드는 애처로운 눈빛으로 문 앞에 드러누워서 가지 말라고 호소하는 듯해서 우리의 발걸음을 더욱 무겁게 했다. 웨이드를 양육하는 아들의 모습도 부쩍 어른이 된 모습이어서 우리를 더욱 즐겁게 했다.

　아들이 일본으로 여행을 갈 때 웨이드를 우리 집에 부탁하고 갔다. 처음 며칠은 집이 바뀌어서 적응을 한다고 작은 방 침대 밑에서 도통 나오려 하지 않았다. 침대 밑 제일 구석진 곳에 웅크려 앉아서 눈에 불을 켜고 우리를 바라보는 모습은 마치 2차 전쟁 중에 독일군을 피해 피신한 유대인의 모습을 보는 듯했다. 웨이드의 낯가림은 3일 정도 갔었고, 그 이후에는 조금씩 우리 집 구석구석을 탐방하기 시작했다. 1년 가까이 자란 웨이드는 이미 성묘의 자태를 하고 있었는데, 우리 집 거실에 앉아서 우리를 바라보는 모습이 우아함 그 자체였다.

성장한 모습의 웨이드

　아내가 설거지를 할 때면 호기심으로 싱크대 앞에 나 있는 창문의 아주 좁은 틈에 곡예하듯 앉아서 아내를 바라보는 모습이 마치 아내를 포식자들로부터 보호하는 듯한 모습이었다. 웨이드가 적으로 생각하는 것은 진공청소기였는데, 아내가 청소를 할 때면 온몸의 털을 잔뜩 세우고 몸을 옹크리는 모습을 하였는데 사랑스럽고 귀여운 웨이드의 모습은 어디 가고 완전히 괴물 같은 모습을 하였다. 아내가 가스레인지를 사용할 때면 웨이드가 화상을 입지 않게 하기 위해 진공청소기를 부엌 입구에 눕혀 놓았는데, 웨이드는 감히 근처에 갈 엄두도 내지 못하고 털을 세우고 경계를 했다.

우리에게 웨이드의 존재가 아주 큰 것임에는 분명했다. 웨이드가 없는 우리 가족은 이미 상상도 할 수 없었다. 문제는 고양이가 영역 동물이다 보니 함께 집을 떠나 여행을 같이 가지 못한다는 것이다. 그런 점이 나는 너무 안타까웠고 웨이드와 함께 여행할 수 있는 방법에 대해서 조사를 했다. 외국에서 RV에 고양이를 데리고 여행을 다니는 사례가 있었고, 우리도 차량을 개조하면 웨이드와 같이 여행할 수 있을 것 같았다. 국내 사례는 거의 없었는데 한 노부부가 자신의 소형 트럭을 개조해서 고양이 몇 마리와 여행을 다니는 것을 유튜브에서 거의 유일하게 찾을 수 있었다. 그런 생활에 대해서 고양이 전문가의 입장도 있었는데, 결코 바람직하지 않다는 의견이었다. 그래도 시도해 볼 만한 것이라고 생각해서 '웨이드 프로젝트'라는 이름으로 제안서를 만들어서 아들에게 보여 주었다. 2025년 초 기아에서 새로운 개념의 차량인 PBV(Purposed Built Vehicle)가 출시되는데 그것을 고양이가 놀 수 있도록 개조해서 같이 가족 여행을 다니는 프로젝트였다. 그러나 아들은 그 프로젝트를 달갑게 생각하지 않았는데, 아마도 웨이드 입장에서 그리 권장할 만한 일이 아니었기 때문이었을 것이다. 부모가 자식을 위하는 마음이었던 것 같다. 그것이 아니면 그냥 나와 같이 프로젝트를 하는 것이 부담스러웠을 수도 있다. 어쨌든 나의 프로젝트 제안은 보기 좋게 거절당했다.

웨이드의 첫 번째 생일 파티를 하였다. 온라인 쇼핑몰에서 파티용품을 구매했다. 그리고 그다음 날이 우리 부부의 결혼기념일이기 때문에 연합

기념일 파티를 하기로 했다. 웨이드가 없었으면 결코 상상도 할 수 없었을 일이다. 파티용품에는 모자도 포함되어 있었는데, 도저히 웨이드에게 모자를 씌울 방법이 없었고, 웨이드가 가장 좋아하는 삶은 닭고기를 실컷 먹게 해 주었다. 웨이드는 자기 생일인 것을 알지 못할 것이 분명했지만 그것은 중요한 것이 아니었고, 우리 가족이 행복한 시간을 보낼 수 있는 것이 중요했다. 웨이드는 성격이 좀 까칠한 편인 것 같다. 아내가 안아 보려고 하면 몸부림쳐서 도망가 버렸고, 우리가 웨이드를 쓰다듬으려고 다가가면 우리의 손과 팔을 할퀴고 물기 십상이었다. 그러나 절대 우리와 멀리 떨어지지는 않았는데, 가만히 있는 우리에게 다가와 몸을 문대거나 우리의 발 냄새를 맡거나 배를 내놓고 재롱을 한껏 떨었다. 그런 모습이 마치 아들의 성격과도 비슷하게 느껴졌고 그런 점이 웨이드를 더 사랑할 수 있게 하는 것 같았다. 아들은 웨이드가 손과 팔을 할퀴더라도 적극적으로 스킨십을 했는데 우리도 그런 스킨십을 웨이드와 하고 싶었고 아들과도 하고 싶은 마음이었다. 우리는 용기를 내어 헤어질 때면 아들에게 안아 보자고 했고, 아들은 흔쾌히 자기의 몸을 우리에게 맡겼다. 아들의 등이 한없이 넓게 성장한 모습이 나는 너무 좋았다.

웨이드가 아들이 외출하거나 우리가 집을 나설 때면 너무 외로워하는 모습을 보여서 그런지 아들이 웨이드 동생을 입양하겠다는 의견을 말했고, 아들이 두 아이를 보살피는 데 너무 힘들지 않을지 걱정이 되었지만 좋은 의견이라며 마음을 보탰다. 한참을 골랐을 것이다. 아들이 눈높이가 굉장히 높은 아이라는 것을 우리는 알기 때문에 그 까다로운 조건을 통과한 아이가 어떤 아이일지 궁금했다. 막연히 웨이드와 같은 종이면 좋겠다는 생각을 했다. 몇 달이 지났던 것 같다. 아들이 웨이드 동생을 찾았다며 동영상을 보내왔다. 펫 숍의 케이지에서 놀고 있는 새끼 고양이의 모습이 마치 〈스타워즈〉에 나오는 요다의 모습과 비슷했다. 귀가 아주 컸고 얼굴은 아주 작았으며 털은 거의 없었고 몸에 주름 같은 것들이 있었다.

입양 당시 샤니

    첫인상은 조금 실망이었다. 요다의 모습도 있고 〈반지의 제왕〉에 나오는 골룸의 모습도 있어 사랑스럽고 귀여운 모습이 아니었기 때문이다. 눈이 높은 아들이 왜 그런 애를 골랐는지 알 수는 없지만 한번 내린 결정을 바꿀 수 없다는 것을 우리는 너무 잘 알고 있었기에 반가운 얼굴로 환영해 주었다. 이름을 지었는데 '샤니'라고 했다. 샤니는 암컷이었는데 웨이드가 수컷이기 때문에 자연스러운 선택이었을 것이다. 데본렉스종인 샤니의 진가는 아들 집에서 처음 만난 날 알게 되었다. 사진이나 동영상으로는 알 수 없는 매력을 엄청나게 발산하고 있었다. 우선 우리와 스킨십하는 것을 좋아했다. 손과 팔을 할퀴지 않고 마음껏 쓰다듬을 수 있었고 안을 수 있었다. 성격도 엄청 활발했는데 웨이드의 조심스러운 성격과는 완전히 달랐다. 어쩌면 당연한 것이지만 웨이드는 경계를 하였고 샤니가 웨이드로부터 일방적인 공격을 받는 것을 우려해서 아들은 한동안 웨이드를 따로 격리시켰다. 혼자 거실에 격리된 채로 오디오 스피커에 올라가서 물끄러미 문이 닫힌 안방을 바라보고 있는 웨이드의 모습은 너무 애처로워 보였다. 그런 애처로운 시간은 그리 오래가지 않았고, 둘은 친남매처럼 아주 재미있게 놀기 시작했고 우리가 집을 나설 때 웨이드는 더 이상 애처로운 눈빛으로 우리를 바라보지 않았다. 무뚝뚝한 오빠와 애교가 엄청난 여동생이 우리 가족에게는 보물 같은 존재가 되었다.

웨이드와 샤니가 우리 가족을 끈끈하게 묶어 주는 것 같다. 물론 그 두 애들이 없었어도 우리 가족은 행복하게 잘 지내고 있었을 것이다. 그러나 그 둘 때문에 더 자연스럽고 더 활기찬 모습이 된 것은 분명하다. 아들이 예술 하는 직업이어서 외로울 수밖에 없는 환경인데, 아무것으로도 채울 수 없는 공간을 두 애들이 채워 주고 있는 것 같다. 아들이 어버이날에 우리에게 스파게티를 해 준다며 요리를 할 때 둘이 요리하는 아들을 지키고 있는 모습에서 묘한 안정감을 느낄 수 있었다. 예술 하는 사람들이 애완동물을 키워도 좋겠다는 생각을 했는데, 고흐가 애완동물을 키웠다는 말은 들어 본 적이 없다. 아들이 힘들 때 우리 부부가 해 줄 수 없는 것들이 있다면 아마도 웨이드와 샤니가 해 줄 수 있는 것들이 분명히 있을 것이다. **웨이드와 샤니가 우리 기도의 응답일 수도, 아니면 그 과정상에 있는 것일지도 모른다. 하나님은 우리가 예상치도 못한 방법으로 하나님 때에 역사하시는 분이기 때문이다.**

샤니가 빨리 컸으면 좋겠다. 웨이드에게 물린 상처가 몸 곳곳에서 발견되는 것이 애처롭다. 동물병원에서는 별일 아니라고 했단다. 그래도 가뜩이나 털도 없는 여린 샤니의 몸에 상처가 아물어 있는 모습은 신경이 쓰인다. 그러거나 말거나 세상 근심 없이 웨이드와 치고받고 하는 명랑한 샤니의 모습을 보는 것은 언제나 즐겁다. 따지고 보면 우리 인간들도 잘 지내는 것 같지만 서로 치고받고를 아주 처절하게 하고 지내고 있는데, 그냥 아닌

척할 따름이다. 샤니가 크면 웨이드가 구박당할지도 모른다는 생각이 드는데, 웨이드가 구박당하는 모습을 보는 것은 더 싫을 것 같다.

| **요한복음 14:18** "내가 너희를 고아와 같이 버려두지 아니하고 너희에게로 오리라"

아무것도 보이지 않습니다

우리는 살아가면서 가끔씩 '아무것도 보이지 않는 상황'을 마주하곤 한다. 그때 살아온 날들을 되돌아보면 우리가 절망하고 포기하지 않게 성령님이 도와주시고, 피할 길도 열어 주시고, 우리의 상상력을 넘어서 하나님이 일하시는 것을 알 수 있다.

   교구장으로서 구역장으로서 사역을 감당하고 있다. 구역 모임을 이끌고 나간다는 것은 참 어려운 일인 것 같다. 나의 능력으로는 도저히 이끌고 나갈 수 없을 정도이다. 특히 아무 인연이나 공통점이 없는 중년 남성들이 주축이 되는 모임을 이끌고 나가는 것은 기적과 같은 것이다. 교회의 이름으로 모였지만 소속감이 매우 약하다. 믿음이 없으면 모임에 꾸준히 참석하는 것 자체가 쉽지 않다. 매 순간 기적을 체험하는 것 같다. 모임에서는 중년 남성들의 특징이 극대화된다. 조금의 불편함도 참지 못하는 나약함을 볼 수 있다. 호르몬 때문인지 자기 자랑으로 하루 종일 떠들어도 시간이 부족하다. 본인의 힘든 일을 시작으로 간증하다가 결론은 자식 자랑, 건강 자랑, 돈 자랑으로 끝이 나는 경우가 많다. 그런 상황에도 불구하고 몇 년의 구역 예배가 지속될 수 있는 것은 성령님의 도움이 있기 때문인 것 같다.

   모든 것이 그러하듯이, 성장하지 못하고 정체가 되면 큰 시련을 겪게 되는 것 같다. 유지도 못 하고 역성장까지 한다면 사태는 더 심각해진다. 구역 모임을 통해서 마음의 치유까지는 아니더라도 도움이 되는 게 하나라도 있어야 하는데, 오히려 더 시험을 얻게 된다면 구역 모임 자체를 유지하기조차 힘든 상황이 될 것이다. 구역 모임에서 "우리의 강함을 자랑하기보다는 우리의 약함을 자랑하게 하셔서 시기와 질투의 마음보다는 사랑하고 연합하는 마음을 주세요."라며 항상 기도를 드리고 있는데, 기도 응답은 받지 못하고 반대의 상황이 발생하게 된 것이다. 구역 모임에 많을 때는 8명까지 모였는데 숫자가 점점 줄더니 세 명까지 줄어들고 말았다. 열심히 나오던 분들도 이런저런 핑계를 대면서 안 나오는 경우가 대부분이었고 이유도 없이 갑자기 안 나오시는 분도 생겼다. 그런 조짐이 있었을 때 일찍 조치를 취하지 못한 내가 어리석게 생각되었다. 주위에 있는 교구들의 구역 모임이 성장하고 있다는 소식에 나는 더 힘들어졌고, 아내의 구역 모임이 4명으로 성장하고 모임에서 즐거움이 있는 모습에 나는 더 작아졌다. 이유가 어찌 되었든 모임을 이끌고 나가는 나에게 가장 큰 원인이 있음에는 분명했다.

얼마 전 강화도 선교 답사를 갔을 때 140년 전 선교사님들의 기도 제목이 떠올랐다. 그분들이 처음 조선에 왔을 때 아무것도 보이지 않는다고 기도한 내용인데, 꼭 나의 심정과도 같았다. 물론 그 막막함의 크기를 비교하면 비교 자체가 안 될 만큼 차이가 있겠지만, 어쨌건 지금 나는 아무것도 보이지 않는 상황이다. **그리고 그런 아무것도 보이지 않는 절망스러움 가운데에서 그 기도 제목을 보면서 하나님이 주시는 마음이 있었다. 이것도 과정일 것이라는 마음이었다. 하나님이 이런 상황을 주신 이유가 반드시 있다는 마음도 주셨다. 그리고 나에게 포기하지 말고 넘어서라는 말씀을 해 주시는 것 같았다.**

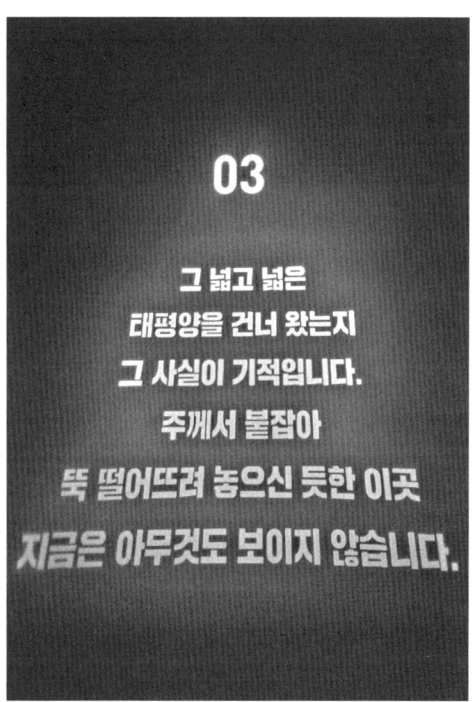

강화 기독교 역사기념관(140년 전 선교사의 기도)

우선 장로님께 이런 상황에 대해서 의논을 드렸다. 장로님도 뾰족한 해법이 있는 것은 아닐 것이고 또 문제를 바로 해결할 것이라고 기대해서 말씀드린 것은 아니었다. 교구 목양 장로님으로서 상황을 정확하게 인지해야 할 필요가 있었고, 같이 합력해서 해결해 나가야 하기 때문이었다. 물론 장로님도 선교 사역 때문에 엄청나게 바쁘고 힘든 상황임을 알고 있었기 때문에 사소한 구역 모임 문제까지 장로님께 부담을 드리는 것 자체가 미안했고, 구역 모임 하나 제대로 이끌고 가지 못하는 내가 너무 무능해 보였고 초라해 보여서 부끄러웠다. 하지만 장로님은 그런 내게 잘 말해 주었다면서 같이 해결해 나가자며 용기를 주셨다. 그래도 나에게는 장로님이 든든한 후원자이시면서 롤 모델 같은 존재이다. 그리고 같이 동역하는 교구장님도 이런 어려운 상황에서 어린 나이임에도 불구하고 더 의연한 모습으로 자리를 지키고 있음이 나에게 큰 위로가 된다. 혼자가 아니라 같이 합력할 분들이 계심에 감사할 따름이다.

인천 강화도에 교회가 210개가 넘고 복음화율이 50퍼센트가 넘는다고 한다. 그렇게 교회가 부흥한 이유는 140년 전의 선교사님들의 선교 사역 덕분이다. 그런데 나중에 그렇게 많은 열매를 맺은 선교사님들도 처음 강화도 땅에 선교를 시작했을 때 "아무것도 보이지 않습니다."라는 기도를 드렸다는 것이 많은 것을 생각나게 한다. 우리는 살아가면서 가끔씩 '아무것도 보이지 않는 상황'을 마주하곤 한다. 그때 살아온 날들을 되돌아보면 우리가 절망하고 포기하지 않게 성령님이 도와주시고, 피할 길도 열어 주시고, 우리의 상상력을 넘어서 하나님이 일하시는 것을 알 수 있다. **우리는 앞이 안 보일 때 그냥 기도로 도와달라고 하면 하루하루 버틸 수 있는 힘을 주시고, 또 기도를 통해 하나님이 인도하시는 대로 작은 일부터 하다 보면 나중에 반드시 기적을 체험하게 되는 것이다.** 지금 우리의 이 앞이 보이지 않는 상황도 성장을 위한 과정일 것이고, 나중에 추억의 한 페이지를 장식할 것이다.

아내와 가정 예배를 드릴 때 기도에 대해서 나눈 적이 있다. 나는 기도를 하면서 병을 낫게 해 달라, 물질의 부족한 것을 채워 달라고 하는 것은 응답을 주시지 않을 것이어서 그런 기도는 드리지 않는 것이 좋겠다는 취지로 먼저 나누었다. 왜냐하면 우리 인간은 결국에는 병들어 죽는 것이 운명이고 죽음 이후에는 영생이 있다는 것을 믿고 있는데, 병들지 않게 해 달라는 것은 앞뒤가 맞지 않기 때문이다. 그에 대해 아내는 우선 기도를 간절히 하다 보면 성령님이 인도하심이 있을 것이고 그 인도하심에 따라 나아가면 될 것이라는 말을 했다. 뒤통수를 맞는 듯했다. 그렇다. 나는 너무 내 생각을 앞세우고 있는 것 같다. 나는 그냥 연약한 존재이고 열심히 기도를 드리다 보면 성령님이 인도하시고 역사해 주시는 것이다. 믿음이라는 것이 그렇게 복잡하게 생각할 필요는 없을 것 같았다.

선배 리더분들에게 원인을 돌리거나, 구역 모임에 갑자기 이유도 모른 채 나오지 않는 분들에 대해서 섭섭해하거나, 여러 가지 핑계를 대면서 요리조리 피하기만 하는 분들을 원망하기를 그만두기로 했다. 어쩌면 그런 것들은 당연한 것이고 우리가 넘어서야 할 것들인 것이다. 문제는 남아 있는 우리 자신에게 있는 것이다. 모든 문제를 우리 자신에게 돌릴 때 비로소 그 문제들은 해결될 것이고, 《안나 카레니나》의 행복론에 나와 있는 행복한 가정(구역)과 비슷한 모습이 될 것이다. 아직도 나에게는 함께 합력할 동역자들(장로님, 한 분의 교구장님, 한 분의 구역원)이 계시고 성령님의 도우심이 있기에 포기하지 않을 수 있는 것이다.

| **히브리서 11:1** "믿음은 바라는 것들의 실상이요 보이지 않는 것들의 증거니"

모락산

우리가 살아가야 하는 세상은 더 복잡하고 변수가 많다. 그렇기에 더 많은 심리가 작용하고 더 어렵다. 그렇기 때문에 세상 살아가는 것을 더 재미있게 즐길 수 있는 것 같다. 결국 힘들다고 재미없는 것은 아닌 것이다.

친한 친구들이 주축이 되어서 일 년에 몇 번은 모락산 밑에 있는 식당에서 모임을 했었다. 닭백숙과 닭볶음탕을 주메뉴로 하는 식당인데, 음식을 먹으면서 조용하게 포커도 즐길 수 있다. '하이로우'라는 경기를 주로 하는데 포커로부터 배우는 것 또한 많다. 모임의 목적이 돈을 따기 위함은 절대 아니다. 왜냐하면 딴 돈은 음식값으로 지불되고, 잃은 사람은 충분한 개평을 받기 때문이다.

포커로부터 배우는 것들은 다음과 같다. 첫째, 기다리면 언젠가는 기회가 온다는 것이다. 패가 잘 안 풀릴 때는 기다릴 줄 알아야 한다. 기다림은 한 시간이 될 수도 있고, 네 시간이 될 수도 있는데 그 기회는 반드시 온다는 것이다. 한 번도 예외는 없었다. 둘째, 성급하면 실수를 한다는 것이다. 기다리지 못하고 성급하게 행동하다 보면 실수가 동반될 수밖에 없고, 그 실수들은 상황이 불리할 때 최악의 상황으로 발전될 수 있다. 의도적으로 과감하게 베팅할 때도 필요하지만 대부분의 경우 실수를 최대한 줄일 수 있는 전략이 오히려 더 중요하다. 셋째, 자기 리소스에 맞는 전략을 써야 한다는 것이다. 어떠한 상황도 동일한 상황이 없다. 나의 리소스가 풍족할 때의 베팅과 그렇지 못할 때의 베팅은 완전히 달라야 한다. 리소스를 고려하지 않은 베팅은 나의 생명을 단축시키거나 포커를 제대로 즐기지 못하는 지루한 게임이 될 수 있다. 결국 포커 게임의 목적은 최대한 긴 시간 즐기기 위한 것이기 때문이다. 넷째, 화려함보다는 실속이 중요하다는 것이다. 베팅을 화려하게 하는 사람이 있다. 이런 사람은 포커를 잘 치는 것처럼 착각을 일으키고 기분에 취해 실수를 연발하게 해서 결국에는 실속을 챙기지 못한다. 포커는 돈을 많이 따는 성과가 있어야 재미가 극대화되기 때문에 성과를 무시하면 안 된다. 이런 점들 때문에 나는 포커 게임이 좋다. 인생의 여러 가지 일과 비슷한 점이 많고, 실제 인생에서 자주 못 해 보는 일들을 시도해 볼 수 있는 재미가 있다. 그리고 상대방의 스타일과 성격을 분석해서 전략을 짜는 재미도 쏠쏠하다.

하지만 내가 싫어하는 것들도 있다. 우선 메뉴가 마음에 들지 않는다. 내가 닭 요리를 좋아하지 않기 때문에 닭백숙과 닭볶음탕이 메인 요리로 나오는 것이 좋을 리가 없다. 또 담배 연기가 싫다. 실내에서 금연이 자연스럽게 지켜지지 않으니 몇 시간 동안 오롯이 담배 연기를 마셔야 한다. 그리고 중년 남자들의 수다가 장난이 아니다. 방에 우리만 있기 때문에 마음껏 떠들 수 있어 시끄러운 분이 나의 어느 쪽에 자리를 잡는가에 따라 그쪽 귀가 아플 정도로 힘들게 된다. 그리고 시작하는 시간은 명확한데 마치는 시간은 명확하지 않은 것이 싫다. 보통 자정까지 하고 마지막 10판으로 끝나는 것으로 정해지지만 상황에 따라 판 수에 들어가지 않는 경우가 존재하고 그것을 감안하면 판 수가 수십 판으로 늘어나게 되는데 한 번은 새벽 4시까지 연장되었다. 이런 것들 때문에 모임이 지속되지 못하게 되는데, 순수하고 선한 의도임에도 절제를 하지 못하는 인간의 나약함이 여실히 드러나기 때문이다.

포커 자체 외에 내가 좋아하는 것들은 이런 것들이다. 경기 룰이 명확하다. 룰에 대한 다툼이 있을 수 없고 속임수의 여지도 없다. 칩의 마법으로 인해 실제 돈의 두 배에 해당하는 베팅의 즐거움이 있다. 실제 돈의 두 배의 금액에 해당하는 칩을 나누어 주는데, 그것을 알더라도 두 배 베팅의 효과를 누릴 수 있다. 신기한 것은 우리의 뇌는 두 배의 거품이 있다는 것을 알고 있지만 베팅으로 느끼는 감각은 두 배의 베팅 그대로 느낀다는 것이다. 아마도 뇌와 우리 감각 사이에 시차 또는 오차가 있는 것 같다. 개평도 있는데 명확한 룰을 정해 놓았다. 잃은 돈의 50%는 돌려주고 운이 좋으면 더 많이 받을 수도 있다. 언제나 누군가로부터 돈을 받는 것 자체는 어떤 상황에서도 즐거움을 준다. 그리고 가장 좋은 점은 술을 많이 마시지 않는다는 것이다. 외진 곳에 식당이 있어서 대리운전을 부르기도 애매하기 때문에 절주를 하고 직접 차를 몰고 가야 하기 때문이다. 어쩌면 우리 모두는 본질적으로 과음을 하기 싫어하지만 군중 심리로 술을 경쟁적으로 많이 마시게 되고 조금의 핑계라도 생기면 술을 덜 마시는 것 같다. 그리고 횟수가 많아지고 난 후 알게 되었는데, 포커의 실력 차이는 존재하지만 그 실력 차이는 크게 중요하지 않다. 물론 확률로 따지면 실력 좋은 사람이 승률이 높은 것은 사실이지만, 우리가 모임을 갖는 빈도가 그리 많지 않기 때문에 그 확률로 인한 승률은 거의 무시 수준인 것 같다. 적어도 내가 느끼는 것은 그렇다. 실력이 좋은 몇 사람은 온갖 현란한 말솜씨를 뽐낸다. 가끔은 나를 바보로 만들기도 한다. 그러나 그런 잡다한 확률을 계산하지 않더라도 상대방의 행동과 스타일을 잘 관찰하면 충분히 승률을 높일 수 있는 방안이 보인다. 물론 예외적인 상황들도 있지만 그 예외적인 상황은 말 그대로 예외적이어서 무시해도 대세에는 지장이 없다. 포커 실력이 좋은 사람들을 나만의 전략으로 이길 수 있다는 것 자체가 즐거움을 주고, 설령 잃더라도 그리 기분 나쁘지 않다.

내가 사용하는 전략은 다음과 같다. 뭐 대단한 것이 있는 것은 아니고 누구에게 배운 것도 아니다. 또 이 전략이 다른 곳에서도 먹힐지는 알 수는 없다. 뻥카는 전략적으로 한다. 아주 가끔씩 의도적으로 한다. 그 판에서 잃을 줄 알지만 할 때도 있다. 그리고 그 판이 끝나면 내가 뻥카였음을 반드시 알려 준다. 그 이유는 나에게 다른 사람들이 예상하지 못하는 좋은 패가 들어왔을 때 상대방이 뻥카로 생각하게끔 하는 것이다. 뻥카의 효과는 아주 강력한데 자주 할 필요도 없고 한두 번 정도로 충분하다. 그러면 내가 베팅을 아주 강하게 할 때면 내가 뻥카를 쳤던 그 기억이 상대방을 혼란스럽게 하고 30% 이상의 뻥카 확률로 인식하고 의사 결정을 한다. 실제로 2~3%의 확률로 뻥카를 치더라로 상대방이 인식하는 것은 30% 이상이라면 꽤 괜찮은 장사인 것이다. 그리고 포커 초보자일수록 뻥카로 인식하는 확률이 더 높아지는 것 같다. 물론 뻥카를 치더라도 무작정 하는 것은 절대 아니고, 비전이 있는 패가 들어왔을 때만 하고, 베팅은 강하게 하는 편인데 유망한 상대방을 죽여서 승률을 높일 수 있기 때문이며 의외로 큰 판이 되어 큰 승리를 할 수 있기 때문이다. 뻥카는 이기든 지든 나에게 모두 이득이 있는 전략인 것이다.

베팅은 항상 승률을 높이는 방향으로 한다. 물론 판돈을 높이는 방향으로 베팅을 하는 경우도 있는데, 판돈은 커졌는데 이기지 못하는 경우도 있기 때문에 오로지 승률만 생각하고 베팅하고 베팅의 크기는 될 수 있으면 최대로 한다. 관망 상태일 경우에는 단순히 따라가는 베팅을 주로 하다가 어느 정도 비전이 있는 상황이 되면 강한 베팅으로 승률을 높여 간다. 또 강한 베팅을 하다 보면 상대방의 반응도 명확해져서 그다음 카드에서 의사 결정에 도움이 되는 정보가 되기도 한다. 카드의 확률을 계산하는 것도 중요하지만 상대방이 베팅에 대해서 어떻게 반응했는지를 추적하는 것이 오히려 더 좋은 정보일 수도 있다. 카드의 확률은 관심 있는 카드가 몇 장 남아 있는지만 체크하는 것으로도 충분한 것 같다.

죽을 때는 과감히 죽고 미련을 가지지 않는다. 때로는 멍청하게 죽는 경우도 있는데, 짜증은 나지만 빨리 잊어버리려고 노력한다. 인간은 틈만 나면 멍청한 짓을 하는 불완전한 존재임을 상기한다. 나의 멍청한 죽음이 폭로될 경우도 있는데, 그럴 때는 상대방의 조롱도 감수해야 한다. 오히려 나의 멍청함을 자백하는 것이 더 좋을 수도 있다. 나의 열등함을 인식시켜서 상대방이 나에 대한 주의력을 떨어뜨려 승률에 도움이 될지도 모른다. 대신 멍청하게 베팅해서 크게 잃는 판은 절대 내 패를 노출하지 않도록 해야 한다. 그럴 경우에는 평정심을 유지하지 못하고 자신감도 떨어져서 베팅에 힘이 들어가지 않아서 전쟁도 제대로 못 하고 패하는 전투와 같이 될 수 있다. 멍청한 베팅으로 패한 판은 오히려 패를 숨기고 선의의 거짓말을 하는 것이 좋은 것 같다. 그리고 경기가 끝나 가는 시간이 되면 무조건 보수적인 베팅을 한다. 이유는 돈을 잃은 사람은 한 번에 만회하려는 마음으로 무리하게 베팅을 하는데, 자칫 운 없이 말려들어서 큰돈을 잃을 수 있고 또 그렇게 되면 만회할 수 있는 시간이 없기 때문이다. 오히려 침착하게 그런 상황을 이용하면 더 큰 이득을 볼 수 있다. 상대방들이 몸 사린다고 비난할 정도로 보수적이지만 않으면 충분하고, 실리적인 베팅만 해야 한다.

  게임이 끝나면 남은 칩을 가지고 현금으로 다시 교환하는 시간을 갖는다. 게임의 룰은 최대한 잃더라도 많이 잃지 않고, 너무 따는 돈이 적어서 재미가 없지 않을 정도로 딸 수 있도록 설계가 되었다. 그래서 따는 사람도 즐겁고 잃는 사람도 즐길 수 있는 것이다. 칩을 교환하고 나면 자투리 칩이 발생하는데 그것들은 잃은 사람들에게 돌아가게 마련이다. 어떤 사람은 추가적인 개평을 구걸하기도 하는데, 나는 절대 구걸하지 않는다. 그냥 그것이 내 성격인 것 같다. 개평을 구걸하는 사람도 돈이 궁해서도 아니고 실패를 만회하려는 것도 아니고 그냥 그 사람의 성격인 것이다. 그렇기 때문에 게임이 끝나고 난 뒤의 칩 교환이나 자투리 칩 처리나 개평 구걸 같은 것들이 또 다른 게임의 일부가 되어 재미로 느껴지게 된다.

  골프로부터 인생을 배우고, 포커로부터 인생을 배우고, 주식으로부터 인생을 배울 수 있어서 좋다. 공통점은 어렵다는 것이고 어렵기 때문에 재미있다는 것이다. 또 다른 공통점은 모두 다 심리 게임이라는 것이다. 기술이 작용하기는 하지만 오히려 심리가 더 크게 작용하는 것 같다. 우리가 살아가야 하는 세상은 더 복잡하고 변수가 많다. 그렇기에 더 많은 심리가 작용하고 더 어렵다. 그렇기 때문에 세상 살아가는 것을 더 재미있게 즐길 수 있는 것 같다. 결국 힘들다고 재미없는 것은 아닌 것이다.

> **이사야 26:3** "주께서 심지가 견고한 자를 평강하고 평강하도록 지키시리니 이는 그가 주를 신뢰함이니이다"

대왕암의 변신

큰 성공은 작은 성공들로 시작해서 그 성공들이 쌓여서 만들어진 것들이 많은데, 회사에서의 성공한 변화들도 알고 보면 작은 것으로 시작되어 누적된 것들이고, 크게 시도되는 변화들은 성공으로 포장되지만 결국에는 감사를 받는 것으로 종결되는 경우가 많은 것이다.

20년 만에 울산 방어진에 가게 되었다. 입사 동기가 서울에서 직장을 그만두고 울산에 다시 직장을 구했다며 내가 시간이 많으니 한번 방문하라는 권유가 있었기 때문이다. 평상시 같았으면 KTX를 탔겠지만 차를 몰고 가기로 했다. 시간적 여유가 있기도 했고, 내려가는 길에 고속도로 휴게소에서 간식 먹는 소소한 재미도 즐길 수 있기 때문이었다. 장거리 여행이지만 혼자 운전하지 않고 아내와 교대로 운전할 수 있어서 장거리 운전에 큰 무리가 없는 것이 큰 이유이기도 했다. 친구 부부는 입사 후 계속 친하게 지내는 사이였는데, 우리 부부에게 참 친절하게 잘 대해 주는 것에 항상 감사하게 생각하고 있다. 우리가 울산에 온다고 일산 해수욕장 앞에 새로 지은 호텔 방까지 예약해 주었는데, 솔직히 감동했다. 나는 그렇게 대해 주지 못한 것 같은데 그렇게 대해 주는 것에 감사했고, 그 마음을 담아서 백화점에서 꽤 괜찮은 선물을 사서 가져갔다. 그 선물을 좋아할지 말지는 크게 중요하지 않았고, 다만 나의 고마움을 적당히 표현할 만큼의 의미 있는 것이면 되었고 우리는 신중하게 선물을 골랐다.

장생포에서 방어진 쪽으로 넘어가는 울산 태화강을 가로지르는 울산대교가 생긴 것이 가장 큰 변화였다. 울산대교를 차를 타고 자나가고 있을 때의 기분은 완전히 다른 도시를 방문하는 느낌이 들었다. 울산에 10년을 살았다고 하지만 장생포 쪽으로는 거의 가 본 적이 없었고, 또 방어진 쪽으로도 거의 갈 일이 없었는데, 그 두 곳을 큰 다리로 연결해 놓았으니 우리에게는 완전히 다른 도시처럼 보였던 것이다. 호텔로 가기 전에 친구 집으로 먼저 갔다. 울산에 왔는데 집에서 식사는 못 하더라도 차라도 대접해 주고 싶다고 했다. 누구를 집에 초대하는 것이 이제는 아주 특별한 사람에게만 주는 특별한 선물 같은 것이 되어 버린 것 같다. 언제부터 그렇게 된 것인지는 모르겠지만 주위에 카페가 우후죽순처럼 생기고 나서일 것 같다는 생각이 든다. 집은 아주 깔끔하게 정리가 되어 있었는데, 원래 그렇게 살고 있는 건지 아니면 지저분한데 우리가 온다고 해서 하루 종일 청소한 결과물인지 궁금했지만 물어보지 못했다. 아마도 전자인 것 같아 보였다. 중국 주재원 시절에 구입한 차 세트가 식탁 위에서 웅장한 모습을 하고 있었다. 온갖 종류의 차를 마셨는데, 그동안 살아온 이야기들을 나누며 수다 떨기에 차만 한 것이 없을 것 같았다. 만약에 그것이 술이었다면 술에 취해서 그다음 일정이 엉망이 되었을 것이고, 그것이 커피였다면 한 시간을 버티지 못했을 것이다.

 저녁은 정자 해변에 있는 횟집에서 먹었는데, 친구가 횟집 사장을 아는 지인을 통해서 괜찮은 횟집으로 예약한 상태였다. 횟집 사장 부부는 우리를 엄청 친절하게 대해 주었는데, 서비스로 여러 가지 것을 추가로 주었다. 그런 친절함이 우리에게는 부담이 되었는데, 회를 주면서 특별한 것이라고 너무 강조를 한 탓에 우리의 마음이 이미 상해 있었기 때문이다. 음식의 맛은 손님이 평가해야 하는데, 주인이 이미 평가를 해 버렸기 때문에 웬만큼 맛있지 않고서는 우리의 혀를 감동시킬 수 없는 것 같았다. 차라리 조용하게 대접받았으면 더 좋았을 것 같았다. 만약 내가 횟집 사장이었으면 어떻게 했을까? 아니 어떻게 하면 좋을까? 아마도 그 특별한 회에 대해서 구체적으로 설명을 먼저 할 것 같다. 왜 특별한지에 대해서 이야기를 할 때 팩트 위주로 조용하고 담백하게 할 것이다. 너무 지나치면 장사꾼의 넋두리처럼 저속하게 느껴져서 감사를 강요하게 하여 부작용이 있을 것이다. 그리고 추가적인 서비스를 줄 때도 손님이 원하는 것이 무엇인지 확인하고 선택하게 할 것이다. 나는 건강 때문에 탄산음료를 마시지 않는데 콜라와 사이다를 서비스로 주는 것은 미련한 짓이다. 하여간 지나친 횟집 주인의 친절로 인해 음식을 제대로 즐기지 못하였고 그 자리를 빨리 벗어나고 싶었다. 횟집을 나오면서 회가 특별히 맛있었다고 사무적으로 칭찬을 여러 번 했는데, 아마도 그 횟집을 소개해 준 지인의 체면 때문이었을 것이다.

저녁을 먹은 장소가 정자 해변이었기에 그 주위에 있는 카페에서 정자 해변을 바라보며 커피를 마셨다. 신기한 것은 정자 해변에서 아직도 고기를 구워 먹을 수 있다는 것이다. 20년 전에 가능했던 것이 아직도 유지되는 것에 놀랐다. 모래 해변이 아니고 자갈로 채워진 해변이어서 그게 가능한 것일까? 수많은 고기 기름에 노출되었을 해변이었지만 깨끗함을 유지하는 것을 보면 신기하기도 했다. 정자 해변 앞은 대형 카페가 많이 들어섰지만 불금(금요일 저녁)임에도 불구하고 한산했는데 3월 초의 찬 바람 때문이었는지 원래 그런지는 알 수 없었다. 토요일에는 많은 사람이 방문하면 좋겠다는 생각을 했는데, 나의 마음 깊은 곳에는 정자 해변을 사랑하는 마음이 있었기 때문인 것 같다.

일산 해수욕장 앞에 있는 새로 지은 호텔에 체크인을 했다. 우리의 기억 속에는 일산 해수욕장이 별로 없었는데, 있더라도 지저분한 해수욕장의 이미지였다. 가까이 살 때도 별로 가고 싶은 곳이 아닌 장소로만 인식하고 있었기 때문에 가 본 기억이 없었다. 그런데 완전히 젊어진 모습을 한 해변에 놀랐다. 마치 부산 광안리 해변을 보는 듯했다. 아마도 지방 자치 단체의 활동이 활성화된 이유였을 것이다. 그런 구석진 곳에 새로운 호텔이 들어섰다는 것이 일산 해수욕장의 변신을 말해 주고 있었다. 잠자기 전에 호텔 앞 해변을 아내와 산책하면서 우리도 젊어진 마음을 만끽했다. 유원지에 있을 만한 야구 베팅 연습기에서 야구도 하고 농구 게임기에서 농구도 했다. 두 대 중 한 대의 농구 게임기가 고장이 났는데, 게임이 끝나면 농구공이 밑으로 내려오는 것을 막는 바가 고장이 나서 계속해서 공을 던질 수 있게 된 것이다. 아내와 우리는 공짜에 눈이 멀어 땀이 흠뻑 젖을 정도로 농구를 했다. 어차피 사람이 많이 없어서 놀고 있을 농구 게임기가 오랜만에 땀을 흘리고 있는 것이었다. 혹시나 게임기 주인이 의도적으로 고장을 내었을지도 모르겠다. 그냥 놀고 있는 것보다 누군가 공짜로 공을 던지고 있으면 홍보 효과는 확실히 있기 때문이다. 은밀한 공짜는 항상 묘한 매력이 있다. 적은 돈이지만 그런 적은 돈이 우리 마음을 엄청 즐겁게 한다. 살다 보면 우리는 적은 돈으로 비합리적으로 즐겁기도 하고 반대로 짜증이 나기도 한다. 고깃집에서 점원에게 쓸데없이 후한 팁을 주면서도, 그보다 훨씬 적은 돈이 드는 주차장에는 돈을 쓰기 싫어서 기어이 불법 주차를 한다. 그러고 보면 **우리 인간들은 비합리적일 때가 생각보다 많은 것 같다.** 비약하는 것 같은데, 자연 세계가 비선형의 세계이듯이 우리 인간도 선천적으로 비합리성을 가지고 있는지도 모르겠다.

다음 날 아침에는 대왕암 공원에 산책을 하러 갔다. 25년 정도 전에 갔을 때도 어렴풋이 좋았던 기억이 있지만 이렇게 좋으리라고는 생각도 못 했다. 없었던 출렁다리가 하나 생겼는데, 예전에 갔던 산책로와는 완전히 다른, 해변으로 멋들어지게 펼쳐진 바위들을 감상할 수 있는 색다른 산책로가 조성된 것 같았다. 여러 가지 모양을 한 바위에 이름을 붙이고 설명을 곁들인 것들을 하나씩 보며 대왕암을 향해 나아가는 재미가 참 좋았다. 우리와 동일한 길을 따라 앞서가는 젊은 아가씨가 있었는데, 토요일에 혼자 저렇게 사진을 찍고 있는 이유가 궁금했고 혹시나 우리 며느리가 되면 좋겠다는 이야기를 농담 삼아 아내와 나누었다. 그 사람이 어떤 사람인지도 모른 채 온갖 상상을 다 하는 우리가 엉뚱했고, 잘 모르는 사람들을 어떨 땐 너무나 관대하게, 다른 땐 잔혹하게 평가하는 것도 참 우스웠다.

대왕암에는 길고양이들이 많았는데, 야생 고양이인지 아니면 한때는 반려묘였다가 버림을 받은 고양이인지는 알 수 없었다. 햇볕이 많이 드는 자리에 고양이 먹이를 둔 것으로 보아 누군가 정기적으로 돌보고 있는 것 같았다. 길고양이들의 평균 수명이 4년밖에 되지 않는다는 것에 슬펐고, 오래 살지도 못하는데 잔뜩 경계하며 살아가는 모습이 애처로웠다.

대왕암을 보고 주차장 쪽으로 언덕을 넘어가는 길은 멋들어진 아름드리 소나무가 좋은 경치와 함께 시원한 그늘을 만들어 주고 있었다. 거기에서 친구 부부와 다시 만나서 공원 주위 산책을 이어 갔다. 우리가 모르는 설명이 덧붙여지면서 대왕암 공원의 진가가 더 높아졌다. 대왕암에서 남쪽 해변으로 이어지는 산책로는 처음 가 보았는데 마치 캘리포니아 해변 같은 느낌이 들었다. 해변에서 불어오는 바람도 캘리포니아의 그것에 견줄 만했다. 산책로 끝에는 아기자기한 음식점과 카페가 있었는데, 고급스럽지 않은 모습이 더 멋들어져 보였다.

맑고 흰 구름이 몽실몽실 떠 있는 하늘 아래에서 세찬 바닷바람을 맞으며 '봄여름가을'이라는 이름의 작은 카페에서 마시는 카푸치노의 맛은 가수 '봄여름가을겨울'이 부른 〈어떤 이의 꿈〉을 듣는 듯한 느낌이 들었다. 카페 이름에 겨울이 빠졌는데 궁금했지만 물어보지 못했다. 아마도 겨울에는 문을 닫는 것일까? 다음에 언제 방문할지 모르겠지만 그때는 꼭 물어봐야겠다. 이런 좋은 환경이라면 우리도 살아 보면 좋겠다는 생각을 했다. 수도권이 아니더라도 살기 좋은 곳이 얼마든지 많다는 사실이 우리는 좋았다. 아마도 우리 마음속에서 형편이 안 좋아지면 지방으로 이사를 해야 할지도 모르는 상황을 감안하는 것일지도 모르겠다.

점심으로 언양 불고기가 먹고 싶었다. 아내가 근육량을 늘여야 하는데 기회가 있으면 고기를 사 주고 싶었기 때문이고 언양이 고속도로를 타려면 지나가야 하는 곳이기도 했기 때문이다. 친구 부부는 그 먼 곳까지 동행을 해 주었는데 금요일과 토요일 온종일을 우리에게 투자한 것이 참 고마웠다. 친구의 추천으로 유명한 '기와집불고기'라는 식당으로 갔다. 아무리 토요일 점심시간이라고 하더라도 2시간 대기가 있다는 사실을 식당에 도착하고서 알게 되어 황당했다. 얼마나 맛있길래 2시간 대기가 있는지 궁금했지만 2시간을 기다릴 만큼의 호기심은 없었고, 근처에 있는 한가한 식당에 들어가서 한가롭게 언양 한우를 즐겼다. 식당 점원은 참 불친절했고 지인들이 다른 구석 자리를 차지하고 대낮에 술잔치를 벌이고 있었는데 우리보다는 그 자리에 더 많은 투자를 하고 있었다. 한우 고기 맛은 2시간 대기가 있는 식당보다 크게 떨어지지 않을 것 같은데, 왜 손님이 없는지 알 수 있었다. 아니면 손님이 없기 때문에 그 점원이 별로 신경 쓸 필요가 없었는지 알 수는 없지만 결과는 동일함이 분명했다. **아주 작은 차이가 큰 결과로 나타나는 부분이 많은 것 같다. 결국 작은 것들에 대해서 차별화를 만들어 가는 것이 성공의 비결인 것 같다.** 큰 성공은 작은 성공들로 시작해서 그 성공들이 쌓여서 만들어진 것들이 많은데, 회사에서의 성공한 변화들도 알고 보면 작은 것으로 시작되어 누적된 것들이고, 크게 시도되는 변화들은 성공으로 포장되지만 결국에는 감사를 받는 것으로 종결되는 경우가 많은 것이다.

1박 2일의 울산 방문은 그렇게 즐겁게 보냈고, 우리를 환대해 준 친구 부부에게 감사한 마음을 가지고 집으로 돌아왔다. 50을 훨씬 넘은 중년의 나이에 우리 부부를 이해득실 따지지 않고 환대해 준 친구가 있다는 것이 참 복이라는 생각을 했다. 우리도 그런 고마운 일을 그 친구 부부뿐만 아니라 다른 사람에게도 해 줄 수 있다면 더 큰 복이 될 것이다. 오랜만에 마음이 따뜻해지는 기분으로 옛 추억을 한껏 즐겼고 아내도 동일한 기분이었던 것 같아 더 좋았다.

마태복음 13:31-32 "또 비유를 들어 이르시되 천국은 마치 사람이 자기 밭에 갖다 심은 겨자씨 한 알 같으니 이는 모든 씨보다 작은 것이로되 자란 후에는 풀보다 커서 나무가 되매 공중의 새들이 와서 그 가지에 깃들이느니라"

하나님의 부르심

목사님의 "부모가 최선을 다하더라도 자녀는 방황할 수 있다."라는 말씀에 많은 위로를 받았다. 그리고 그렇다 하더라도 부모는 자식에게 말씀을 먹이는 것에 게으르면 안 된다고 강조하셨다. 자녀 스스로가 말씀을 먹을 수 있도록 해야 한다고 하셨다. 그 말씀이 꼭 나에게 해당되는 말 같았다.

내 삶의 큰 길목마다 하나님의 인도하심을 그때 당시에는 몰랐지만 뒤돌아 회상해 보면서 알게 된다. **어릴 때 하나님이 나에게 믿음의 씨앗을 뿌려 준 사실을 분명히 기억한다.** 개척 교회 젊은 목사님 부부가 나에게 기도를 해 주었고 교회로 인도해 주셨다. 얼굴은 전혀 기억할 수 없지만 단아한 정장을 입고 단발머리의 예쁜 얼굴을 한 목사님 사모님이자 전도사님이 나를 위해 기도해 주신 사실을 분명히 기억한다. 길가에서 기도를 받은 사실이 엄청 부끄러웠지만 싫지만은 않았다. 그 이후로 내 마음에는 하나님이 계속해서 나를 쳐다보고 계신 것 같은 느낌을 받았고, 교회로 되돌아가야 한다는 생각이 떠나지 않았다.

고등학교에 입학하면서 친구의 권유로 대구 서광교회에 다니기 시작했다. 거의 10년을 다녔는데 그때 만난 친구들과 생활들이 나의 인격을 형성하는 데 큰 영향을 줬다. 그때 가장 부러웠던 것이 가족이 함께 교회를 다니는 것이었고 나는 향후 가정을 이루면 온 가족이 함께 믿음 생활을 하겠다는 결심을 했다. 내가 엉뚱했을 것인데 아무런 편견 없이 친구로 선후배로 받아 주었던 사실에 너무 감사하다. 완전히 다른 환경에서 자란 나는 어색함과 외로움과 소외감을 느꼈지만 내가 도망치지 않고 계속 견딜 수 있도록 도와주신 분은 성령님임이 분명하다. 그렇게 버틸 수 있게 도와주셨기에 교회로부터 누릴 수 있는 여러 가지 좋은 경험을 할 수 있었다. 그런 경험 때문인지 어떤 환경에서도 버틸 수 있는 힘을 가질 수 있었고 어떤 어색함 속에서도 도망치지 않을 수 있었던 것 같다. **결국 인생에서는 버텨야 볼 수 있는 것들이 있고 버티면 보이는 기회들이 있다.** 10년 동안의 버팀은 울산으로 이사를 하면서 끝이 나고 말았지만 새로운 성장으로의 길이었음을 알게 되었다.

대학교에 입학하고 나서 1년 넘게 폐암 투병 중이던 어머니의 병환이 악화되었는데, 어쩌면 내가 대학교에 들어갈 때까지 기다려 주셨는지도 모른다. 어머니의 성격으로 보아 분명히 버티려고 안간힘을 쓰셨을 것이다. 대학에 입학하고 첫 여름 방학 때 어머니와 보낸 포천의 할렐루야 기도원의 생활은 잊을 수 없다. 찬송가 370장 〈주 안에 있는 나에게〉를 반복해서 부르시던 어머니의 뒷모습이 아직도 생생하다. 너무나 어렸던 나는 어머니의 병환이 위중했음에도 불구하고 심각하게 기도해 주지 못한 것이 너무 미안했다. 어쩌면 안일하게 대응한 나 때문에 기적이 일어나지 않았을지도 모른다고 생각했다. 하지만 병환 중에도 어머니와 너무나 행복하게 보낸 시간들이었음이 분명했고, 그때 경험한 여러 가지 봉사(노가다, 호두과자 만들기 등)와 만난 사람들로부터 배운 것이 많음이 확실하다. **최악의 상황에서도 행복할 수 있다는 것을 보여 주신 것 같다.** 기도원 이후에 경북대학병원에서 어머니를 병간호하며 병원에서 생활했던 시간들도 충분히 버틸 수 있었고 행복했다. 2년을 버티던 어머니는 천국으로 가셨음이 분명했고 2년간의 어머니와의 시간 중에서 나의 행동 중 어리고 부끄러운 점도 많았지만 충분한 이별 준비를 한 시간들이어서 후회는 없다. 오히려 갑작스럽게 사고로 가족이 죽는 것보다 훨씬 축복받는 이별임에는 분명했다. 그때 죽음에 대해서 많은 생각을 했던 것 같고 죽음을 의연하게 받아들일 수 있게 된 것 같다. 나중에 할렐루야 기도원의 비리를 알게 되었을 때 나의 소중한 추억에 흠이 나는 것 같았지만 오래가지 않아 그 흠은 지워지고 말았다.

 울산에서의 10년의 생활은 나에게 있어서 광야 같은 생활이었다. 세상적으로는 풍요로운 생활이었지만 영적으로는 무한히 타락한 날들이었다. 교회도 나갈 생각을 하지 못했는데, 스스로 교회에 갈 만큼의 신앙은 자라지 못했던 것 같다. 생각지도 못한 상황에서 아내를 만나서 결혼까지 한 것은 기적 그 자체였다. 그리고 믿지 않는 가정에서 자란 아내와의 광야 생활 중에서도 하나님은 아내의 직장 상사였던 유치원 원장님을 통하여 아내를 교회로 인도해 주셨다. 어쩌면 그런 광야 생활의 경험들이 나를 더 영적으로 성장하게 하는 원동력이 되었는지도 모른다. 광야 40년 동안 가나안으로 들어가기 전에 이스라엘 백성들을 훈련시켰듯이 나를 훈련시키는 기간이었던 것 같다. 힘든 상황이 일어날 때마다 나에게 피할 길을 주셨는데 신기할 정도였다. 나의 능력 이상으로 많은 성과를 낼 수 있도록 도와주셨고, 감당할 만큼의 시련들로 나를 성장시켜 주셨다. **하나님은 우리의 형편과 위치와 상관없이 인도하시고 함께하신다는 것을 느꼈다.**

 앨라배마에서의 4년간의 생활은 축복 그 자체였다. 미국에서 바이블 벨트 중 하나였던 앨라배마주에 우리를 인도해 주셨던 것이 우연은 아닐 것이다. 그곳에서 아내에게 많은 것을 보여 주셨던 것 같다. 신실한 믿음 생활을 하는 미국 현지인들을 보면서 아내의 믿음이 자연스럽게 성장했던 것 같다. **그때도 나는 교회에 가지 않고 사회생활에만 열심을 다했는데, 하나님은 아내를 통해서 준비시키고 계셨던 것이다.** 아들도 아내와 같이 교회에 다녔는데 아직 믿음이 없지만 그때의 그 경험들이 아들의 마음 깊은 곳에 분명히 자라고 있고 머지않아 아들을 변화시키는 큰 힘이 될 것임이 분명하다. 아마도 이스라엘 백성이 요단강 넘어 약속의 땅 가나안을 바라보며 여러 가지 혼란의 상황들을 겪고 있는 모습과 비슷했던 앨라배마의 생활이었던 것 같다. 아내가 나에게는 여호수아 같은 존재였던 것이다.

 7년간의 안양 평촌에서의 생활은 마치 에스겔서에 나오는 마른 뼈가 붙

는 것과 같은 기적을 체험하는 생활이었다. 아내를 통해서 새중앙교회로 인도되었고, 아들로 인해서 우리 부부는 제자 훈련, 사역자 훈련으로 믿음이 성장하게 되었으며, 아들은 여러 가지 엉뚱했던 행동들이 연결되어서 훌륭한 재주꾼으로 성장했기 때문이다. 회사에서도 능력을 인정받아서 엄청난 속도로 성장하고 있었으며, 우리의 재정 상태도 막혔던 것이 뚫린 것처럼 풍족하진 않지만 여유로울 정도로 늘어 갔다. 이 시기에는 가족에 대해서 많은 것을 생각했던 것 같다. 특히 아들에 대해 부모로서 어떻게 행동해야 할지 많은 고민과 시도를 했던 것 같고, 있는 그대로 사랑할 수밖에 없음을 깨닫게 되었다. 그 깨달음 이후에 우리 아들이 얼마나 아름다운 청년으로 자라고 있는지 깨닫게 되었고 새로운 시각으로 세상을 볼 수 있게 된 것 같다. 우리 부부는 구역 예배와 안내 봉사를 통해서 사역들을 감당하기 시작했고, 그 사역으로부터 또 다른 차원의 시련들을 경험하면서 영적으로 성장하고 있었다.

　2년간의 캘리포니아 생활과 송파 가락동의 생활은 가나안 땅에서 이스라엘 백성들이 지파별로 땅을 배분받아 생활하는 시기와 같았다. 아들과 우리는 자연스럽게 따로 생활하게 된 것이다. 아들은 좀 일렀지만 완전히 독립해서 생활하기 시작했고 우리 부부는 신혼과 같은 생활을 하게 되었다. 그동안 많은 에너지가 아들과 관련된 일들에 쓰였다면 이때부터는 우리 자신에게 사용하기 시작한 것이다. 벧엘교회의 구역 모임과 송파제일교회의 구역 모임에서 각각 아내의 예기치 못했던 폭탄 발언을 통해서 아내의 마음을 좀 더 이해하려고 노력하기 시작했다. 아내와 아들의 마음을 이해하는 것은 골프, 포커, 주식보다는 훨씬 더 어려운 일이었고, 또 그 어려움을 극복해 나가는 과정은 어려운 만큼 더 가치 있고 더 재미있는 일이었다. **"전투에서는 져도 전쟁에서는 지면 안 된다."**라는 것을 유념하다 보면 아들과 아내로부터 무시당하는 것같이 느껴질 때 생기는 자존심의 상함은 참을 수 있게 되고, 그렇게 되면 사랑, 행복, 믿음이라는 전쟁에서 승리할 수 있게 될 것이다. 그리고 믿음 생활에서 다양한 경험을 했던 것 같다. 벧엘교회에서 매점 봉사를 하면서 다양한 사람과 교류할 수 있었고, 다양한 교회의 시스템을 접할 수 있었다. 또한 2년간의 부부 구역 모임을 경험하면서 말씀 나눔의 은혜를 누릴 수 있었다. 우리의 믿음이 성장하는 만큼 아들도 어른이 되어 가고 있었다.

지금 살고 있는 의왕 엘센트로아파트로 이사 오면서 다시 평촌 새중앙교회로 복귀했고 5년을 지나고 있다. 아들도 일본 유학을 마치고 강서 신월동에 자리를 잡았다. 우리는 하나님이 본격적으로 사역을 감당하게 하셨고, 아들은 여전히 믿음과는 거리가 먼 생활을 하고 있다. 아들은 완전한 독립생활을 하고 있지만 우리의 기도 제목은 언제나 아들에 관한 것들이다. 우리는 사역을 감당하고 있지만 여러 가지로 부족한 점이 많다. 다른 직분자들과 비교하면 많이 부족하지만 우리의 믿음이 성장하고 있는 것은 사실이기 때문에 그 사역을 감당할 수 있는 것 같다. 우리에게 음악적인 달란트는 없지만 찬양대원으로 헌신하면서 은혜를 받을 수 있는 것으로 나에게는 버틸 수 있는 힘을 주셨고, 아내에게는 엄청난 노력을 할 수 있는 힘을 주셨기 때문이다. 나는 교구장과 구역장의 직분을 감당하면서 많은 시험을 받고 있지만 그래도 포기하지 않는 것은 하나님의 선하신 계획의 과정임을 알고 있기 때문이다. 우리 부부의 수많은 기도에도 불구하고 아들이 조금도 믿음의 자녀로 변화될 기미가 없는데, 그래도 기도를 줄이지 않고 더 늘릴 수 있는 것은 아들이 하나님의 때에 귀하게 쓰임 받는다는 것을 알기 때문이다. **"하나님의 부르심에는 실패하심이 없다."** 라는 찬양 가사가 너무 좋다.

몇 년 전부터 아내와 함께 주일 새벽에 가정 예배를 드리면서 많은 것을 얻고 있다. '해피투게더'에 있는 가정 예배 프로그램의 내용으로 나눔을 할 때 깊이 있는 내용을 나누게 됨으로써 우리의 신앙이 더 깊어진다. 특히 아내의 신앙적 지식이 훨씬 깊은 것 같다. 나눔을 할 때 말씀의 참조 내용을 유튜브를 통해 들었던 유명 목사님의 견해와 해석을 곁들여 잘 알려 주는데 나에게 큰 도움이 된다. 그리고 우리 가정에 가정 예배가 있다는 것 자체만으로도 큰 축복이고 은혜가 된다. 그리고 그 가정 예배는 지속되고 확장될 것이기 때문에 더 감사하다. 그리고 아내와 다투었을 때 가정 예배를 거치면 쉽게 화해할 수 있다. 아내와 싸웠을 때도 가정 예배는 절대 건너뛰지 않는데 그렇게 역사하시는 성령님의 도우심 때문이다. 9개월째 새벽 예배를 드리고 있는데, 자연스럽게 많은 기도를 할 수 있어서 좋고, 새벽이 바빠서 좋다. 새벽 예배를 드리는 사람들의 표정을 보면 밝으신 분이 거의 없는 것 같다. 왜 그런지 모르겠는데 우리의 표정이 대부분 밝은 것에 감사하다. 그리고 아내와 함께 새벽 예배를 드리는 것 자체가 축복이다.

새중앙교회 교구장 워크숍에서

우리 가정은 믿음 가정들과 비교하면 아주 보잘것없는 수준이다. 혹시 어떤 사람이 이 글을 읽고 나를 위선자라고 비난할지도 모르겠다. 하지만 내가 이 책에서 이 보잘것없는 것을 부끄러움 없이 드러낼 수 있는 것은, 우리 가정의 믿음은 성장하고 있고, 그 믿음의 계보가 우리에게서 시작되어서 아들에게 이어지고 그 자손들에게까지 이어진다는 것을 알기 때문이다. 그리고 이 글이 그렇게 되는 데 조금이나마 도움이 될 것이다. 아들에게 복음을 전하려는 노력을 많이 했지만 나의 부족함으로 그다지 성공하고 있진 않다. 여러 가지 고민 끝에 최소한 아들이 내 나이가 되었을 때 내가 그랬듯이 아버지가 생각날 것이고 아버지가 어떤 생각을 했는지 궁금할 때가 분명히 올 것이다. 그때를 위해서 이 글을 남긴다. 그 전에 아들이 이 글을 읽는다면 또 다른 기적을 체험하게 되는 것이다.

이 글을 마무리한 날 저녁에 담임목사님께서 인도하시는 구역장 성경 공부를 진행했다. 공교롭게도 내가 대표 기도를 한 날이었고 "다음 세대를 축복하십시오."라는 제목의 내용이었다. 목사님의 "부모가 최선을 다하더라도 자녀는 방황할 수 있다."라는 말씀에 많은 위로를 받았다. 그리고 그렇다 하더라도 부모는 자식에게 말씀을 먹이는 것에 게으르면 안 된다고 강조하셨다. 자녀 스스로가 말씀을 먹을 수 있도록 해야 한다고 하셨다. 그 말씀이 꼭 나에게 해당되는 말 같았다. 아들은 영적으로 방황하고 있고, 내가 할 수 있는 것은 기도와 말씀을 먹을 수 있도록 해 주는 것이다. 그리고 기다리다 보면 하나님의 역사하심으로 아들 스스로 말씀을 먹는 날이 곧 올 것이다.

시편 23:4 "내가 사망의 음침한 골짜기로 다닐지라도 해를 두려워하지 않을 것은 주께서 나와 함께 하심이라 주의 지팡이와 막대기가 나를 안위하시나이다"

부록

부록 1. 이 책의 활용 가이드

이런 분들은 이 책을 읽으실 필요가 없습니다.
* 자녀에게 물려줄 유산이 충분하시고 자녀와의 관계에 문제가 없으신 분
* 전혀 외로움을 느끼지 않으시는 분

이런 분들은 아래 가이드에 따라 읽으시면 좋을 것 같습니다.

✓ **자녀에게 물려줄 유산이 특별히 없으신 분**
* 시간이 많으신 분은 전체적으로 읽으시길 추천해 드립니다.
* 시간이 없으신 분은 소제목 밑의 요약 글, 본문 중 밑줄 친 부분만 읽으시다가 상세 내용이 궁금한 부분만 읽으시면 됩니다.

✓ **삶에서 체험되는 기적이 궁금하신 분**
* Part 1 공중전화 부스   * Part 4 무사시노
* Part 6 췌장암

✓ **사춘기 자녀와 소통하는 것이 마치 벽과 대화하는 것 같으신 분**
* Part 4 EAP   * Part 6 골프로 배우는 인생

✓ **이 책을 본의 아니게 가지게 된 분(읽은 흉내만 내기)**
* Part 6 하나님의 부르심(소제목)

✓ **중년 남성의 종교 생활에 대해 관심이 있으신 분**
* Part 4 새중앙교회, EAP, 벧엘교회, 무사시노
* Part 5 약할 때 강함 주시는 하나님
* Part 6 아무것도 보이지 않습니다, 하나님의 부르심

✓ **아직도 아내를 이해하는 데 어려움이 있으신 남편분**
* Part 5 분홍색 샤넬 백, 아내는 고속도로
* Part 6 골프로 배우는 인생

부록 2. Hajime Namiki

일본 판화 〈Hills&Potato〉 29/200, 〈Tree Scene 129〉, 368/500

아들이 일본에서 귀국할 때 선물로 가져온 일본 판화 두 점이다. 지금 내 서재에 멋들어지게 걸려 있다. 한동안 표구되지 않은 채로 보관하다가 최근에 과천에 있는 진주화랑표구사에 가서 표구를 하면서 이것이 판화라는 것을 알게 되었다. 판화에 적혀 있는 제목과 숫자의 의미도 알게 되었고, 연필로만 적는다는 것도 알게 되었다. 표구 하나 하는 데 26만 원이 들었는데, 아들이 산 판화 가격만큼이나 하는 것에 놀랐지만 아깝지 않았다.

인터넷에 Hajime Namiki라는 작가에 관하여 알아봤는데, 보통의 경우 판화는 분업해서 작품을 만드는데, 이 작가는 원래 조각가 출신이어서 그런지 모든 것을 혼자 작업한다고 한다. 그의 작품은 백악관, LA 카운티 Museum of Art, the Art Institute of Chicago, New Orleans of Museum of Art의 컬렉션에 포함되어 있다고 한다.

나이가 꽤 많은데 돌아가시면 판화 가격이 올라갈지 모르겠다. 기회가 되면 그의 작품을 더 사려고 한다.

아들의 등 뒤에서

1판 1쇄 발행 2025년 08월 04일

지은이 권동복

교정 주현강 **편집** 유주은 **마케팅·지원** 이창민

펴낸곳 (주)하움출판사 **펴낸이** 문현광

이메일 haum1000@naver.com **홈페이지** haum.kr
블로그 blog.naver.com/haum1000 **인스타그램** @haum1007

ISBN 979-11-7374-127-2(03810)

좋은 책을 만들겠습니다.
하움출판사는 독자 여러분의 의견에 항상 귀 기울이고 있습니다.
파본은 구입처에서 교환해 드립니다.

이 책은 저작권법에 따라 보호받는 저작물이므로 무단전재와 무단복제를 금지하며,
이 책 내용의 전부 또는 일부를 이용하려면 반드시 저작권자의 서면동의를 받아야 합니다.